U0956294

上 海 市 应 用 型 本 科 社 会 工 作 专 业 建 设 项 目 系 列 丛 书
上海政法学院社会工作丛书编写组　组织编写

SIFA SHEHUI WENTI
SHIJIAN MOSHI CAOZUO:
FANGTAN DIAOCHA

司法社会问题实践模式操作：访谈调查

王慧博 ◎ 著

知识产权出版社
全国百佳图书出版单位

图书在版编目（CIP）数据

司法社会问题实践模式操作：访谈调查／王慧博著．—北京：知识产权出版社，2019.4

ISBN 978－7－5130－6031－8

Ⅰ．①司… Ⅱ．①王… Ⅲ．①社会问题—研究—中国 Ⅳ．①D669

中国版本图书馆 CIP 数据核字（2018）第 296682 号

责任编辑：雷春丽　　**责任印制：**孙婷婷

封面设计：韩建文

司法社会问题实践模式操作：访谈调查

王慧博　著

出版发行：知识产权出版社有限责任公司　　**网　　址：**http：//www.ipph.cn

社　　址：北京市海淀区气象路 50 号院　　**邮　　编：**100081

责编电话：010－82000860 转 8004　　**责编邮箱：**leichunli@cnipr.com

发行电话：010－82000860 转 8101/8102　　**发行传真：**010－82000893/82005070/82000270

印　　刷：北京九州迅驰传媒文化有限公司　　**经　　销：**各大网上书店、新华书店及相关专业书店

开　　本：720mm×1000mm　1/16　　**印　　张：**20.25

版　　次：2019 年 4 月第 1 版　　**印　　次：**2019 年 4 月第 1 次印刷

字　　数：321 千字　　**定　　价：**88.00 元

ISBN 978－7－5130－6031－8

出版权专有　侵权必究

如有印装质量问题，本社负责调换。

目　录

CONTENTS

SHANGHAI·UNIVERSITY·OF·POLITICAL·SCIENCE·AND·LAW 上政

第一章

访谈调查概述

CHAPTER 1

第一节　访谈调查的概念和特点

访谈调查是指访谈调查员通过有计划地与被调查对象进行口头交谈，以了解社会有关实际情况的一种方法。访谈调查是一种最古老、最普遍的收集资料的方法，也是社会研究中最重要的调查方法之一。

访谈调查的最大特点是面对面的社会交往，因此交往成功与否将决定调查质量的好坏，这就使得访谈调查具有很强烈的个人色彩，即在很大程度上取决于访谈提纲的准备及完善程度、访谈者个人的人际交往能力、访谈技巧的熟练程度以及对访谈过程的有效控制能力。

第二节　访谈调查的优缺点

一、访谈调查的优点

（一）访谈双方可以进行双向沟通

访谈调查主要有两种方式：一种是由调查员提问，被调查者回答；另一种是调查员与被调查者围绕着专题进行讨论。无论哪种方式，在访谈过程中，被调查对象对不理解的地方可以随时提出疑问，要求解释。而调查员也可以及时发现误差，进行纠正。所以这是一个双向沟通的过程。

（二）控制性强

访谈员在访谈中可以进行现场控制，掌握访谈过程的主动权。例如，当访问对象对问题不理解或有误解时，调查员可以及时进行引导或解释；当被调查者的回答不完整时，调查员可以当面追问；当被调查者的回答出现明显错误时，调查员可以进行当场纠正，等等。通过现场控制，可以确保调查顺利按照预定的计划进行。

（三）适用性广

访谈调查有结构式访谈和非结构式访谈，这就使它既能用于定量研究，又能用于定性研究；既可以用于大规模调查，又可以用于小规模研究；既可以适用于有正常思维能力、学识高、表达能力好的被访人员，也可以适用于文盲、盲人等群体。在这方面，访谈调查大大优于问卷调查。

（四）成功率高

访谈过程主要受调查员的控制，一般在问卷调查中不会出现大面积问题被空着或严重前后矛盾的现象，所提的问题一般都能得到有效的回答。

二、访谈调查的缺点

（一）受访谈员个人因素的影响较大

访谈员的性别、年龄、服饰、语言、调查技巧等都会影响访谈质量。（1）在性别上，一般男性访问员去访问领导人较适宜；对女性的访问则以女性访问员较适宜；对于生产、政治问题，以男性访问员为宜；对婚姻、家庭问题的调查，以女性访问员为宜。（2）在年龄上，对政治、经济问题的研究不宜以年轻人作为访问员，否则会使访谈对象产生不信任感。（3）访谈员服饰也要得体，例如，到落后的农村地区调查，衣着应该朴素一些，不要穿得西装革履，使访谈对象感到不宜接近；在发达的大城市调查，衣着可以讲究一些。（4）在语言上，事先要了解调查对象有什么禁忌，若在回族地区做调查，他们禁忌猪肉，却大谈这个问题，对方可能不会配合调查，甚至对你大动干戈。（5）在调查技巧上，同样一个问题，有人能够挖掘出大量材料，有人只能得到简单信息，差别很大，所以调查员的素质、知识水平、技巧都会影响调查结果。

（二）匿名性差

访谈调查在匿名性方面不及问卷调查，问卷调查匿名性较好，被调查者可以找个独处的环境填答问卷，不署名，可以畅所欲言。但是访谈调查中，调查对象通常会有较多顾虑，特别是对一些敏感问题，他们往往避而不答，或者作不真实的回答。如收入，很多高收入者填的都较低。

（三）调查成本大

因为是面对面访谈，所以必须派访谈调查员逐个对调查对象进行访谈，若调查对象住得较分散，可能调查员大部分时间都花在寻找和路上，有时一天只能访问一二人，效率较低。需要调查者付出较多的时间、人力和物力。

第三节　访谈调查的分类

一、结构式访谈和非结构式访谈

根据对访谈过程的控制程度，访谈调查可以分为结构式访谈和非结构式访谈。

结构式访谈，又称标准化访谈，是指按照统一设计的、有一定结构的调查表或问卷表所进行的访谈。这是一种对访谈过程高度控制的访谈。访谈的对象必须按照统一的标准和方法选取，一般用概率抽样。访谈中，所有的访谈调查员必须严格按问卷上的问题发问，不能随意对问题作解释，当被调查者表示不明白时，只能重复一遍问题或按统一的口径进行解释，绝不能随意按自己的想法进行解释，通常这种类型的访谈都有一份访问提纲，规定了访谈调查员对一些问题解释的口径。结构式访谈的效果较好，可以避免访谈中的跑题现象，将访谈内容紧紧围绕访谈提纲进行。

同时，结构式访谈的回收率高、应答率高，可以对答案的信度和效度进行评估。结构式访谈的回收率一般都在 80% 以上，并且因为访谈调查员逐个问题的提问，填答率很高。调查员还可以对访谈对象的态度进行观察，可以获得问卷中无法获得的关于访谈对象的许多非语言信息，因而可以对答案的效度和信度进行评估。例如，被访谈者在问卷收入一项中填报的数字很低，但从他家的情况来看生活水平较高，就应怀疑他的回答是否真实，并想办法进行核对。如果对方回答含混不清、前后矛盾，就要考虑这份问卷是否作废。

但是，结构式访谈成本较高、时间较长，还需要对调查员进行严格训练。例如，同样一份问卷，让被访者自己填写可能只需要 20 分钟，但用结构式访谈，每一个问题访谈调查员都要读一遍，再把被访者的答案填写上，至少需要 1 个小时，时间较长。与此同时，众多的访谈员对同一个问题的理解难以确保一致，需要事先对访问员进行严格训练。

非结构式访谈又称非标准化访谈，事先不制作统一的调查表或问卷，只给被调查者一个粗线条式的提纲或题目，由调查者与被调查者就这个题目自由交谈。这是一种半控制或无控制的访谈。非结构式访谈的弹性大，能够充分发挥访谈者与被访谈者的积极性，双方可以围绕所给的题目，就有关的问题、事件、现象，从古到今，从原因到结果，从动机到行为，从个人到他人及社会环境等进行广泛交谈，很容易形成一种轻松愉快的气氛。访谈调查员能够受到很大启发，对问题作全面、深入的了解，更适合于探索性问题。

但是，一般一个非结构式访谈需要 2—3 个小时，甚至更长，同时，由于访谈过程是非标准化的，因而访谈的结果不能进行定量分析。对访谈员素质要求更高，如果访谈员对问题没有深入了解，可能不知道如何发问，不能与被访者进行很好的讨论，难以挖掘到丰富的材料，还很容易在访谈中偏离调查主题。一般非结构式访谈是作为结构式访谈的一种补充，配合结构式访谈使用。

二、个别访谈和集体访谈

按照一次被访问的人数，可以分为个别访谈和集体访谈。

个别访谈是对单个调查对象的访谈。如个案调查法，主要就是运用个别访谈进行的。在进行个别访谈时，访问者要控制好环境，才能较好地打开被访者的言路，而且要保证在访谈时不易受外界环境干扰。

集体访谈是访谈者邀请若干被调查者，通过集体座谈的方式收集有关资料的方法，即通常的开座谈会。访谈过程不仅是访谈调查者与被调查者的社会互动过程，也是调查对象之间的社会互动过程，座谈会资料受到这两种社会互动的影响。因此，要使座谈会成功，访谈者不仅要组织好访谈调查者与被调查者之间的互动，还要组织好调查对象之间的互动。这就要求访谈调查者有熟练的访谈技巧和组织会议的能力。访谈前要做好充分的准备，拟定好访谈提纲。同时，被访谈人数不宜过多，以 5—7 人为宜，最多不超过 10 人。人数太多，会出现“开陪会”现象，人数太少，又不能起到集思广益的效果。被调查者最好有一定的代表性，了解情况，敢于发言，并且最好能够相互信任。访谈前应事先将访问的具体内容、要求和到会人员的名单告诉全体被调查对象。集体访谈可采取“头脑风暴法”和“反向头脑风暴法”等方式进行。

“头脑风暴法”，是会议主持者不说明会议的目的，只就某一议题，让与会者自由发表意见，大家畅所欲言，什么想法都可以提出来，不允许任何人对别人的意见进行批评、评价（这样可以使大家相互启发，得到一些有创意的意见）。“反向头脑风暴法”，是会议首先列出某方面的问题，参加者不仅自己发表意见，而且必须针对别人的意见展开批评与评价，以寻求解决问题的途径。但是，会上要避免让某些权威人士发言，以免产生“权威压力”和“团体压力”，使个人顺从权威人士或多数人的意见，不敢表示异见。因此，对于敏感性问题，不宜采取这种方式。

三、直接访谈和间接访谈

按照访问者与被访问者的交流方式，可分为直接访谈和间接访谈。

直接访谈是访谈者与被访谈者之间进行面对面的交谈。直接访谈的方式是“走出去”和“请进来”。“走出去”是访谈者深入到被访谈者中进行实地访谈；“请进来”是请被调查者到访谈调查员事先安排的场所进行交谈。间接访谈是访谈者借助于某种工具对被访谈者的访问。如电话调查、网络调查，这些都是面对面访谈的延伸，是新的访谈方式。在发达国家，不仅电话访谈普及率高，而且电话访谈对被访者的补偿也很高，所以被访问者较配合，效果较好。例如，我一个朋友刚到加拿大时，曾接受一次电话访谈调查，是被随机抽取到的，调查时长 20 分钟，给他补偿 30 加元（相当于人民币 240 元）。但我国目前还不能广泛使用这种方式，因为大部分电话访谈是无偿的，很多人不愿意花较多时间接受调查，另外农村电话普及率还不高，不能广泛开展。网络调查也是一种间接访谈，例如，中山大学的一位学者曾在网上“天涯社区”聊天，去调查人们在网上是如何互动、如何交流、交流什么，等等，最终靠着网络访谈调查完成了其博士论文。

电话调查、网络调查等间接访谈方式较为节省人力且费用相对较低、保密性强，即使对于敏感问题，被访者也会提供真实想法。但是调查环境不能控制，当被访谈者累了，或有事了，可能随时挂断电话或离开网络。

第四节 访谈调查的程序和技巧

一、接近被访谈者的技巧

良好的开端是成功的关键。为了能使访谈深入进行下去，一般要拟定好访谈提纲：若是结构式访谈，必须要统一设计问卷及访谈手册；若是非结构式访谈，则要列个粗略的访谈提纲。还要对被访人的社区特征有所了解，例如，你的调查地区是回族居住区，有不食猪肉的禁忌，若你不了解，在访谈中触犯了这类禁忌，就可能引起被访者的反感而拒绝访问。又如，某地区刚进行过调查，若不知道该情况再实施一次调查，就可能因调查内容重复而引起调查对象的厌倦。

另外，在访谈前还要做好以下准备，例如，与被访人如何联系、在什么地点访谈、大概需要多长时间等都要考虑到。在临赴现场之前，还要带好访谈工具，例如，笔、纸、问卷、照相机、录音笔、录像机。

（一）称呼要恰当

若你和对方很熟悉，可称其昵称或小名，或称其老李、小张等；若你和对方不熟悉，称呼要客气一些。同时，还要注意称呼习俗的发展和变化。例如，过去我们彼此称同志、对年轻女性称小姐都是非常礼貌、非常尊敬的称呼，但是现在在某些地区，不能随意这样称呼。并且称呼既要尊重恭敬，又要恰如其分。不能开口一个“喂”，闭口一个“伙计”。也不能过分奉承别人。左一个“老前辈”，又一个“老革命”，也会引起对方的反感。

（二）衣着要得体

如果我们去农村调查，衣着应朴素一些，随意一些；去城市调查，衣着应讲究一些。另外，我们还要看对方的衣着，确定我们的访谈内容，若对方衣着随意，可能对方是一个较随和的人，我们的访谈也应轻松一些、随意一些；若对方衣着讲究，则可能是个严肃的人，我们访谈的内容应更严格一些、正式一些。

（三）选择恰当的接近方式

接近方式有很多种，有正面接近，就是开门见山，直接说明调查的目的、意义和内容。这种方式虽然简单、生硬，但却最为有效。有自然接近，即在某种共同的活动中接近对方，让被访谈者不拘束，如一起旅游、一起劳动、一起就餐。有求同接近，是寻找与被访谈者的共同点，激发被访谈者的热情与兴趣，如老乡、校友。有友好接近，是从关怀帮助被访谈者入手，以联络感情，建立信任，如对方家中有病人，就谈谈该如何治病、如何调养等；对方遇到了工作、生活中的麻烦，就帮助出主意、想办法等。还有隐蔽接近，是以某种隐蔽的身份接近被访谈者，在对方没有觉察的情况下调查了解情况，如古代的微服私访。但这种方式可能会涉及别人的隐私，带来不良后果，不鼓励使用。例如，有的访谈调查员为了得到调查资料，私自在别人的空调上放置针式摄像头，结果被别人发现后，惹来诉讼的麻烦。一般来说，访谈调查员进入访谈现场，首先要表明来意，消除对方疑虑，以取得对方的理解和支持。

（四）具备应付不情愿接受访谈甚至拒绝访谈状况时的技巧

被访谈者不情愿接受访谈，可能有多种原因，如问题比较敏感，他回答时有顾虑，或者访谈调查员的问话方式、表情、衣着等引起对方反感等。访谈调查员要能够马上意识到这些原因，如果被访谈者有顾虑，我们就再次强调一下我们的保密措施，告诉他这只用于研究，不会出现真人名、真地名，请他放心地谈。如果是访谈调查员引起了对方的反感，则要向对方道歉，并调整自己的说话方式、表情等。此外，还可以运用心理学上的“得寸进尺”和“得尺进寸”的谈话技巧。“得寸进尺”就是访谈调查时，先提一个小要求，取得对方的信任以后，再提一个大要求。让他心理上有个逐步接受的过程（适合不太配合的被访者）。“得尺进寸”是在对方考虑的过程中一点点地推进，先提出我们整个的要求，然后再分解为一个个的小要求，让对方在不知不觉中说出实际情况（适合较配合的被访者）。到底使用“得寸进尺”还是“得尺进寸”要看对方的态度。

二、谈话的技巧

（一）提问的技巧

明智的提问比明智的回答更为困难——波斯谚语。

对于结构式访谈提问，应遵守以下规则：（1）用问卷中的词来提问。因为结构式访谈，是一种标准化的、高控制的访谈，提问和解释的方式、顺序等都必须按统一的口径进行，访谈调查员不能随意提问。（2）慢慢地读出每个问题。这既给对方思考的时间，也是诚意的表现。（3）按照问卷中问题的顺序发问。（4）不要遗漏问题，详细地询问问卷中的每个问题。（5）重复被误解的问题。如果问题被误解了，除了按统一的口径进行解释外，只能多重复几次，不能随意作出解释。

对于半结构式或开放式访谈，提问要求是：（1）提问的方式要适当。要根据双方的关系，决定提问方式。如果双方很熟悉，则可以直接提实质性问题（为了解实际内容而提出的问题），开门见山发问。如果双方较陌生，一般应先提些功能性问题（为了消除拘束感，创造良好的谈话气氛而提出的问题），如拉拉家常。（2）提问的语言要通俗易懂。忌用过多的专业词语，例如，去社区调查时，用专业术语问居民“你们这里是否社区行政化”，很多人可能都听不懂，但如果改变一下词语，如“居委会的干部是居民选举产生的吗，社区里的事情是由谁决定的？社区里的财务收支状况如何”，居民们则很容易回答。（3）提问的语气要恰当。一般语气要亲切、自然。（4）提问不要话中有话。这让人不知如何回答，也会让人产生不信任感。（5）多提建设性问题。访谈时，有时会碰到两种人，一种是寡言的，问一句，答一句，双方感到无话可说，这个时候要多提建设性问题，引起对方思考。例如，提问“你对现在的医保满意吗”，对方回答“满意”，你要继续追问，“那你看病后，一般门诊能报销多少，住院能报销多少，用医保卡去药房买药方便吗”。还有一种人，特别健谈，甚至容不得访谈调查员插嘴，自己就可以侃侃而谈。这个时候访谈调查员要思考“他跑题太远了，怎样把他拽回来”。切忌不可粗鲁地打断对方说“你跑题了”“你没有按要求回答”之类的话，这会使人感到难堪，产生抵触情绪。你可以说：“刚才你谈的社区建设方面，非常好，下面请你再谈谈对邻里关系的看法。”或者访谈员给对方递根烟，端杯水，使他的谈话中断，当谈话重新开始时，可提出新的问题请他回答，不知不觉地改变话题。（6）减少题外话，保持中立态度。不要把自己的价值取向暴露出来。不能当对方的回答是你不愿听的时，你就紧皱眉头，阴沉着脸。这样谈话就很难顺利进行下去。

（二）听取被访谈者回答的技巧

（1）要排除各种听的障碍。如果在访谈时环境非常嘈杂，那就要换环境。笔者就碰到过这样的情况，在一个社区的办公室进行访谈，这个办公室坐了十多个人，结果听起来吃力，说起来也吃力，录音笔也无法使用，最后就换了地方。（2）别人回答时，访谈调查员要有相应的回应。既要有语言信息的回应，也要有非语言信息的回应。例如，时不时地点点头，说“对”“不错”“理解”“同意”“很好”，这些简单的话语和动作都会鼓励对方继续讲下去。还要充分运用非语言信息进行回应，除了点头，还要有面部表情、眼神、坐姿、手势等非语言信息。作为被访谈者，总是希望自己的谈话能受到注意，如果访谈调查员一直面无表情，那么对方讲话的兴趣就会降低。如果访谈调查员一直过于严肃，一声不吭，也会使被访谈人产生一种紧张感。应该在被访谈人谈到挫折、不幸时，要有同情和惋惜的表情；谈到不公平时，要有愤怒的表情；谈到成就时，要有高兴的表情。在眼睛的使用上，如果访谈调查员一直目不转睛地盯着对方看，会使被访谈人感到紧张；如果访谈调查员一直不看对方，低头琢磨问卷，或者一会看看表，一会翻翻报纸，做些小动作，则被访谈人会误以为他的谈话让你感到厌倦，因而不愿再谈下去。另外，从对方的非语言信息中，我们也可以判断他提供的信息是否真实、准确。如果他在谈话时很不自然、紧张，我们就要考虑被访谈人提供信息的准确性。（3）不轻易打断被访谈者的谈话。在对方谈话的时候，我们就可以思考一下，对方是什么样的一个人？例如，对方跑题了，问东讲西，滔滔不绝。我们通过思考发现对方在单位只是个小职员，平时没有什么发言权，但又很自负，所以有这样一个机会，他就很想发泄一下。那么你为了访谈顺利进行下去，让他适当得多说点也无妨。但如果对方理解力有问题，神志不清，这时你就要考虑这份访谈是否有价值了。

（三）适当追问

追问是进行开放性访谈调查的一种常用技术。追问的方法有多种：正面追问、侧面追问、系统追问、补充追问、重复追问等。

正面追问是正面指出回答不真实、不具体、不准确，请对方补充回答。正面追问比较尖锐，容易引起对方的反感，应先记录下来，放在访问后期进行。侧面追问是换个角度、换个提法问相同的问题。系统追问是对某一事件系统地问发生的时间、地点、原因、结果等。补充追问是对问题理解不充分或遗漏时，请对方再补充回答。但也不要遇到问题马上就追问，应该先记录下来，在访谈后期统一追问。重复追问是对方不理解时或理解错误时，把问题重复一遍进行追问。追问的一个最基本的原则，是使用被访谈者自己的语言和概念来询问被访谈者自己曾经谈到的看法和行为。此外，特别强调的是，追问一定要适时和适度。适时是指追问不要一个问题不清楚马上追问，一般应先记录下来，在访谈后期时系统追问，效果较好。适度指的是不要连续追问，这样会使气氛不好。应穿插一些功能性的问题，来调节气氛。

（四）记录回答

前面所讨论的接近访谈者进行具体的访谈，都是为了收集资料，收集资料最主要的工作是记录。

首先，一般可采取现场记录和事后记录两种方法。现场记录是边访谈、边记录，可以自己记录，但这可能导致只顾埋头记录，而忽略了对被访谈者的非语言交流；也可以带一个人专门作记录；最好是使用录音笔，当然要经过对方的同意。事后记录，是访谈结束后，再凭访谈印象进行记录。有的人在访谈时，不喜欢别人记录，别人记录他就紧张或有顾虑，所以只能事后记录。事后记录容易产生记忆偏差、完整性较差的问题。要进行事后记录，必须对访谈员进行训练，例如，对方谈的时候，可以适当地记一些关键词，作为一个线索，事后按照线索进行回忆。记录回答时要遵循一定的规则：对于结构式访谈记录，可直接在问卷上打钩或填写序号；对于非结构式访谈记录，最好在访谈期间记录回答，避免事后记录中遗漏要点。

其次，在记录时应使用应答者的语言。对方用方言，你应该用方言记录。因为我们的访谈是一种质性研究，对方的语句、词汇都可以用来分析。而且会有督导在访谈结束后，随机抽取几份访谈记录，亲自与访谈对象核实，看看对方对这个问题的看法是不是正如你所记录的，访谈员是否进行了真实的调查。

再次，不要摘录或释义应答者的回答。最好是采用现场录音，在记录时反复听录音，原汁原味地记录访谈的内容。

最后，要记录包括与问题有关的一切事物。因为在我们访谈时或许还不太清楚哪些重要、哪些次要，这就要求全部都记录下来，回去整理，以免遗漏。包括所有的追问，也应该如实记录下来。

三、结束访谈的技巧

结束访谈，有时比进入访谈更难，它既是这次访谈的结束，也为下次访谈做好了铺垫。因为访谈调查员在访谈中有可能遗漏的问题，就需要对访谈对象进行再次的访谈。在访谈时，访谈调查员要控制好时间，一般访谈时间应在1—2小时，时间太长效果不好，而时间太短，所获得的信息量又较少。同时，访谈调查员还要注意访谈的气氛，好的气氛一旦被破坏，就要马上结束访谈。例如，访谈调查员在和男主人交谈时，女主人在一边打鸡骂狗、骂小孩，气氛一旦破坏，就应马上结束访谈。访谈结束时要真诚地感谢对方，还要再强调一下保密措施，让对方放心，并预先说明一下，万一在访谈中还有一些没有了解到的情况，可能会再次进行补充访谈，进一步了解情况，为下一次访谈做好铺垫。

第五节　访谈调查员的挑选与训练

一个好的访谈调查员，不但所得资料丰富、可信，而且还可以从访谈中获得新思想，发现新问题，通过访谈能获得对问题更深入的认识和理解。反之，就只能了解到一些表面的，甚至是不真实的社会现象。

一、访谈调查员的挑选

应尽可能选择经过训练、有调查经验、对所调查问题较熟悉的访谈员。如可以选择经过社会调查课程训练的大学生。

但是对于无结构式访谈，一般都选择与所调查的题目有关的专业人士，或者就是研究者本身。选择访谈调查员时，不但要求访谈调查员具备诚实、细心、耐心、勤奋、负责、谦虚等一般品质外，还要根据调查对象不同，有所侧重，例如，对访谈领导人，一般选派男性访谈员；关于生产、政治问题的访谈，一般选派男性访谈员；关于婚姻、家庭问题的访谈，一般选派女性访谈员；在少数民族地区，一般选派当地的、同民族的人作访谈员。

二、访谈调查员的训练

对于大规模的结构式访谈，训练访谈调查员不仅要提高访谈员的访问技巧和能力，更重要的是要保证访谈过程的标准化。以结构式访谈为例，训练内容如下。

（1）研究指导者作简要介绍，介绍该项目的目的、意义、调查范围、调查对象数量及每人的工作量，调查步骤和每阶段所需时间，每人的报酬、工作时间等。

（2）让访谈调查员阅读问卷、访谈指南及与该项目有关的材料。

（3）进行模拟访谈，访谈调查员之间一对一互相访谈。

（4）集体讨论，结合模拟访谈中发现的问题，一起讨论解决办法和工作中的注意事项。

（5）建立监督管理办法。制订每日工作计划，记录每日工作日志，或开每日工作会议。

SHANGHAI·UNIVERSITY·OF·POLITICAL·SCIENCE·AND·LAW
上政

第二章

白领犯罪访谈调查

CHAPTER 2

第一节　研究白领犯罪的价值

曾经，抢劫、盗窃、人身侵害等“街头犯罪”一直是人们担心的焦点。但自从1939年12月，美国社会学教授E. H. 萨瑟兰首次提出“白领犯罪”的概念，白领犯罪问题开始逐渐受到人们的关注。萨瑟兰在《白领犯罪》一书中指出，白领犯罪的经济代价可能数倍于通常被视为“犯罪问题”（crime problem）的其他所有犯罪的经济代价。一个连锁商店的高级管理人员，一年内要以贪污挪用等手段侵吞80万美元，相当于一年当中500起盗窃案和抢劫案对该连锁商店造成的损失的6倍。1938年查缉的第1—6号盗窃、抢劫要犯盗窃、抢劫的财物总额为13万美元，而被克鲁格（Krueger）偷窃的财物总额就达约2.5亿美元，约相当于前者的2000倍。1931年《纽约时报》报道了美国4起贪污案，每起案件所造成的直接经济损失超过100万美元、间接损失900万美元。盗窃或者抢劫100万美元的案犯在现实中罕有听闻，但贪污侵吞100万美元的案犯在白领罪犯中却只属于“小儿科”。①

正如米泽尔所说，当前，来自宽敞明亮的办公室的智能犯罪分子仍在扒我们的口袋，每年盗走的钱款总共为3000亿美元。这些“社会可接受”的犯罪分子，以一副正人君子的面目把自己遮掩起来，用钢笔或键盘对公司和个人巧取豪夺，所得不义之财与那些手持威力强大的手枪的街头恶棍所能抢到的钱财相比，有过之而无不及。作为智能犯罪的主角，当今的“公文包匪徒”以微笑作为面具，用一间办公室把他们的犯罪活动伪装

---

① ［美］E. H. 萨瑟兰．白领犯罪［M］．赵宝成，徐静磊，胡旭，于国旦，译．北京：中国大百科全书出版社，2008：10.

起来。[①]

美国联邦调查局的调查报告显示，一般刑事犯罪涉案金额平均为500美元，而高智能的白领犯罪涉案金额则高达50万美元。根据美国“欺诈调查协会”估计，美国公司中的欺诈行为，每年给美国公司造成的损失超过4000亿美元。平均下来，欺诈使得美国的每一家公司损失年销售额的6%。而在亚洲，这一数字还要高于美国，接近10%。[②] 根据瑞士联邦警察局的专家对白领犯罪情况进行的估计表明，瑞士白领阶层每年经济犯罪的涉案金额估计在30亿到54亿瑞士法郎，相当于这个国家国民生产总值的1.5%。[③] 2008年，国际金融危机爆发后，越来越多的证据显示，白领犯罪是导致那次危机发生的重要原因之一。美国联邦调查局调查表明，涉及房地美、房利美以及雷曼兄弟等26家有欺诈嫌疑的著名金融机构，单是与住房抵押贷款相关的案件就超过1500项。[④]

我国改革开放以来，随着市场经济体制的逐步确立，我国经济发展迅速，正在经历着类似于西方国家的工业化、城市化、现代化过程，也类似地付出了传统价值观被弱化、犯罪率激增的代价，经济犯罪特别是白领犯罪越来越突出，白领犯罪尤其是贪污、贿赂、挪用公款等公职人员的白领犯罪现象日益严重，出现前所未有的大幅度增长。仅2011年就查办商业贿赂案件1.48万件，涉案42.8亿元[⑤]，涉及国家公务员的案件3000余件[⑥]。

---

① [美] 小路易斯·R. 米泽尔. 智能犯罪：遍及全球的白领犯罪与自我防范措施 [M]. 肃草，新馨，马季方，译. 北京：中国物资出版社，1998：1.

② 李松奎. 白领犯罪及其内部防控机制研究 [OL]. [2019-06-10]. http://article.chinalawinfo.com/ArticleHtml/Article_53599.shtml.

③ 金强. 白领犯罪及防治策略研究 [J]. 上海公安高等专科学校学报，2009 (4).

④ 同上。

⑤ 全国查办商业贿赂案1.48万件，涉案金额42.8亿元 [N/OL]. 人民日报，2012-01-02. [2018-01-19]. http://www.sohu.com.

⑥ 张蔚然. 中国一年查处上万件商业贿赂案涉3000余公务员 [OL]. 中国新闻网，2010-01-08 [2019-06-10]. http://www.chinanews.com/gn/news/2010/01-08/2060531.shtml.

我国白领犯罪造成的经济损失也是非常巨大的。例如，据报道，2010—2015 年，徐某先后与 13 家上市公司的董事长或实际控制人合谋操纵上市公司的股票交易，控制 139 个证券账户，非法获利 93.38 亿元。① 在香港上市的公司广南控股（Guangnan Holdings）被洗劫了 2.5 亿美元。又如，李某霖导致中航油新加坡公司石油期权巨额亏损 5.1 亿美元面临清盘危险。② 再如，国内民营上市企业杭萧钢构股份有限公司（以下简称杭萧钢构）本在证券市场上默默无闻，在 2006 年牛市大潮中也表现平平，但由于一纸天价订单，该公司成了 2007 年上半年证券市场最炙手可热的新闻主角。③ 2007 年 3 月，公司公告称拿到一份中基公司在安哥拉的价值约 344 亿元的工程合同。在正式披露前，公司股价就开始猛涨，披露后仍然势头不减，一度连拉 12 个涨停，成为市场焦点。经过调查，发现杭萧钢构证券办副主任、证券事务代表罗某峰、陈某兴（刚从公司辞职不久）、王某东三人创造了此“牛市内幕交易第一案”。上述 3 人利用内幕交易，在很短时间里获利 4037 万元之巨。此案引起证监会的重视，立即成立调查组，公司股票被停牌，后遭受行政处罚，又被许多股民提起民事赔偿诉讼。由此给杭萧钢构造成的经济损失难以衡量，同时严重影响了公司的声誉。④

在我国，由于白领犯罪造成声誉损失的案件不胜枚举，国美电器案件、西门子回扣案、家乐福受贿侵占案以及近来的可口可乐高级员工受贿案、力拓间谍案，等等，这些著名的品牌企业遭遇白领犯罪的危机，无不给企业的声誉带来巨大的损失，而声誉损失带来的又是巨大的经济损失。⑤

可见，白领犯罪不但造成了巨大的经济损失，更给社会关系造成了严

---

① 王珑娟．徐翔案细节披露：139 个账户 5 年非法获利 93 亿，入市 24 年从“私募一哥”到阶下囚［OL］．投资界，2017－06－08［2018－01－19］．http：//pe. pedaily. cn/201706/20170608414934. shtml.

② 李松奎．白领犯罪及其内部防控机制研究［OL］．［2019－06－10］．http：//article. chinalawinfo. com/ArticleHtml/Article_ 53599. shtml.

③ 同上。

④ 同上。

⑤ 同上。

重的破坏。白领犯罪破坏了社会诚信，败坏了社会风气，腐蚀了人们遵循的道德标准，更会造成社会的失序，使公众产生信任危机，并引起更大程度的社会解组。对这一犯罪形式进行研究，具有较高的社会价值。

第二节 白领犯罪的界定

一、白领的概念

“白领”一词最早出现于20世纪20年代初。它的范围包括一切受雇于人而领取薪水的非体力劳动者，因而有“白领职工”之称。他们一般工作环境比较整洁，穿着整齐，衣领洁白，包括技术人员、管理人员、办事员、推销员、打字员、速记员、文书、会计、店员及教师、医生、律师、普通职员等。这些人的经济收入和工作条件较好。尽管如此，由于不掌握生产资料，他们仍处于受雇佣的地位。在发达资本主义国家，白领总数超过蓝领，约占工人总数的60%—70%。白领阶层福利好、收入高、职位稳定，有令人羡慕的职业。[①]

有些学者也将白领称为中间阶级或中间阶层。西方马克思主义者关于白领的研究就经历了“新工人阶级”论、“新小资产阶级”论、“专业—管理阶级”论、“矛盾的阶级地位”论、“中间阶层”论。这些观点中的相似点或共同点就是，都认为这个新阶级或新阶层主要依靠脑力劳动谋生，没有自己的生产资料，受资本家的雇佣和统治，同时担负着监督和管理工人的职能。[②] 而且，这个新的阶级或阶层的政治意识具有明显的双重性质。一方

① 百度百科“白领”.［OL］［2018-01-20］. http://baike.baidu.com/view/1696.html.

② 高潮.“白领”研究：从“白领”阶层的成长看当代西方社会变迁［D］. 天津师范大学硕士学位论文，2003.

面，他们为资本家创造剩余价值，受资本家的剥削，对社会的压抑和不公具有不满情绪和反抗意识。另一方面，他们的收入、待遇、地位等都普遍高于其他体力劳动者，拥有一定的管理权力和一定的优越感。所以在阶级斗争中，他们有时站在资产阶级一边，有时站在无产阶级一边，是资产阶级和无产阶级共同争取的对象。但在某种意义上，他们只是“夹在中间”。[①]

西方非马克思主义者主要是从阶级地位和阶级形成过程来研究白领的，根据马克斯·韦伯的三分法来划分阶层，即经济地位（财富、收入）、政治地位（政治权力）和社会地位（社会声望）来划分。主要形成了“新中间阶层”论、“服务阶级”论、“知识工人”论。[②] 其中，以米尔斯（C. Wright Mills）为代表的“新中间阶层”论较有代表性。1951年，米尔斯在《白领——美国的中产阶级》一书中将“旧式中间阶层”和“新型中间阶层”两群体区分开来。认为旧式中间阶层由小业主组成，包括农民、店主、独立经营者等，该阶层的特点是拥有自己的财产所有权并独立经营。而新型中间阶层由领薪水的白领职员构成，包括办公室的公务员、售货员和拿薪水的专职人员、经理。新型中间阶层不会形成一个独立的阶级，他们只是权力结构中的因变量，他们最终支持工人阶级还是支持资产阶级，取决于企业和劳工斗争的态度和结果。[③] 米尔斯在书中比较系统地阐述了“白领”这一社会阶层的特征：（1）依附于庞大机构，专事非直接生产性的行政管理工作与技术服务；（2）无固定私产，不对服务机构拥有财产分配权，较难以资产论之；（3）靠知识与技术谋生，领取较稳定且丰厚的年薪或月俸；（4）思想保守，生活机械单调，缺乏革命热情，但为维持与其地位相称的形象而拒绝流俗和粗鄙的大众趣味。[④]

---

① 高潮．“白领”研究：从“白领”阶层的成长看当代西方社会变迁［D］．天津师范大学硕士学位论文，2003.

② 同上。

③ 同上。

④ ［美］莱特·米尔斯．白领：美国的中产阶级［M］．周晓虹，译．南京：南京大学出版社，1986.

萨瑟兰在《白领犯罪》中谈到的白领，主要是指企业管理人员。[①]

20 世纪末产生于中国社会的白领阶层在某些方面有和发达国家白领阶层的共性和相通性，但基于中国的具体国情也有他自己的特质，或者说有自己更明确的标志。[②] 学者潘允康认为，中国白领阶层主要具有以下特质：（1）他们是社会中具有较高文化程度的一层，这是白领区别于其他社会阶层（或者说蓝领阶层）的显著标志之一。（2）职业的特征比较明显，除去所从事的职业类别外，还有工作的环境和形式，以及职业的科学技术含量。他们是脑力劳动者，以办公室为主要工作场所（室内作业），以知识为主要的劳动工具和手段。他们中的一部分人拥有并使用自己的专业技术特长于工作，并以此为谋生的手段，另一部分人则利用以往学习和训练所培养的能力和素质从事非专业技术工作，如管理工作。脑力劳动是他们的主要职业特征。（3）他们是工薪阶层，靠付出知识和技能挣工资生活，是广阔社会生活空间中的各类各级雇员，他们的收入大体处于社会中等水平，其中一部分为中等偏上，不是收入均匀划一的群体，低于靠财富和资本致富的老板，但高于一般的蓝领体力劳动者。他们的收入相对稳定，且有较多保障。（4）社会地位和声望相对较高，他们所从事的职业排位都比较靠前，是受社会尊敬和仰慕的阶层。（5）人数正在迅速增加，而且分布很广，从职业上看散布在社会大多数领域，且处在这些领域的重要位置上，是一群新型表演者。[③]

学者聂庆指出，白领是典型的脑力劳动者，具有以下显著特征：高学历、高收入，身居要职且正当华年。由于他们在各行各业中都是同行中的佼佼者，对于社会所做的贡献是不可估量的。[④] 崔开华认为，白领作为一

---

① ［美］E. H. 萨瑟兰．白领犯罪［M］．赵宝成，徐静磊，胡旭，于国旦，译．北京：中国大百科全书出版社，2008：7.

② 潘允康．“白领”与现代社会结构［J］．社会科学战线，1999（3）．

③ 同上。

④ 聂庆．白领犯罪的若干问题研究［J］．河南公安高等专科学校学报，2003（4）．

个社会学名词，是指那些“具有体面地位的，从事经营管理工作或者有专门职业的人士”。① 张文军总结认为，白领，顾名思义，表示其职业要求着装整齐、清洁，原指“某些国家或地区从事脑力劳动的职员，如管理人员、技术人员、政府公务人员等”。他们是典型的脑力劳动者，具有以下显著特征：高学历、高智商、高收入，身居要职且正当华年，拥有较多社会性资源（如权利、财富和社会身份）。由于他们在各行各业中都是同行中的佼佼者，对于社会所做的贡献往往是不可估量的。同样也是这样一个群体，他们中的有些人所犯下的罪行往往是影响深远的。②《中国大百科全书》对白领的解释为“西方社会对企业中不需做大量体力劳动的工作人员的通称，又称白领阶层，蓝领的对称。他们一般工作条件比较整洁，穿着整齐，衣领洁白，故称白领。”③《现代汉语词典》持有类似的观点，认为白领是指“某些国家或地区从事脑力劳动的职员，如管理人员、技术人员、政府公务人员”。

笔者参照他人的定义并结合自己的调查，将**白领定义为：受过中等以上教育，从事政府工作、军队管理类工作、企事业经营管理类工作或者有专门的技术职业，且工作环境相对较好的工薪阶层的脑力劳动者**。

二、白领犯罪的概念

人们通常认为，下层社会有着较高的犯罪率，上层社会的犯罪率较低。但萨瑟兰却认为，上层社会的成员也会参与大量的犯罪行为，这些犯罪行为与下层社会成员实施的犯罪行为有所不同。“优越的家庭、完整的灵魂并不能阻止违法行为。一些具有较高社会地位、有权有势的人同样会进行反社会行为，只是由于他们的特殊的地位和身份，使他们的违法行为

① 崔开华．白领犯罪浅析［J］．山东工业大学学报：社会科学版，2000（5）．
② 张文军．论白领犯罪［J］．上饶师范学院学报，2005（10）．
③ 中国大百科全书：精华本［M］．北京：中国大百科全书出版社，2002：132．

更难以被人们发现和当作犯罪加以追究。也只有这些中产阶级（商人、企业家、自由职业者、政府官员）才具有这种作案条件，低阶层成员很难有条件从事哄抬物价、股票诈骗、行贿受贿等活动。”①

萨瑟兰将白领犯罪界定为：由具有体面身份和较高社会地位的人在其职业活动中实施的犯罪行为。它不包括上层社会的许多其他犯罪行为，诸如杀人、酒精中毒或通奸等，因为这些不属于其职业或职务上的行为。此外，它也不包括富有的黑社会成员设置的骗局，因为他们不具有体面身份和较高的社会地位。② 萨瑟兰对白领犯罪的定义为犯罪学开创了一个崭新的领域，使社会对于这种隐蔽性较强的“精英”犯罪有了一个新的认识。

萨瑟兰提出的白领犯罪定义虽然引发了部分学者的研究热情，然而当时却未能占据主流的研究地位。因为美国在 1929 年大萧条之后，推行了国家垄断资本主义，强化了政府对经济的全面干预调控能力，国家政治局面相对稳定。国民普遍相信美国的企业有能力将国家变得更为繁荣，在这样一种局势下，学者们更关心的是如何维持社会的稳定和经济的增长，而不是去发现社会中的问题和不平等。因此，萨瑟兰的《白领犯罪》在 1949 年出版时，迫于出版商的压力，在书中删去了违法公司的真实名字，其无删节版直到 1983 年才由耶鲁大学出版社出版。③

伴随着美国经济的飞速发展，白领犯罪率也在飞速增长，愈演愈烈，很多学者再次从不同的视角去观察和研究了白领犯罪现象和理论。④ 美国的检察官埃德赫兹在 1970 年对白领犯罪下了以下定义：“以非体力的方

---

① Sutherlan, E. H. White Collar Crime may be Defined Approximately as a Crime Committed by a Person of Respectability and High Social Status in the Course of his Occupation. White Collar Crime [M]. New York: Holt, Rinehart & Winston, 2005: 9

② [美] E. H. 萨瑟兰. 白领犯罪 [M]. 赵宝成，徐静磊，胡旭，于国旦，译. 北京：中国大百科全书出版社，2008: 7.

③ Newman, Donald. White - Collar Crime, Law and Contemporary Problems, 23: 735 - 753//曾莘. 白领犯罪概念、成因及对策研究 [D]. 四川大学硕士学位论文，2007.

④ Edelhertz, Herbert. The Nature, Impactand Prosecution of White Collar Crime [M]. Washington, D. C.: USGPO, 1970: 3.

式，通过隐瞒或欺诈的方式，非法地获得企业的或个人的财物利益，而避免支付成本或损失。”①

美国国会在《1979 年司法体系改进法令》中，第一次给白领犯罪下了一个正式的定义：“白领犯罪是一种通过非体力的方式，非法的手段，通过隐瞒或欺诈，获得企业的或个人的财物利益，而避免支付成本或损失的行为。”② 这个定义不再将白领犯罪的主体局限于个人，而是扩大到企业，企业行为也属于白领犯罪的范畴。

Reiss 和 Biderman 在 1980 年指出，白领违法行为就是那些会受到刑法处罚的违法行为，这些违法行为涉及违法者利用其具有的重要权利、影响力的位置，或者利用其在合法的经济或者政治制度秩序中受到的信任，获取非法利益，或者为了个人或者组织的利益而进行违法行为。③

《牛津法律大辞典》对于白领犯罪的定义是：“白领犯罪，指具有体面的地位，从事经营管理工作或者有专门职业的人实施的与其从事的职业有关的犯罪。这些犯罪包括欺诈罪、诈骗、不正当的金融交易以及其他类似行为。据估计，白领犯罪比其他普通犯罪，如盗窃和抢劫等牵涉到的金钱更多。”④

日本的菊田幸一教授在其《犯罪学》中指出：“关于白领犯罪的定义，因人而异，各有各的见解。但是，我们不能忽视萨瑟兰所说的白领犯罪的着眼点，是从分析社会结构的角度出发的，因为法律本身并非同社会结构毫无关系，不能因此而使上层阶级和下层阶级在法律面前不能平等而有差别……白领犯罪，都是有计划和有组织的犯罪。”⑤ 但这一定义有明

---

① Edelhertz, Herbert. The Nature, Impactand Prosecution of White Collar Crime [M]. Washington, D. C.: USGPO, 1970: 3.

② 同上。

③ Reiss, Albert J., and Albert Biderman. Data Sources on White-Collar Law-Breaking [M]. Washington, D. C.: U. S. Department of Justice, 1980.

④ 牛津法律大辞典，光明日报社，1988 [A] //魏平雄，张智辉，等. 预防犯罪概论及白领犯罪剖析与对策 [M]. 北京：人民法院出版社，1997.

⑤ [日] 菊田幸一. 犯罪学 [M]. 海沫，等，译. 北京：群众出版社，1989: 151.

显的弊端，因为并非所有的白领犯罪都是有计划的、有组织的，白领犯罪中的个体犯罪还是较为普遍的。

我国学者近年来也对白领犯罪做了大量的研究。梓宇将其定义为，商人、企业家、职员、自由职业者、政府官员在履行职务过程中的违法犯罪行为。这些人通常是一些高收入，享有较高社会地位、制定规则、进行决策的人，而他们的决策往往能够影响到社会上一部分人的利益。由于他们手中拥有权力，决策又多是在秘密情况下由少数人作出的，因而同这种犯罪做斗争困难很大。①

魏平雄、张智辉等学者认为梓宇的定义采取了列举的方法来说明“白领”阶层所包括的人员，并未达到阐释“白领”阶层的目的，同时，这一定义又将违法与犯罪混为一谈。他们认为，所谓白领犯罪，是指具有较高社会地位或者社会经济地位和掌握一定权力的人，利用其职务上的便利，故意从事非法的经济活动，严重侵犯国家、集体或者个人经济利益的犯罪行为的总称。这个定义避免了将违法与犯罪混为一谈，又明确说明了白领犯罪所侵害的社会关系是社会经济秩序的归属性。②

李锡海教授认为，白领犯罪，是指具有较高社会地位的人实施的犯罪，诸如偷税漏税、信用卡诈骗、贪污、破产诈骗、污染环境、公司犯罪、股票证券交易中的犯罪多数都是白领所为。这种犯罪危害十分严重，是社会面临的一个严重问题。③

樊凤林、宋涛认为白领犯罪应具有以下两个显著特点：犯罪人在政治上、经济上居于领导地位；犯罪人利用其地位和权力，在执行职务过程中或利用职务之便实施犯罪。④

---

① 梓宇．遏制经济犯罪，维护经济秩序［N］．法制日报，1996-03-04.

② 魏平雄，张智辉，等．预防犯罪概论及白领犯罪剖析与对策［M］．北京：人民法院出版社，1997：180.

③ 李锡海．文化与犯罪研究［M］．北京：中国人民公安大学出版社，2006：136.

④ 樊凤林，宋涛．职务犯罪的法律对策及治理［M］．北京：中国人民公安大学出版社，1994：107.

李小宁等人认为，白领犯罪，是指受社会尊重和具有较高的社会与经济地位者，在其职业活动中为谋取不法利益而破坏经济秩序的行为。

金波认为，白领犯罪应当是指白领阶层利用职权，为了牟取利益，在从事职业活动的过程中所实施的非法行为，此行为不仅指犯罪行为，也包括违法行为。①

金强认为，我国的白领犯罪可以定义为：具有较高的社会地位或者经济地位并掌握一定权力的个人或单位，利用其职务上的便利，以非体力的方式牟取非法利益的犯罪行为的总称。② 指出白领犯罪的主体范围扩大至单位，这将更具有司法实践的现实价值。由此，定义我国的白领犯罪首先限定其主体为具有较高的社会地位或者经济地位并掌握一定权力的个人或单位。而在客观方面，白领犯罪应限定为“利用其职务上的便利牟取非法利益”。如果白领犯罪人不利用职务上的便利，即不利用其“白领”优势而实施犯罪就与非白领阶层实施的犯罪没有什么差别了。这就避免了把白领阶层所实施的伤害、抢劫、杀人、放火、强奸等犯罪行为也归列于白领犯罪的范畴而犯下定义过宽的错误。在犯罪方式上，白领犯罪人基于其体面的地位、受人尊敬的实力，运用智力就可以完成其犯罪行为，其表现形式当是非体力的。③

崔开华指出，所谓白领犯罪，是指具有较高的社会地位或社会经济地位和掌握一定权力的人，利用其职务上的便利，故意从事非法的经济活动，严重侵犯国家、集体或者个人经济利益的犯罪行为的总称。所以白领犯罪是特殊阶层的人——白领，利用职权侵害社会经济秩序的犯罪。④

聂庆认为，白领犯罪是政府工作人员、企业高层管理人员利用其职权，在经济活动中违反经济法规，破坏市场经济秩序或者具有计算机方面

① 金波．白领犯罪的特征及其防治［N］．江苏经济报，2007-04-18.

② 金强．白领犯罪及防治策略研究［J］．上海公安高等专科学校学报，2009（4）.

③ 同上。

④ 崔开华．白领犯罪浅析［J］．山东工业大学学报：社会科学版，2000（5）.

的专业知识和技能的自然人，利用计算机实施违法活动，谋取不法利益，应受刑法处罚的行为。①

唐永军、邹志臣从犯罪学的角度出发，将白领犯罪界定为：白领阶层利用职权，为了牟取利益，在从事职业活动的过程中所实施的非法行为。此行为不仅指犯罪行为，也包括违法行为。这个概念是广义的白领犯罪的概念。如果从狭义的角度出发，即从刑法学的角度出发，白领犯罪应当是指白领阶层利用职权，为了牟取利益，在从事职业活动过程中所实施的违反刑事法律相关规定，严重侵犯国家、集体或者个人的经济利益，应当受到刑法处罚的行为。②

冯霜将白领犯罪定义为：从事经营管理工作或专门职业的脑力劳动者，利用职务在职业活动中牟取非法利益，具有严重社会危害性的行为。③

叶继红、张彦定义白领犯罪为受社会尊重的人在其职业活动中为牟取不法利益而违犯刑法的行为。同时，归纳了当前我国白领犯罪的类型，主要有：贪污、挪用公款犯罪；贿赂犯罪；专利犯罪；诈骗犯罪；危害企业管理犯罪；危害公平竞争犯罪；徇私舞弊犯罪；毒品犯罪。④

笔者认为，白领并不一定都具有较高的社会经济地位，如一般的公务员、普通的银行职员，其社会经济地位处于社会中等水平，但他们都受过中等以上的教育，从事管理工作，且工作环境相对较好，所以笔者认为他们属于白领的范畴。本书对“白领犯罪”的定义为：受过中等以上教育，从事政府工作或经营、管理工作或者有专门的技术职业，且工作环境相对较好的工薪阶层的脑力劳动者，利用其工作之便，在职业活动中从事以非体力的方式牟取非法利益的犯罪行为的总称。具体而言，主要指政府白领

---

① 聂庆．白领犯罪的若干问题研究［J］．河南公安高等专科学校学报，2003（4）．

② 唐永军，邹志臣．白领犯罪若干理论问题研究［J］．社会科学战线，2004（5）．

③ 冯霜．白领女性犯罪初探［J］．山西省政法管理干部学院学报，2004（6）．

④ 叶继红，张彦．论白领犯罪的形成及其社会控制［J］．社会科学战线，2000（4）．

（公务员）、商业白领（金融业等企业中的经营管理人员和技术人员）、科技白领（主要指依赖计算机、网络等高科技产品进行创新工作的专业技术人员和文艺、教育、卫生等领域的专业技术人员及管理人员）和军队白领（军队管理类工作人员和技术人员）利用工作之便，在职业活动中以非体力的方式牟取非法利益的犯罪行为，包括公务犯罪、经济犯罪和高科技、高智能犯罪，等等。

三、我国白领犯罪的现状

现在正是我国社会主义市场经济不断完善时期，新旧交替、价值观冲突、思潮多元化、西方超前消费影响等因素，使得我国白领犯罪呈现出数量不断增加，危害日益严重的趋势。

早在 2008 年 3 月 10 日，当时的最高人民检察院检察长贾春旺在第十一届全国人民代表大会第一次会议上作最高人民检察院工作报告，就指出：2003—2007 年，全国人民检察院共批准逮捕走私、金融诈骗、偷税骗税等犯罪嫌疑人 113 347 人，提起公诉 129 392 人。加强对环境资源和知识产权的司法保护，批准逮捕造成重大环境污染事故、非法采矿等破坏环境资源犯罪嫌疑人 37 272 人，提起公诉 53 745 人；批准逮捕假冒注册商标、侵犯著作权等侵犯知识产权犯罪嫌疑人 6339 人，提起公诉 7448 人。5 年来，共立案侦查贪污贿赂、渎职侵权犯罪案件 179 696 件 209 487 人，比前 5 年分别下降 13. 2% 和 9. 9%；除正在侦查、审查起诉和审判尚未终结的以外，已被判决有罪的 116 627 人，比前 5 年上升 30. 7%；2007 年有罪判决数与立案数的比率比 2003 年提高了 29. 9 个百分点。立案侦查贪污受贿 10 万元以上、挪用公款百万元以上案件 35 255 件，涉嫌犯罪的县处级以上国家工作人员 13 929 人（其中厅局级 930 人、省部级以上 35 人）。大案、要案占立案数的比例分别从 2003 年的 46. 8% 和 6. 3% 上升为 2007 年的 58. 3% 和 6. 6%。完善境内外追逃追赃机制，在逃的 5724 名职务犯罪嫌疑人已抓获4547名，追缴赃款赃物244.8多亿元。重点查办发生在工程建设、土地出让、产权交易、医药购销、政府采购、资源开发和经销领域的商业贿赂案件。针对城镇建设特别是房地产开发过程中商业贿赂突出、群众反映强烈的状况，开展了集中查办这一领域商业贿赂犯罪案件的专项工作。立案侦查涉及国家工作人员的商业贿赂犯罪案件19 963件，涉案金额34.2多亿元。5年来，检察院共立案侦查渎职侵权犯罪案件34 973件42 010人，其中已被判决有罪的16 060人，是前5年的2.3倍。在打黑除恶专项斗争中，严肃查办为黑恶势力充当“保护伞”的国家机关工作人员101人。针对重大安全生产事故严重危害人民生命财产安全的情况，同步介入事故调查，立案侦查纵容违法违规生产、不报或谎报重大事故等涉嫌犯罪的国家机关工作人员1193人。①

2017年3月12日，最高人民检察院检察长曹建明在第十二届全国人民代表大会第五次会议上作了最高人民检察院工作报告，报告指出，2016年全国检察机关共立案侦查职务犯罪47 650人，其中原县处级干部2882人、原厅局级干部446人，查办玩忽职守、滥用职权等渎职侵权犯罪11 916人，查办涉嫌职务犯罪的行政执法人员8703人、司法工作人员2183人。起诉集资诈骗等犯罪16 406人，北京、上海等地检察机关依法妥善办理“e租宝”“中晋系”等重大案件。加大对操纵市场、内幕交易、虚假披露、非法经营股指期货等犯罪打击力度，山东、上海检察机关依法批捕起诉徐某等人操纵证券市场案、伊世顿公司操纵期货市场案。批准逮捕电信网络诈骗犯罪嫌疑人19 345人，批捕起诉张某维等116人、罗某隆等108人、崔某明等129人特大跨国电信网络诈骗案。②

正如于滨曾在2003年10月27日的《瞭望》周刊上发表文章指出：

---

① 贾春旺．最高人民检察院工作报告［R/OL］．中华人民共和国最高人民检察院网站，2008－03－10［2019－06－10］．http：//www.spp.gov.cn/site2006/2008－06－05/0001818747.html.

② 曹建明．最高人民检察院工作报告［R/OL］．中华人民共和国最高人民检察院网站，2017－03－12［2019－06－10］．http：//www.spp.gov.cn/gzbg/201703/t20170320_185861.shtml.

经济犯罪目前正呈现总体上高发态势，侵害面扩大，大案要案突出，智能化程度不断提高，犯罪主体向多元化发展，组织化程度明显提高，预谋性、计划性、隐蔽性越来越强，涉外案件越来越多，复合化程度逐步提高，社会影响更加恶劣这十个新动向。笔者认为，经济犯罪是白领犯罪的一种重要组成形式，故这十个新动向也同样适合于白领犯罪。

首先，白领犯罪立案数不断上升，侵害面不断扩大。以上数据表明，随着社会主义市场经济的不断深入，我国的贪污、贿赂、挪用公款、职务侵占、高科技犯罪等各种白领犯罪形式都不断增多，并且由于白领犯罪的智能性、隐蔽性、受害人的非显性等特点导致其存在未暴露的“暗数”，如果将那部分“暗数”计入，那么我国的白领犯罪趋势会更加明显。而且白领犯罪的类型也由1999年的贪污贿赂、挪用、职务侵占等40多种增加了非法转让土地使用权案件、侵犯商业秘密案件、损害商品声誉案件等新的罪种，现有近80种。一方面，侵犯的领域逐步由金融、税收和商贸等经济领域向农业、体育、教育、文化、卫生、旅游、房地产、养殖等领域渗透和扩展；[①] 另一方面，犯罪的地域逐渐由东部发达地区向中西部地区蔓延、由城市向农村蔓延。继东部沿海地区出现虚开增值税专用发票和骗税案件高潮后，中西部地区陆续发生了类似案件。此外，在全国很多地方，农村“村干部”侵占、挪用集体财物的案件也都呈上升趋势。[②]

其次，白领犯罪的主体有很大变化，涉案人员的社会层次趋高，社会影响恶劣。涉案人员的层次从过去的一般基层工作人员、科处级公务人员、普通企业人员发展到目前的高层工作人员、局部级甚至更高级的公务人员、高级企业白领等。[③] 另外，政治人物或公众名人等高层次人群涉嫌犯罪明显增多，不仅有人大代表、政协委员、影视界的明星，还有像黄光

① 于滨．经济犯罪呈现十个新动向［N/OL］［2019-06-10］．瞭望，2003-10-27，http：//www.zaobao.com/special/newspapers/2003/10/others271003v.html

② 同上。

③ 杨兴培，李翔．经济犯罪和经济刑法研究［M］．北京：北京大学出版社，2009：23.

裕、牟其中等曾经的中国知名企业家。白领犯罪造成的社会影响更加恶劣。大量的白领犯罪不仅造成了巨额的经济损失，有些案件还引发了群体性事件，影响了社会稳定，甚至威胁到人民群众的生命健康安全。例如，2003年2月重庆市发生了假人血白蛋白致人死亡的恶性案件。[①] 白领犯罪造成了严重的信用危机，恶化了经济环境，影响了我国的国际声誉，如在“大头奶粉”事件发生后，美国明确规定严禁从中国进口任何奶粉制品……

最后，白领犯罪的智能化程度不断提高，大案要案突出，组织性、预谋性、隐蔽性越来越强等新动向将在下文的白领犯罪特点中详细论述。

四、我国白领犯罪的特点

（一）犯罪主体的智商较高，反侦查能力强

白领犯罪的主体，一般都受过中等以上的正规教育，大多具有一定的文化水平，拥有丰富的经济、财税、会计或法律等方面的专门知识，还有令人羡慕的职业、职务或社会地位，因而他们犯罪前后总是想方设法变换作案手段，以隐瞒其罪行，逃避法律制裁。[②] 正如反贪局的领导在接受采访时说，现在高智商、高学历犯罪越来越多，犯罪的手法也越来越隐蔽，设计得像“无缝鸡蛋”，这对我们反贪工作考验很大，要求我们以更科学的方法破案。打个比方说，以前的包工头大多是农民出身，给人的形象是张开嘴就可以看到金牙。但现在，很多包工头都是高学历人才。在石碣大桥案中，包工头周某是名建筑专业的硕士研究生。而贪污卖地款50万元案件的当事人原科委副主任更是60年代的正宗本科生。这些人做事情都很小心谨慎，不易露出马脚。[③]

① 唐永军．中国白领犯罪研究［D］．吉林大学博士学位论文，2005.

② 海剑．中国高智能犯罪调查［M］．北京：中国检察出版社，2008：298.

③ 东莞贪官8成以上包养情人 高智商犯罪日增［OL］［2019－06－10］．2008－06－24，http：//news. sohu. com/20080624/n257702940. shtml.

犯罪分子不仅利用自己的专业、特长、职业，在自己熟悉的领域犯罪，甚至还借助于高科技手段进行犯罪，犯罪手法不断翻新。例如，利用电脑技术，擅自非法侵入他人的银行账号，“盗窃”他人存款；利用电脑程序的漏洞，非法窃录、窃听、诈骗。例如，河北省任丘市人民银行联合会会计杨某某，利用计算机程序缺陷，连续作案 5 年，窃取现金 1500 万元。[①] 再如，包某（女）在其单位财务管理系统改为计算机管理后，利用其任总公司财务处副处长的便利，同时利用其较高的专业知识，在不改变账目及原始票据的情况下，与别人同谋，采取修改财务软件程序的手法贪污公款，这种犯罪手法不是一般人能做得到的。[②] 2000 年 9 月以来，以福建安溪籍为主的一大批不法分子通过在手机或计算机网络上发布虚假广告信息，骗取受害人银行卡卡号和密码，然后利用电脑、写磁机等将骗来的银行卡资料写到任意一张磁条卡上，再用这些磁条卡进行提现或转账到自己的银行卡内，流窜全国疯狂作案，涉案金额 1080 多万元。在公安部组织侦办的“神龙数码公司网上集资诈骗案”中，犯罪分子以经营网络定向广告为名，在短短 3 个月的时间里，致使全国 30 个省、自治区、直辖市近 19 万名群众上当受骗，涉案金额高达 2.9 亿元。[③] 据统计，中国金融计算机犯罪案件每年以 30% 的速度增长。[④]

与此同时，白领犯罪人员都是有职有权的人物，他们活动能力较强，社会关系网广，作案前有准备，作案后有对策，[⑤] 反侦查能力较强，甚至利用自己的职权和“智商”干扰侦查活动，向侦查人员交代未掌握或未确切掌握的情况主动性较差。他们常常凭借着自己具有较高的文化水平，

---

① 张文军．论白领犯罪［J］．上饶师范学院学报，2005（10）．

② 海剑．中国高智能犯罪调查［M］．北京：中国检察出版社，2008：298．

③ 于滨．经济犯罪呈现十个新动向［N/OL］［2019－06－10］．瞭望，2003－10－27，http：//www. zaobao. com/special/newspapers/2003/10/others271003v. html

④ 张文军．论白领犯罪［J］．上饶师范学院学报，2005（10）．

⑤ 魏平雄，张智辉，等．预防犯罪概论及白领犯罪剖析与对策［M］．北京：人民法院出版社，1997：205．

以各种理由为自己辩解，编造虚假事实，否认犯罪，长时间对抗审查，甚至认为“只要我不讲，谁也不清楚”，可谓是“不见棺材不落泪”。[①]

（二）权钱交易突出，大案[②]、要案[③]增多

权钱交易是白领犯罪最本质的特征，[④] 也是政治、经济畸形结合的产物。改革开放以来，随着我国经济的迅速发展，权力监督尚不完善，伦理道德受到一定的冲击，白领犯罪再度猖獗，权钱交易日益突出。案发前，犯罪分子多数是在主管项目、指标、资金、物质等实权部门或工商、税务、金融、政法、技术监督等监管部门或是各类企业中从事公务的人员，[⑤] 他们或者利用手中的权力索贿、收受回扣、损公肥私，或者私设“小金库”，大肆侵吞国有资产，或者将企业当成家庭银行，肆意动用企业资金供自己挥霍享受，等等。[⑥] 例如，深圳工程咨询公司副总经理兼广州公司经理的曾某某于1992年的8个月中，在与境内外公司合作经营工程项目时，以“入门费”“酬谢费”“办理出国旅游费”等为名，进行“刁”“卡”“压”，先后向3个公司的董事长索贿并接受贿赂人民币387万元、港币13万余元、美金2.8万元，并将绝大部分赃款换成港币或美金，转移到香港存入当地银行，企图出国定居后享受。[⑦]

福建一交通局长刘某某，在2002—2007年任职期间，利用负责交通局全面工作的职便，在公路建设工程补助款、水毁工程补助款发放等方面

---

① 海剑．中国高智能犯罪调查［M］．北京：中国检察出版社，2008：299.

② 大案：指贪污贿赂案件数额在5万元以上，挪用公款数额在10万元以上，以及按照《人民检察院直接受理立案侦查的渎职侵权重特大案件标准（试行）》认定的条件。该指标主要反映人民检察院立案查办的职务犯罪案件中经济损失大、社会危害严重的案件。

③ 要案：指县级、处级以上的干部犯罪案件。该指标主要反映职务犯罪案件中县级、处级以上干部被人民检察院依法立案侦查的情况。

④ 魏平雄，张智辉，等．预防犯罪概论及白领犯罪剖析与对策［M］．北京：人民法院出版社，1997：202.

⑤ 海剑．中国高智能犯罪调查［M］．北京：中国检察出版社，2008：297.

⑥ 同上。

⑦ 魏平雄，张智辉，等．预防犯罪概论及白领犯罪剖析与对策［M］．北京：人民法院出版社，1997年：203.

为他人谋取利益，先后数十次收受感谢费近6万元；在下属单位房屋拆迁中为开发商谋取利益，先后3次收受对方贿赂款3.3万元；在公路工程进度款拨付上为承包商提供便利，收受贿赂8万余元。①

再如人民网和中国反腐倡廉网发文《国家已明文规定取消相关证书工本费，而金华市某局却敛财有方——盖个公章，最少二十》称，金华市某局在短短两年时间，以权易钱，建起了近百万元的“小金库”，“创收”效果十分惊人。先交钱后盖章，不交钱就不盖章，这几乎成了该局“小金库”敛财的重要手段。国家财政部相关文件规定“取消安全生产部门的证书工本费”，但金华市该局或直接出面，或以金华市某中心名义，强制向各县（市）培训中介机构收取IC卡每本盖章费。每本卡都要盖章，盖一次公章就得收取20—130元不等，且全为“白条子”或收款收据，不开发票。而另一边又向金华市财政报销特种作业操作证工本费。②

同时，在近几年来的白领犯罪案件中，大案要案增多，犯罪数额十分惊人。20世纪80年代以前，几千元、上万元即为大案，县处级干部即为要案。20世纪80年代以来，由上万元发展到十万元、几十万元，100万元以上和1000万元的案件也不少见。③ 1993—1997年10月全国检察机关共立案侦查贪污贿赂等犯罪案件29万余件，其中百万元以上的就有4845件，县处级以上领导干部1万余人，其中厅局级干部576人、省部级干部11人。④ 1995—1996年查处的中央政治局原委员、北京市委原书记陈希同，北京市委原常委、常务副市长王宝森腐败犯罪案件，其涉案金额高达人民币1亿多元、美元2500多万，造成的直接经济损失达美元1300万、

① 福建一交通局长在任6年数十次“权钱交易”判6年［OL］［2019-06-10］. 中国法院网，2009-02-04，http://www.chinanews.com.cn/sh/news/2009/02-04/1549579.shtml.

② 钱开胜. 盖公章交钱，权钱交易的最佳案例［OL］［2019-06-10］. 人民网强国论坛，2008-07-04，http://www.glmj.gov.cn/news/pinglun/2008/07/0402.htm.

③ 魏平雄，张智辉，等. 预防犯罪概论及白领犯罪剖析与对策［M］. 北京：人民法院出版社，1997：204.

④ 海剑. 中国高智能犯罪调查［M］. 北京：中国检察出版社，2008：295.

人民币几千万元，震惊海内外。[①] 在公安部组织侦办的“10·12”专案中，自1993年以来，许某甲、余某某和许某乙等中国银行广东开平支行3任原行长先后在该支行挪用联行资金近5亿美元。在证券业领域，“银广夏”在实际亏损2.2亿元的情况下，通过编造虚增利润7.7亿元的业绩报告，从证券市场圈走5.74亿元资金。在税收领域，在北京市公安机关侦办的陈某某特大倒卖虚开增值税专用发票案件中，1999年10月至2001年2月，陈某某等以28家皮包公司的名义从北京市海淀区国税局领购10万元版增值税专用发票12 300份，万元手写版增值税专用发票23 100份，向全国27个省、自治区、直辖市大肆虚开和倒卖。涉案价税达200多亿元，仅公安机关查证虚开的10万元电脑版增值税专用发票3380份，价税合计就达31亿元，税额4.5亿元。[②]

2003—2007年，全国检察机关立案侦查的案件中贪污受贿达十万元以上、挪用公款达百万元以上案件就达35 255件，涉嫌犯罪的县处级以上国家工作人员13 929人（其中厅局级930人、省部级以上35人）。大案、要案占立案数的比例分别从2003年的46.8%和6.3%上升为2007年的58.3%和6.6%。[③] 2005年，全国公安机关共立金融诈骗案件7458起，同比上升1.7%；侵犯知识产权案件1799起，同比上升51.9%。[④] 2007年，全国检察机关立案侦查贪污贿赂案件达41 175件，其中大案占16 819件，要案占2380件。[⑤] 例如，2005年，一个曾担任湖南省某某地区财政局局长、副市长的副厅级干部，利用其职务便利，大肆捞钱，发案时，家

---

① 海剑．中国高智能犯罪调查［M］．北京：中国检察出版社，2008：295.

② 于滨．经济犯罪呈现十个新动向［N/OL］［2019－06－10］．瞭望，2003－10－27，http：//www.zaobao.com/special/newspapers/2003/10/others271003v.html.

③ 贾春旺．最高人民检察院工作报告［R/OL］．中华人民共和国最高人民检察院网站，2008－03－10［2019－06－10］．http：//www.spp.gov.cn/site2006/2008－06－05/0001818747.html.

④ 安宣．去年经济犯罪案激增知识产权案件同比上升51.9%［OL］［2019－06－10］．中国网，2006－01－19，http：//www.china.com.cn/chinese/kuaixun/1098382.htm

⑤ 中国法律年鉴（2008）［M］．北京：中国法律年鉴社出版，2008：1110.

产竟超过2000万元，其中涉嫌受贿800多万元，还涉嫌挪用公款罪、贪污罪和巨额财产来源不明罪。[①]

（三）个体作案、窝案并行增多，犯罪的组织性、预谋性增强，侵害面扩大

在企业内部作案的白领，往往会利用自己的职务之便，依靠自己娴熟的技能，采用秘密的手段个体作案，并且作案后及时地销毁一切证据。白领“天衣无缝”的作案技能和较严的口风，使这类案件具有较大的隐蔽性，往往发案后很长时间才能被有关部门察觉。笔者在调查中发现，有些公司的出纳在挪用公款或职务侵占后，2年甚至5年后才被公司发现。在企业外部或政府机关，白领作案则越来越多地向“窝案”发展。其主要表现为集体行贿、集体贪污、集体走私、集体偷税漏税和集体制假售假等方面，都往往打着“为公”的旗号，集体讨论决定。它仅仅满足了小团伙的利益，却大大损害了国家和集体的利益。[②] 甚至，在一个单位、一个系统由于侦破出一起白领犯罪案件，有时竟能带出一连串的案件，形成小案连大案，案中还有案的“窝案”现象，涉案人员少则几人，多则几十人。[③] 例如，北京市人民政府农林办公室农贸处副处级调研员苏某某，1993年5月，通过他的直接领导贾某某，帮助北京通县某公司向北京市财政局借用周转资金50万元人民币。苏、贾共同收受该公司承包人给予的贿赂款2.8万元，苏分得1.1万元。他在亲笔供词中这样写道：“认为领导敢收，而且让自己收，也就无所顾虑。结果是领导入狱，我也跟着坐牢。”[④] 再如，2009年，嘉兴市两级检察机关共立案侦查职务犯罪系列

---

① 湖南娄底市原副市长赵更效特大职务犯罪案［OL］［2019－06－10］. 上海监察，2005－09－16，http：//shwomen. eastday. com/node2/2005jcw/node29/userobject1ai1984. html.

② 海剑. 中国高智能犯罪调查［M］. 北京：中国检察出版社，2008：297.

③ 同上。

④ 同上书，第301页。

“窝案”38件46人，涉案金额1.04亿余元。目前，这些案件均已侦查终结，其中已起诉43人，已判决17人。①

白领犯罪大多为非激情犯罪，在犯罪前常常经过深思熟虑、精心策划，组织性、预谋性很强。② 有的犯罪分子在自己工作或熟悉的领域犯罪并利用正当合法的活动作掩护，一旦条件成熟便从容作案，犯罪后有足够的时间毁灭证据，即使有所疏漏，也可以利用工作或职务上的方便进行补救。③ 还有些犯罪分子以合法经营者的面目出现，打着投资的幌子开设公司，有预谋、有计划、有组织地实施诈骗，相互之间还有明确的分工。在广东省公安机关破获的涉及全国20个省、造成损失2亿多元的河源特大票据诈骗案中，3个犯罪团伙既交叉作案，又分工明确，有专门制假票的，有专门制假印章的，还有专门送票的。④ 在潮汕地区的骗税团伙内部，有的专门负责虚开增值税专用发票，有的负责联络企业，还有的专门负责从税务、海关、外汇管理等部门获得有关退税凭证，形成了骗取出口退税的“一条龙”链条。⑤

在广东省公安机关侦办的亿安科技操纵股票价格案中，亿安集团在以27亿元资金大量购入“亿安科技”股票同时，累计滚动使用资金48亿元，进行连续性不转移所有权的自买自卖，使该股市场价格在短短3个月的时间内，由1999年10月的26元/股，飙升至2001年1月126元/股。此后，亿安集团有计划、持续性地抛售近3000万股，非法获利4.7亿元。⑥ 整个犯罪过程十分复杂，从股票的吸纳、炒作到抛售，各环节相互紧扣，一步操作不当就会前功尽弃，而主犯罗某等人精心构思和组织策划，

---

① 范跃红，顾晓慧．浙江嘉兴特大职务犯罪46人窝案涉及金额超亿［N/OL］［2019-06-10］．正义网—检察日报，2009-12-14，腾讯新闻，http://news.qq.com/a/20091214/001035.htm

② 张文军．论白领犯罪［J］．上饶师范学院学报，2005（10）．

③ 同上。

④ 于滨．经济犯罪呈现十个新动向［N/OL］［2019-06-10］．瞭望，2003-10-27，http://www.zaobao.com/special/newspapers/2003/10/others271003v.html.

⑤ 同上。

⑥ 同上。

用最短的时间完成了全部犯罪活动。案发后，则迅速外逃。为了逃避被监管部门过早察觉，亿安集团在全国各地50多家证券公司开设630个股票账户，然后以其中的299个账户进行互买互卖，其余账户则用于掩人耳目。不但通过分地作案分散风险，而且将犯罪行为置于“正常”商业行为表象下，既逃避证监部门的监管，又为案发后的侦查工作制造了取证障碍。①

白领犯罪案件的种类逐年增加，侵害的领域不断扩大。据统计，全国公安机关经侦部门侦办的案件种类由1999年的40多种上升到2007年78种，新增加了非法转让土地使用权案件、侵犯商业秘密案件、损害商品声誉案件等新的罪种。② 侵犯的领域逐步由金融、税收和商贸等经济领域向就业、体育、教育、网络等领域渗透和扩展。例如，在北京市公安机关侦办的“黑哨”案中，首都体育学院教师、国际级足球裁判龚某某在2001年全国足球甲A和甲B联赛中收受贿赂30多万元，在10余场比赛的执裁中偏袒贿赂方，在体育界造成恶劣的社会影响。③

（四）受害人的非显性和社会腐蚀的恶劣性

白领犯罪一般没有具体的、直接的受害人，不会对人身产生即时的、可辨认的威胁，因此，它的发生不容易引起社会公众的注意。④ 白领犯罪受害人多具有非显性、不确定性和广泛性。例如，贪污案件、非法挪用案件或职务侵占案件，其受害人不是某个具体的人，而是公司、政府及社会。而且像一些保险公司或银行系统，发生了白领犯罪案件，害怕影响到自己的信誉，宁愿由公司承担损失，打落牙齿往肚子里吞，也不愿向有关部门报案，形成了更多的犯罪“暗数”。又如，上海某应用化工公司职员潘某，在工作中，他偶然发现公司库管和发货环节制度上存在漏洞，可以先发货

---

① 于滨．经济犯罪呈现十个新动向［N/OL］［2019－06－10］．瞭望，2003－10－27，http：//www. zaobao. com/special/newspapers/2003/10/others271003v. html.

② 同上。

③ 同上。

④ 唐永军，邹志臣．白领犯罪若干理论问题研究［J］．社会科学战线，2004（5）．

而不记账，于是利用职务之便，轻易从公司内调出价值数百万元的化工原料27吨，并迅速就地销赃得款23万余元。其中，让民警没想到的是，直到潘某被抓获，被盗仓库的保管员都没有敢把27吨化工原料被盗的事情向厂领导汇报，还天真地不断发短信给潘某央求他回去，免得他们以后失业。由于仓库保管员一口咬定没有发生盗窃案，无奈之下，警方只有联系厂领导，清点化工仓库后，这才发现少了27吨化工原料。再如，2006年的上海社保案，造成了32亿元社保金的损失，最终只能由政府和社会来承担。

白领犯罪的发生，对社会具有极大的腐蚀性，它会带来人民群众的信任危机，使人们产生一系列的思想误区：崇拜金钱和权力，把金钱和权力作为人生追求的目标，使拜金主义、享乐主义、极端个人主义高度膨胀，严重污染社会风气；甚至有的人认为经济发展与腐败犯罪是相辅相成、不可分割的，白领犯罪是经济发展的成本，对白领犯罪听之任之，致使国有资产大量流失，破坏国民经济的物质基础，扰乱社会主义市场经济秩序，破坏国家经济建设的进程；认为惩治白领犯罪会阻碍我们的经济进程，把一些靠贪污贿赂、经济诈骗等起家的投机者当作“能人”“英雄”“开拓者”包庇纵容，给不明群众树立了腐败、经济犯罪的榜样，引发投机者和绝望阶层对社会实施疯狂的错误效仿和报复。[①] 白领犯罪，对内大大损害党和政府在人民群众中的形象，造成群众对政府和社会的某种对立情绪，导致非法竞争的加剧，影响社会主义市场秩序；对外则有损于中国形象，使国外投资者丧失信心，不敢到中国投资……正如联合国“社会防卫项目”主任威廉·克里福德指出的：“对于发展中国家来说，危害最大的不是一般犯罪，而是腐化。腐化是破坏现代化成果最致命的力量，腐化使发展计划在执行中畸变，严重阻碍计划的执行。”[②] 中国的白领犯罪正是社会主义机体腐化的一种表现。

① 海剑．中国高智能犯罪调查［M］．北京：中国检察出版社，2008：301.
② 同上。

第三节　白领犯罪访谈调查背景

白领犯罪不但造成了巨大的经济损失，更破坏了社会诚信。对白领犯罪进行系统地研究并提出有针对性的控制策略，具有较强的现实意义。而以往的研究主要是从刑法的角度进行，重点关注白领犯罪的形式、立案标准和量刑标准，鲜有对白领犯罪社会原因的讨论，但白领犯罪并不是个别现象，很多白领犯罪具有共性，寻找白领犯罪的社会原因并提出控制策略，成为本书的写作目的。2011 年暑假，笔者同吴鹏森教授费尽周折，最终进入上海提篮桥监狱进行了为期一个月的白领犯罪社会原因的访谈调研，在每天调研入场时，我们需经过保安、警察、武警三道门的检查，不能携带电子设备，只能带几张纸和一支笔做记录，虽然调研很艰辛，但收获很大，为我们从社会学的角度来看待白领犯罪问题提供了第一手的资料，现将其整理出来，以飨读者。

第四节　白领犯罪访谈调查提纲

一、基本情况

被调查者的年龄、籍贯、出生地、身份、文化程度。

二、家庭情况

父母情况，以及自己家庭有几个人？

在小时候主要受谁的影响最大，是怎样影响你的？

成家后受谁的影响最大？自己出事与家庭是否有关？

三、学习经历

你原来读书时（从小学到大学）成绩怎么样？大学在哪里上的，哪年入学的，学什么专业？

四、工作经历及理想

你什么时候参加工作的？第一份工作是做什么的？你对这份工作感觉怎样（很适应还是很难适应）？工资状况怎么样？

你当时对自己有什么职业规划或发展规划？

你工作最顺心、最辉煌时是什么时候，是怎样一种情况？

当时你个人或家人想追求什么样的生活状态？怎样能达到自己想要的生活状态？

出事前你做什么工作，具体负责哪一块的业务，工资状况怎么样？

五、人生挫折

你是什么时候出事的？这是一次偶然事件还是一直在做而迟早要出的事件？你的事情是怎样被发现的（别人举报、其他案件牵涉，还是其他情况，请说明）？

走到今天这一步，寻找原因，可以追溯到什么时候？

这次出事的性质是什么？为什么当时会有这样的想法？当时你的真实目的是什么？

周围的环境或人或流行的说法（文化）对你出事有没有影响？能具体说说是如何影响的吗？

在自己走向犯罪的过程中，什么因素起着最关键的作用（是交友不慎、偶然遇到特别大的诱惑、一直想找机会干一把、受到他人的示范影响、被他人所控制，还是其他情况，请说明）？

你在犯罪过程中是否害怕过或有过放弃的想法？后来你又是怎样一步

一步地实施犯罪的，在犯罪的过程中，没有被人觉察吗？你对整个犯罪过程有什么样的看法？

你出事被抓后是怎样想的？你的出事对你和家庭有什么样的影响？你当时最担心什么？

现在回过头来，你怎样看待自己的犯罪行为？你认为诱发你犯罪的原因有哪些？

六、工作环境及交友状况

你出事时的工作环境，有什么样的漏洞吗（如监督管理方面）？或存在什么样的问题？

你结交了哪些人？有多少知心好朋友？这些朋友主要从事什么职业？

对自己产生了什么样的影响？好的影响和坏的影响各是什么？

自己走到今天，与这些朋友有关吗？

七、未来打算

现在最后悔的事是什么？心态怎么样？最担心（最牵挂）的是什么？

在服刑过程中，打算怎么度过这几年？

对以后的生活有什么打算？还有什么想说的吗？

第五节　部分白领犯罪访谈调查

一、贪污罪访谈调查

（一）罪名解释

贪污罪，是指国家工作人员或者受国家机关、国有公司、企业、事业单位、人民团体委托管理、经营国有财产的人员，利用职务上的便利，侵吞、窃取、骗取或者以其他手段非法占有公共财物的行为。[①]

（二）贪污罪特点

1. 主体构成

贪污罪的核心主体是国家工作人员。根据《刑法》第93条的规定，国家工作人员，是指在国家机关中从事公务的人员。国有公司、企业、事业单位、人民团体中从事公务的人员和国家机关、国有公司、企业、事业单位委派到非国有公司、企业、事业单位、社会团体从事公务的人员，以及其他依照法律从事公务的人员，以国家工作人员论。

具体而言，分为四种人员：第一，国家机关工作人员。根据有关立法解释的规定，在依照法律、法规规定行使国家行政管理职权的组织中从事公务的人员，或者在受国家机关委托代表国家行使职权的组织中从事公务的人员，或者虽未列入国家机关人员编制但在国家机关中从事公务的人员，视为国家机关工作人员。在乡（镇）以上中国共产党机关、人民政协机关中从事公务的人员，司法实践中也应当视为国家机关工作人员。[②]

第二，国有公司、企业、事业单位、人民团体中从事公务的人员。这里的国有公司，是指依照公司法成立，财产全部属于国家所有的公司。国有资本控股及参股的股份有限公司不属于国有公司。国有企业是指财产全部属于国家所有，从事生产、经营活动的营利性的非公司化经济组织。国有事业单位，是指受国家机关领导，财产属于国家所有的非生产、经营性单位，包括国有医院、科研机构、体育、广播、电视、新闻出版等单位。人民团体，是指由国家组织成立的、财产属于国家所有的各种群众性组织，包括乡级以上工会、共青团、妇联等组织。[③]

第三，国家机关、国有公司、企业、事业单位委派到非国有公司、企

① 严励．刑法案例教程［M］．北京：法律出版社，2006：473．

② 汪明亮．刑法学［M］．上海：格致出版社，2009：459．

③ 同上。

业、事业单位、社会团体从事公务的人员。如国家机关、国有公司、企业、事业单位委派在国有控股或者参股的股份有限公司从事组织、领导、监督、管理等工作的人员，应当以国家工作人员论。[①]

第四，其他依照法律从事公务的人员。全国人大常委会于2000年4月29日通过的《关于〈中华人民共和国刑法〉第九十三条第二款的解释》作出明确的规定，村民委员会等村基层组织人员协助人民政府从事下列行政管理工作，属于《刑法》第93条第2款规定的“其他依照法律从事公务的人员”：（1）救灾、抢险、防汛、优抚、扶贫、移民、救济款物的管理；（2）社会捐助公益事业款物的管理；（3）国有土地的经营和管理；（4）土地征用补偿费用的管理；（5）代征、代缴税款；（6）有关计划生育、户籍、征兵工作；（7）协助人民政府从事的其他行政管理工作。[②] 此外，其他依照法律从事公务的人员，还包括：（1）依法履行职责的各级人民代表大会代表；（2）依法履行职责的各级人民政协委员；（3）依法履行审判职责的人民陪审员；（4）协助人民政府从事行政管理工作的居民委员会等基层组织人员；（5）其他由法律授权从事公务的人员。从事前述规定的公务的人员，利用职务上的便利，非法占有公共财物的，构成贪污罪的主体。[③]

贪污罪的次要主体是《刑法》第382条第2款规定的受国家机关、国有公司、企业、事业单位、人民团体委托管理、经营国有财产的人员。这些人员主要是指以承包、租赁等方式，管理、经营国有公司、企业或者其中的某个部门等，以承包人、租赁人的身份等，在承包、租赁合同约定的时间、权限范围内，管理、经营国有财产的人员。受委托人员，不仅在被委托前不是国家工作人员，在被委托后也不是国家工作人员。但是，若他

① 汪明亮．刑法学［M］．上海：格致出版社，2009：460.

② 于涛．我国十大行业职务犯罪防控理论与实践［M］．北京：中国检察出版社，2008：48.

③ 同上。

们利用职务上或经营管理上的便利，以侵吞、窃取、骗取或者其他手段非法占有国有财产的，或者将单位的生产资料、资金、上缴利润、公共积累截留、职工工资等占为己有，仍然构成贪污罪的主体。

贪污罪的共同犯罪根据其主体身份的不同可以分为以下三种情况：（1）主体都属于国家工作人员，共同实施贪污行为的；（2）不具有国家工作人员身份者与国家工作人员内外勾结，共同实施非法占有公共财物的行为；（3）具有特定身份者与国家工作人员相互勾结，利用国家工作人员的职务便利非法占有公共财物的行为。[①]

2. 犯罪形式

表现为利用职务上的便利，侵吞、窃取、骗取或者以其他手段非法占有公共财物的行为。所谓利用职务上的便利，是指行为人利用职务范围内主管、管理、经营、经手公共财物的便利条件。（1）主管，是指国家工作人员不具体经手、管理公共财物，但依其职权范围具有调拨、使用或者以其他方式支配公共财物的权利。（2）管理，是指具有监守或保管公共财物的权利。（3）经营，是将公共财物投放市场进行营利活动或者利用公共财物从事非营利活动，对公共财物具有处置权。（4）经手，是指具有领取、支出等经办公共财物的流转事项的权限，具有对公共财物的临时控制权。

贪污行为的四种手段是侵吞、窃取、骗取或其他手段。具体来说，是指利用职务上的便利，采取涂改账目、收入不记账的方法，采取监守自盗的方法，采取虚构事实或者隐瞒真相的方法，采取挪用公款以后携款逃跑等方法，将本人依职务主管、管理、经营、经手的公共财物非法占为己有。此外，根据《刑法》第394条的规定，国家工作人员在国内公务活动或者对外交往中接受礼物，依照国家规定应当交公而不交公，数额较大的，以贪污罪论处。《刑法》第183条规定，国有保险公司工作人员和国

---

① 于涛．我国十大行业职务犯罪防控理论与实践［M］．北京：中国检察出版社，2008：48.

有保险公司委派到非国有保险公司从事公务的人员，利用职务上的便利，故意编造未曾发生的保险事故进行虚假理赔、骗取保险金归自己所有，数额较大的，也应当以贪污罪论处。①

3. 立案标准

根据1999年9月9日公布实施的《最高人民检察院关于人民检察院直接受理立案侦查案件立案标准的规定（试行）》，涉嫌下列情形之一的，应予立案：（1）个人贪污数额在5000元以上的；（2）个人贪污数额不满5000元，但具有贪污救灾、抢险、防汛、防疫、优抚、扶贫、移民、救济款物及募捐款物、赃款赃物、罚没款物、暂扣款物，以及贪污手段恶劣、毁灭证据、转移赃物等情节的。上述标准中的不满，是指接近该数额且已经达到该数额的80%以上。②

4. 量刑标准

根据《刑法》第383条的规定，对犯贪污罪的，根据情节轻重，分别依照下列规定处罚：（1）贪污数额较大或者有其他较重情节的，处三年以下有期徒刑或者拘役，并处罚金。（2）贪污数额巨大或者有其他严重情节的，处三年以上十年以下有期徒刑，并处罚金或者没收财产。（3）贪污数额特别巨大或者有其他特别严重情节的，处十年以上有期徒刑或者无期徒刑，并处罚金或者没收财产；数额特别巨大，并使国家和人民利益遭受特别重大损失的，处无期徒刑或者死刑，并处没收财产。对多次贪污未经处理的，按照累计贪污数额处罚。犯第一款罪，在提起公诉前如实供述自己罪行、真诚悔罪、积极退赃，避免、减少损害结果的发生，有第一项规定情形的，可以从轻、减轻或者免除处罚；有第二项、第三项规定情形的，可以从轻处罚。犯第一款罪，有第三项规定情形被判处死刑缓期执行的，人民法院根据犯罪情节等情况可以同时决定在其死刑缓期执

---

① 严励．刑法案例教程［M］．北京：法律出版社，2006：473.

② 金波，梅传强．公务员职务犯罪研究［M］．北京：中国检察出版社，2008：94.

行二年期满依法减为无期徒刑后，终身监禁，不得减刑、假释。

(三) 访谈案例

1. 访谈案例 2—1　伸手必被捉[①]

时间： 2010 年 7 月 12 日下午 1：00

地点： 上海提篮桥监狱，一监

对象： 章某，男，42 岁

简介： 章某因贪污罪被判处死刑缓期执行。章某看上去心态较好，较乐观，但对于自己的犯罪过程谈论得较为简单，信息获得量为中等。章某认为导致自己犯罪的原因是交友不慎。此外，公司监督、审批关卡过少，漏洞过大，也给了自己可乘之机。

内容：

我自幼出生于上海的一户双职工家庭，家中共有三个孩子，两女一男。我是家中唯一且最小的男孩，自小受父母及姐姐们的宠爱，但家庭条件一般。因小学和中学时学习成绩一般，所以一直上体校，学习游泳，希望以后能考上上海体育学院。但高考时分数离上海体育学院的差距较大，最后上了中专——上海港湾学校，学习会计专业。

1988 年，我参加工作，进入中国远洋集团下的上海外轮代理公司的财务科工作。不久，上海外轮代理公司新成立了商务部，我便成为商务部的一名员工，但仍负责财务工作。此后七年里，我勤勤恳恳工作，1995 年，我被提拔为商务部副科长。

但在这七年里，我的思想也发生着非常微妙的变化，那就是公司商务部权利较大，掌管着船舶进入港口后费用的估算及押金（包括船舶停靠的费用，船舶补充食品、燃料等费用的估算），这种估算是初步的，等船舶离港后再进行最后的结算，会退给船舶一些费用，但是有些船仅是过路

① 此案例来源于笔者所做的一手访谈资料。

船，一次性的，走了以后再也没有回来，并且对于前面多交的费用也不会去讨要了，这样在公司的账户里，每年都会多出一些钱来。作为经办人员之一，我知道这一大笔余钱的存在，我还向公司的一位高级会计师提出过，把这笔钱交到总公司去，但那位高级会计师说，总公司资金充裕，暂时先放到你们公司的账户中。

下班后或周末，公司商务部会受到一些客运公司老板的宴请，在吃喝玩乐中，我更多地了解了客运老板的生活，那种花天酒地、纸醉金迷的享受生活，令我向往不已。

1996 年初，在一次朋友的聚会上，我结交了一位女朋友。这位女朋友是在北京从事建筑装潢的老板，不仅身家过千万，而且精明强干，年轻漂亮。我们双方对彼此都很满意，那位女朋友更是三天两头地从北京到上海看我，每次都给我带来惊喜。一天，女朋友接我到北京看自己的事业，说自己刚刚承包了一座商务楼的装潢工程，外装修已经完成，内装修已进展了一部分，但是资金周转上遇到了一时的困难，想让我想想办法。我开始时很无奈，告诉女朋友说自己一个工薪阶层哪有什么办法可想。但经不住女朋友娇滴滴的眼泪和信誓旦旦的保证，我妥协了。女朋友保证说，借我的钱只是一时周转，只需一个月就可以还上。

我开始想办法了，办法就是向公司的账户里“借”些钱出来。公司的监管、审批关卡较少，确切地说漏洞较大，只要船舶公司出个电传，要求结账，由公司商务部科长签个字，再由经办人员签个字，就可以将钱取出或划出。而我是商务部副科长，同时又是经办人员之一，所以既可以代科长签字，又可以作为经办人员签字。因此，办法很容易想出来了。只要冒充过去的一些过路船舶，向公司出个电传，进行结算，就可以搞定。我按既定方案“顺利”实施，第一笔美金三万元被顺利取出，接着是第二笔、第三笔……随着女朋友的一次次要求，我在不到一年的时间里，已经向公司“借”了二十多万美金……

1996年底的一天，公司突然接到总公司的通知，要临时查账。这个通知让我心中咯噔了一下，“怎么办，自己借了那么多钱，女朋友一直未能还上，每次催她，她总是不停地推脱”，我晚上请了公司的高级会计师吃饭，认为自己与高级会计师私交较好，看看这件事能否帮一下忙。酒过三巡后，我告诉高级会计师自己前一段手头紧，向公司“借”了一些钱，但保证会在一个月内还清，请高级会计师高抬贵手。这位经验丰富的高级会计师在简单敷衍了几句之后，便匆匆离去。第二天，公司开始对我进行了重点调查……

自从被判刑后，我的一切都变了，女朋友不但没有还钱，还与我断绝了联系，自己的父母受不了这种打击，终日以泪洗面，母亲在我被关押半年后便含泪去世了。父亲也是终日卧病在床，由两个姐姐轮流照顾。

2. 访谈案例2—2　一朝贪污，一切全无①

时间：2010年7月14日下午1:30

地点：上海提篮桥监狱，二监

对象：陆某，男，43岁

简介：陆某因贪污罪被判处有期徒刑11年。陆某对自己的犯罪过程，谈论较粗略，访谈获取的信息量一般。陆某将其犯罪的原因归结为自己的贪欲和侥幸心理。

内容：

我出生于崇明一个普通的农村家庭，父亲是工人，母亲是农民，我上面有两个姐姐，下面有一个弟弟，因小时候家里经济状况一直是紧巴巴的，所以从小我最大的愿望就是能够跳出农门，成为城里人。在读书时我十分刻苦，成绩一直比较优秀，于1986年顺利考上了上海城建学院（后

① 此案例来源于笔者所做的一手访谈资料。

被并入同济大学），进入城镇建设专业学习。

1990 年，我被分配到了崇明煤气所工作，任技术员，负责煤气管线铺设工作，当时虽觉得这份工作不太理想，工资待遇每月才 109 元，但是对自己的未来还是比较有信心的，希望通过自己的努力工作，尽快完成这一过渡阶段，尽快回到城市中去，从事自己所学的城镇规划工作，发挥自己的专长。果然，到 1991 年，我就被借调到县政府规划办公室工作，具体负责崇明县域综合发展规划。到 1993 年，我被正式调入崇明建委规划所工作，我既负责所里的技术工作，又负责建委里的管理工作，真正实现了城市梦，我干劲十足。不到一年，便被提拔为所长助理，接着又被提拔为副所长。到 1996 年，我荣升建委规划所所长，同时兼管设计院、监理公司等单位。

到 2002 年，崇明公开招聘部门负责人，我参与了崇明规划局副局长的竞选，8 月入选。任副局长以后，我工作更积极主动，很想再干出一番事业，取得一番成就，但是规划局的经费十分有限，给开展工作带来了很大障碍，如我想为局里添置一台电脑，要向上级打申请，还要等待很长时间，但这或许已经耽误了工作……每次向上级申请经费，均要进行预算内、预算外计划、申请……非常麻烦。为了让规划局发展得更快一些，当然，也有个人的私利考虑，当时我的工资每年只有三万多元，年终奖金就 2000 元，这在社会上算是比较寒酸的。我和局长、测量队队长三人经过秘密讨论，决定成立一个空壳公司，由测量队队长运作。其实这个空壳公司中只有测量队队长一个人，再聘请一些临时工，对外接活，进行赢利活动。这个“公司”只有我们三人知道，没有什么财务监管，每年的利润，除了开支掉一些公司运行所必须的检查、审核等费用外，其他费用由我们三人分掉。这个“公司”2003 年成立时，年利润只有 5 万元，到 2007 年撤销时，账面资金已达 1500 万元。

成立空壳公司期间，因测量队长行为方式非常高调，如大手大脚花钱、到处吹嘘、私自设立小金库，我多次提醒甚至警告过他，但他丝毫不把我和局长放在眼里，这也没有办法，谁让我们每年都参与了赃款的分配，有把柄抓在下属的手里。当时我就预感到，我们“出事”是必然的事情，但我心里还存有一丝的侥幸，认为即使出事，主要责任也是在局长那里，我只是个副职，不用太害怕。在这种侥幸心理和金钱欲望的驱使下，对空壳公司的撤销工作一拖再拖，直到2007年，局长退休了，我成为规划局的局长兼党委书记后，第一时间撤销了那个空壳公司……

原以为自己可以过上太平日子了，却没想到2008年那个测量队长在外揽业务时，受贿了30万，被查了出来。接着他将我们也供了出来。测量队长将责任全部推到了我身上，他的家属也不断地到县委、县政府去吵闹，甚至跑到人民广场拉起了白旗，事情闹得很大，我当时承受的压力也很大，为了尽快将事件平息下来，我选择了自首，将贪污得来的300多万元钱悉数上交，并被判8万元的罚金……

反省犯罪原因，是自己的贪欲和侥幸心理让我在犯罪的道路上越走越远。本来想“捞”笔物质财富，现在却落得个鸡飞蛋打，还把自己的荣誉、事业、家庭全部搭进去了……

3. 访谈案例2—3　“借”用公司钱款，构成贪污罪[①]

时间：2010年7月14日下午2:30

地点：上海提篮桥监狱，二监

对象：黄某，男，46岁

简介：黄某因贪污罪被判处有期徒刑10年。黄某在访谈中对自己的犯罪过程不愿多谈，故信息量获得不多。黄某将犯罪的原因归结为自身因素及受大环境的影响。

---

① 此案例来源于笔者所做的一手访谈资料。

内容：

我出生于安徽一户普通工人家庭，父母是双职工，我还有一个弟弟。从小父母对我们学习要求很严，我读书时成绩一直都是班上的前三名。1986年，我顺利考入了上海财经大学，学习财会专业。1991年，我进入了华东送变电工程公司工作，担任出纳，这是个大型国有企业，我对公司很满意，但是并不想做出纳，我感觉出纳是女人做的事，我一个男人更应该做法律等方面的工作。但是，当年工作实在不好找，我也就安下心来，慢慢适应，把工作做得有板有眼。后来，由于我工作踏实肯干，逐渐由出纳提拔到计账，然后进行资产管理。2002年，我担任了华东送变电工程公司绍兴分公司的财务总监，当时年收入15万元左右。

我在绍兴分公司做财务总监时，日子过得很潇洒，因为在那里我既是出纳，又是会计，还是总监，所以在用钱上，向来是我一个人签字，一个人说了算，而总公司的监督管理又不是很严，很少查账，所以我在用钱上胆子越来越大。

2003年，我的一位亲戚因做生意资金暂时缺乏，想向我借个四五十万，并承诺很快会还，还会给我一笔好处费……由于我性格豪爽，又很好面子，很想在亲戚面前表现一下自己的能耐，就一口答应下来。当然，我也不会把个人的钱借给他，就动了公司的资金，在半年时间里，我将11张支票，以购买材料的名义划拨到另一家公司去，然后进行提现，共提取了69万元现金。刚开始这样做时，我有点害怕，担心自己是不是在犯罪，但是，转念一想，我只不过借用一下公司的资金，等亲戚资金周转开来，会马上还回来，如数归还应该不是犯罪吧。在这样的心理驱使下，我于是心安理得起来。后来，我那个亲戚因为走私而被判刑，所以我提现的那69万元并没有动，还放在我那里。到了2004年4月，总公司接到举报突然进行查账，我的这个问题就暴露出来了，因为我开出的支票全部是购买材料，而实际上并没有买任何材料。而这时我正好去外地休假了，总公司有半个月没有联系上我，以为我跑了，就报了警。但后来我一知道这件事后，就主动自首了，并退回了那69万元，但我的行为还是触犯了刑法，等待我的仍是牢狱之灾……

我的犯罪原因主要在于自身因素，在市场经济中，业务中接触到的人很多都有发财的门路，看到他们花钱时潇洒的样子，我也为之心动，于是在工作中常去寻找发财的机会，这次也是这样。另外，我们公司监管的漏洞也为我犯罪提供了可乘之机，如我在分公司中如何用钱，没有人对我监管，我甚至可以“为所欲为”。公司也缺少对党员干部的思想教育，如自从我去了绍兴分公司，就再也没有参与过任何党员组织生活（也没有参与的途径），思想上放松了对自己的要求，价值观、人生观也逐渐地发生了变化。还有，我是个法盲，对什么是犯罪认识不清，从小到大我从未接受过普法教育，我以为杀人放火是犯罪，侵占国家财物是犯罪，但对于我这种“借公司的钱”用一段时间，真的不知是犯罪，早知道这么严重，我根本也不去碰它的……

4. 访谈案例2—4　稀里糊涂地犯了贪污罪[①]

时间：2010年7月15日上午9:00

地点：上海提篮桥监狱，十监

对象：胡某，男，60岁

简介：胡某因贪污罪被判处无期徒刑。胡某访谈中很谨慎，不愿意多谈自己犯罪过程，获得信息量较少。胡某认为自己犯罪只是偶然事件，且被判刑后，自己认为委屈，申诉多次。

内容：

我出生于上海一户普通家庭，父母都是做小买卖的，我有兄弟姐妹七人，我排行第五。1968年我上山下乡，到农村插队。1971年，我返回上

① 此案例来源于笔者所做的一手访谈资料。

海，到南翔中学教物理。当时这份工作是很难得的，十里八乡很少有人刚从农村回来就去了中学教书，当时每月工资有36元（算不错了），我对这份工作很满意，工作也很努力，可以说把全部的精力都用在了教学上。1978年，我到上海教育学院进修了物理教学。1983年，嘉定区教育局成立了一个三产公司"校舍设备管理站"，我被调去担任管理工作。到1990年，嘉定职校重新整改，缺少合适的人来抓教学工作，就又把我调到嘉定职校任副校长，两年后，嘉定职校的工作慢慢走上了正轨，我就一边兼任嘉定职校的副校长，一边担任嘉定教育局校舍设备管理站站长。

这个校舍设备管理站，属于嘉定教育局办的企业，由教育局直接管理，但我作为站长，每年要和教育局签订任务书，一方面承诺要降低成本，另一方面要努力完成利润指标。教育局规定，若每年成本控制在200万元以内，年终给我们20%的返利，若成本超过了200万元，则只给我们10%的返利。所以我在管理过程中，很注重节约成本。我犯罪也是因为太注重节约成本了，而忽视了纪律。1995年，我们设备站要买一大批材料，包括钢材、木材等，有一家公司可以提供所有这些材料，而且它们告知如果用现金购买，可以打9折，即我用30万元就可以买到原本35万元的材料，我感觉这生意很划算，于是就找了第三方公司，将我设备站的支票划到第三方公司里，第三方公司给我开具发票，再提现后，交给我们，我们用现金去购买材料。事情就这样过去了，没想到几个月后，税务部门在例行检查时发现那家第三方公司开了发票，没有交税，便对那家第三方公司进行了严格调查，看看是否还存在其他问题，这样三查两查，便把我们的那个事情捅出来了……当检察官找到我时，我还觉得莫名其妙，想不出他们为什么找我，当他们告诉我犯了贪污罪时，我开始实在想不通，我认为自己并没有侵吞国家财产，只是将公司的钱转了几个弯后，提现去购买了材料，哪里来的贪污啊？……所以我后来一直申诉，大概申诉了七八次吧，但都没有成功。

经过在监狱的学习改造，我认识到了自己的犯罪行为——非法提现，用现金购买材料又说不清楚，加上当时我们国家正在严厉打击经济犯罪，所以我被判的惩罚很重（贪污超过30万元就是无期徒刑，贪污超过40万元就是死刑），判处无期徒刑。

我认为我犯罪的原因，并不是自己私心太重，或想发财什么的，我真的只是想着给公司节约成本，能够在年底时得到更多的返利，改善员工的奖金待遇。但是我忽视了应该通过正常的途径来达到目的，忽视了纪律。此外，公司当时的监督也不完善，我在设备站当站长，我让财务做什么，他们就做什么，除了教育局的人，设备站中没有人对我进行监督，这就使我在做决策时面临了很大的风险……

5. 访谈案例2—5　由好赌走向贪污①

时间： 2010年7月15日下午2:30

地点： 上海提篮桥监狱，九监

对象： 马某，男，34岁

简介： 马某因贪污罪被判处死刑缓期执行。马某在访谈中对其犯罪过程讲述得较为简单，调查所获取信息量一般。马某将自己犯罪原因归结为年纪轻、贪玩、好赌、想追求奢侈和刺激的生活方式，而银行的监管漏洞也为自己犯罪提供了机会。

内容：

我出生于上海的一户普通双职工家庭，我家里还有一个弟弟。由于父母都有工作，收入还不错，所以我从小到大都生活在一种经济充裕、想要什么父母都会尽量满足我的一种环境里。我学习成绩还算可以，1993年，我考入上海立信会计学校，学习会计专业。1996年，中国银行上海分行到我校去招人，我被顺利录取，到中国银行上海分行做出纳，对这份工作

---

① 此案例来源于笔者所做的一手访谈资料。

我还是相当满意的，因为工资每个月就有5000多元，在社会上算是收入比较高的，并且工作环境也不错。所以当时我也打算好好干一番，按照分行的职业途径不断向上发展。后来，由于我的努力工作和相对较高的电脑水平得到领导的认可与赏识，我由出纳岗位换到了会计岗位，再由会计岗位换到了电脑管理员岗位。电脑管理员主要负责整个分行电脑的运营与网络的维护工作。相比较出纳岗位，电脑管理员这个岗位要有趣得多。2000年，我的月工资就拿到了8000元左右。

由于银行工作安逸的环境、较高的收入，渐渐地我觉得整天太闲、太无趣了。再加上经常和客户一起吃喝玩乐，客户那种奢侈的生活方式也引诱了我。我总想在生活中追求一些刺激，在银行中有我这种感觉的人不在少数。于是，慢慢地大家形成了一个小圈子，在一起吃喝玩乐、去KTV、找小姐消遣、吃摇头丸、参与赌博……刚开始都是由朋友引导去玩玩。其实，如果你不参与，那么你就会被看作异类，就会被排斥，就不是圈子中的人，甚至在工作中别人也不会照顾你，你在行里就不好混了，所以当时我是积极参与的。2000年的一天，我又和一大群同事到酒吧里玩，有一个组织赌球的老板介绍我们玩玩赌球，说相当刺激。我本身就比较喜欢看足球比赛，听说赌球好玩、刺激，我和其他好几个人当即就下注尝试了一下。果然，不是一般的刺激。当我们下注的那个球队赢球时我们欣喜若狂，当我们下注的球队输球时我们放声大哭。我从此迷上了赌球……

但我在赌球时，一般运气都不好，总是输多赢少，输了以后又不甘心，总想着下次要赢回来……差不多半年时间，我输掉了100多万元，这些钱都是我自己和父母的存款。后来自己拿不出钱来赌了，就打了银行的主意。我认为去澳门赌博比较公平，希望去澳门赌几把后，把以前输的钱全部赢回来。于是，我就找到了分行的金库管理员，我的同事小刘，要求他帮帮忙，借我20万元的美金，我给他15万元的帮忙费。小刘和我一样平日很爱玩，是一个朋友圈的，他也知道我借钱干什么，为了朋友义气和帮忙费，他几乎立刻就答应了下来。但是第一次去澳门赌博，又输掉了，钱还不上小刘，我就又找到他，再向他借钱，他这时只有答应我了，因为答应我，我赢了钱才有还他的希望，否则这么大一个窟窿，怎么办。就这样，一次、两次、三次……我陆陆续续拿了100多万美元。先后到澳门、马来西亚、韩国去赌博，最终将钱全部输完。当然，这中间我也赢过，也还回过银行钱。我记得最多的一次是赢了67万美元，把以前的窟窿全部还上了，如果当时我就此罢手，也不至于走到今天这种地步。但是我认为自己还有能力赢更多的钱，于是还了以后还借，还是有窟窿……直到2001年11月底案发为止。

其实，我们第一次合伙拿银行钱的时候，还是有些害怕的，我当时是电脑管理员，我在电脑显示上做了点手脚，仍显示实账。小刘把美元拿出来时使用的是调包计，即用1元的美钞换掉100元的美钞，有问题的钱放在特定的地方。就这样我们合伙做了近两年的时间也没有被发现，到后来我们的胆子越来越大了，认为很安全，不会出什么问题。因为这中间也查过几次账，根本就是走形式，不会发现问题。并且金库管理也很松散，比如制度规定，金库管理员进入金库时，必须是双人双钥匙，科长保管密码，三人同时进入才可以。实际上，他们是每人一把钥匙并知道密码。我们犯罪被发现，还是由于其他人被查出有问题，分行进行全面检查时，发现了小刘的调包计，最终发现了我们的犯罪行为。

我犯罪的主要原因是自己主观上的贪玩、好赌、意志力薄弱、经不起诱惑。另外，银行的监管漏洞、管理松散也为我犯罪提供了便利。我现在真后悔呀，我的青春年华将基本上都在监狱中度过了。自己还没有成家，父母年纪也大了，却不能够赡养他们。我决心好好改造，早日出狱，做点有意义的事情。

6. 访谈案例2—6　偷梁换柱拿美钞，构成贪污罪被判死刑缓期执行[①]

时间： 2010年7月20日上午10:30

地点： 上海提篮桥监狱，七监

对象： 周某，男，41岁

简介： 周某因贪污罪被判刑死刑缓期执行。周某在访谈中较坦率，对犯罪过程讲述较清晰，调查所获得信息量一般。其将犯罪原因归结为自己对金钱的贪欲太强、贪图享受、交友不当、银行监督管理的漏洞以及自己对法律的无知。

内容：

我出生在上海一户普通的工人家庭，父母都是工人，我是家中的独子。我从小学习成绩还可以，1988年我考入了上海商业学校，读涉外管理专业（中专）。1990年，中国银行上海分行到我们学校招人，我被顺利录取，在分行出纳处做金库管理员（保管员），工资为每月1000元，工作环境也很好，日晒不到风吹不着，又有空调。当时我对这份工作非常满意，打算好好干。1993年，我考取了上海财经大学大专的夜大班，学习会计专业。1994年，我被调往营业部做金库管理员。2001年，我被调往零售业务处做金库管理员，工资也涨到了每月5000元，这在社会上算高的。我的工作也得到了领导、同事的认可，我给他们的印象就是老实。

其实那时，我的思想已渐渐地发生了变化，比如看到银行里的信贷员整天被客户请去吃喝玩乐、去高消费，自己也挺羡慕的；有的人股票炒得好，生活奢侈，挥金如土……自己也梦想着有一天能过上那样的生活……我的工作很清闲，下班后就感觉无所事事。2001年初，我和银行电脑部的一个同事一起玩起了赌球，开始几次我总是赢，这大大刺激了我的赌欲，但后来便一直输，输光了自己6万元的积蓄。我们两人为了筹集赌

① 此案例来源于笔者所做的一手访谈资料。

资，便把手伸向了银行的金库，希望从金库中拿点钱，去澳门赌，将以前输掉的本钱翻回来。

我们银行制度很严，但实际上管理非常松散。比如要求两个金库管理员共同持钥匙，科长输密码，三人同时进入金库，进行相互监督。实际上，我们每个人都知道密码，我和另一个保管员虽然会同时用钥匙打开门，但通常都是我进入金库操作，那个人一般站在门口不进入。所以，我事先将1元的美钞封好扎成捆，等进入金库时，便带入库内，用成捆的1元美钞换下成捆的100元的美钞（1元美钞与100元美钞颜色、大小是一样的），并将这些有问题的钱放在一个特定的地方不予流通。这样前前后后从银行里拿了100万美元，其间也赢过30多万美元，但最终这100万美元全部输掉了。

2001年10月，中国银行来检查库房，发现有一些钱上面无标签（就是我调包的那些有问题的钱），也没有仔细地拆开检查，只是吩咐我们先把这些无标签的钱用掉。我怕事情败露，就马上把这些“问题钱”解到营业部去了，并告诉营业部的同事，这些钱暂时放这里一下，很快就会运走。因为解钱也是正常业务，营业部的同事并没有怀疑。但是我将这批钱解走后，被另一个金库管理员发现了，他很怀疑，就报告给了科长。科长带人赶到营业部拆开了那些“问题钱”，并立即报了警。当天下午快下班时，黄浦区公安局将我们零售业务处的房门反锁，与里面的工作人员逐一进行谈话。我是他们的重大嫌疑对象，所以是最后一个被谈话的。当时我也没有掩盖什么，就将自己的犯罪过程全部说了出来……

我很后悔，不应该参与赌博。我毁了自己，也毁了父母的身体，他们现在身体都很差。我犯罪的主要原因是自己对金钱的贪欲、贪图享受，对高消费生活羡慕不已。交友不当对我也有重要影响，现在回想起来，我以前没有交过一个正当的朋友，都是些酒肉朋友、好赌之徒。并且，银行监督管理的漏洞也为我犯罪提供了可乘之机，比如前面我提到的应该两个金库管理员和一个科长三人同时进入库房，但实际上基本是我一个人进入库房。与此同时，上级的检查力度不够，偶尔检查一次也是走马观花，发现不了什么问题。此外，我是个法盲，对什么是犯罪不太懂，总以为拿了银行的钱，及时还回去，就没事了，不算犯罪……

7. 访谈案例2—7　利用职务之便，犯下了贪污罪①

时间：2010年7月20日下午1:30

地点：上海提篮桥监狱，四监

对象：高某，男，40岁

简介：高某因贪污罪、诈骗罪被判处无期徒刑。高某在访谈中较为坦率，对犯罪过程讲述得较清晰，调查获得的信息量较好。高某将其犯罪的原因归结为自身有贪欲、想发财、性格软弱、交友没有底线以及银行监管的漏洞。

内容：

我出生于上海一户普通工人家庭，父亲是工厂的中层领导，母亲是商店营业员，我是家中的独子，妻子是外企办事处的员工。我从小读书成绩一般，1988年考入上海商业学校，读财会专业。1990年，我进入中国银行上海分行营业部做外币出纳，当时每月工资为800多元，在社会上算比较高的。但是我感觉这份工作一般，总觉得一个男人在银行里做出纳不太合适。当时打算一边工作，一边进修学习，不断提高自己的学历，再找机会发展。

刚开始工作时，我很努力，也得到了领导的认可。1996年，我的工种由对私人业务转向了对公业务，接触的都是外商驻上海办事处首席代表之类的人。当时发现他们很多人在炒B股，我也心里痒痒，就和一个同事东拼西凑了4万美元，准备进入B股市场。但是，当时B股只对香港和国

① 此案例来源于笔者所做的一手访谈资料。

外的公司开放，我们没有资格开账户，于是就找到了我刚入行时带我做事的老师，听说他已经托香港朋友注册了账户，老师给了我一个账户号码，让我把钱存进去就不用管了。然而，很长一段时间过去了，也没有收到老师的任何音讯，我就多次去他家找他询问情况，最后一次他退给我5000元钱，告诉我出事了。开账户的人被抓了，账户也被封了，还不了我们钱了，这是他自掏腰包给我们的补偿费。

我当时只得自认倒霉，可是那些钱都是我向亲戚们借来的，不还，如何见人。我就请求老师再帮帮忙，让他到我所在的营业部去办个存折，存入4万美元，然后再去挂失，由我来帮他处理。我承诺每年付给他额外30%的利息，最后再将这4万美元连本带息还给他。他一听觉得这个交易划算，就按我说的办了。其实，我是把这笔钱先取出来还给亲戚们，然后用剩余的钱去炒股。后来，那位银行同事又把他岳母的30万元拿来和我一起炒股。但没过多久，他岳母要把那30万元要回去了，可当时这些钱都在股市里，不能说变现就变现的。我只好去找别的钱来补这些窟窿。我去找了我的一个客户，他是美国公司驻上海办事处的首席代表，我要求他去我柜台办个35万美元的存折，我承诺每年付给他额外25%的利息，最后再将他这35万美元连本带息地付给他。他也觉得交易很划算，就去办理了。这样我就把原来的窟窿还掉了，但是我仍在不停地付这笔钱的利息，去填这个大窟窿。而我炒的股票也是输输赢赢，基本是不赚不赔，根本没有余钱去填这个大窟窿。于是我将手伸向了营业部。

营业部的钱每天在我手上进进出出，我们将100张100美元的钞票扎在一起称为一刀，把十刀放在一起称为一捆，每天晚上下班前我们将签有自己名字的成捆的美钞放入金库，第二天上班再把它们从金库中取出来。而1元的美钞和100元的美钞在颜色、大小方面都一样。于是我开始调包，我将成捆的钱上面和下面各放一刀100美元的美钞，把中间8刀全部换成1美元的美钞。这样干了两年多也没有被发现。但是我每天都过着提心吊胆的日子，每天都在受着煎熬……

2001 年 10 月，我付给这个客户的利息已经远远超过了他的本金，他于是提出将钱取走，我答应了他，让他给我一个月的时间，我再将本息一起还给他。这种情况下的我走投无路，于是将手伸得更长了。

2001 年 11 月，行里检查时发现零售部的金库管理员用 1 元美钞调包 100 元美钞，出去赌钱，就对各个库房的美钞进行全面检查，发现了我的所作所为，立刻报了警……

我共调包了 80 多万元美金，折合人民币 650 多万元，当我听到这个数字时也被吓了一跳。在我被抓时，有一种很特别的感觉，感觉突然卸掉了一个包袱，但同时又背上了另一个包袱，很担心自己会被判死刑。

我犯罪的主要原因是自己的贪欲，想发财，但我的性格又比较软弱，不能很好地把握道德的底线、做人的底线和交友的底线。比如我将老师当朋友，将借来的钱很信任地托付给他，而他却骗了我。因为后来检察机关在取证时，曾对那位老师进行了调查，发现我们打钱进去的那个账户就是他岳母的，而他岳母对此事毫不知情，是他将我最初的梦想私吞掉了。我们 4 万美元没有了，当时就应该报警，但是由于我的性格软弱，根本没有考虑这些，他说什么就是什么，最后又欠了他 4 万美元，我真是太愚钝了，这是我最后悔的事情……

当然，银行管理有漏洞也给我犯罪提供了可乘之机，当时正是老的国有银行向商业银行转型的过程，不仅规章制度不健全，而且在员工素质、思维方式等软件方面都有很多问题，比如员工缺少服务意识，在银行里人情永远是超越制度的……

在我入狱 6 年后，我老婆与我离了婚，我们没有孩子。所以现在我最担心的就是我父母的身体了，他们这个年龄，本来应该享受天伦之乐，却连儿子最起码的照顾也得不到，我害怕当我出狱后会出现“子欲养，而亲不在”，但也没有什么办法，我现在能做的只有好好改造，能够早日出去尽我的孝心。我现在心态很平和，已经考了汉语言文学的自考大专，还想继续读本科，希望将来出去后仍然是个有用的人……

二、受贿罪访谈调查

（一）罪名解释

受贿罪，是指国家工作人员[①]利用职务上的便利，索取他人财物，或者非法收受他人财物，为他人谋取利益的行为。[②]

（二）受贿罪特点

1. 主体构成

该罪的主体为国家工作人员及特定关系人。第一，在职国家工作人员。《刑法修正案（七）》第13条第1款规定，国家工作人员的近亲属或者其他与该国家工作人员关系密切的人，通过利用该国家工作人员职权或者地位形成的便利条件，为请托人谋取不正当利益，索取请托人财物或者收受请托人财物，数额较大或者有其他较重情节的，以受贿论处。第二，离职国家工作人员。《刑法修正案（七）》第13条第2款规定，离职的国家工作人员或者其近亲属以及其他与其关系密切的人，利用该离职的国家工作人员原职权或者地位形成的便利条件实施前款行为，以受贿论处。第三，其他单位中的工作人员。（1）医疗机构中的国家工作人员，在药品、医疗器械、医用卫生材料等医药产品采购活动中，利用职务上的便利，索取销售方财物，或者非法收受销售方财物，为销售方谋取利益，构成犯罪的，以受贿罪定罪处罚。（2）学校及其他教育机构中的国家工作人员，在教材、教具、校服或者其他物品的采购等活动中，利用职务上的便利，

① 根据《刑法》第93条，国家工作人员是指国有公司、企业、事业单位、人民团体中从事公务的人员和国家机关、国有公司、企业、事业单位委派到非国有公司、企业、事业单位、社会团体从事公务的人员，以及其他依照法律从事公务的人员，以国家工作人员论。

② 李立众．刑法一本通［M］．北京：法律出版社，2010：405.

索取销售方财物，或者非法收受销售方财物，为销售方谋取利益，构成犯罪的，以受贿罪处罚。（3）依法组建的评标委员会、竞争性谈判采购中谈判小组、询价采购的询价小组中国家机关或者其他国有单位的代表，在招标、政府采购等事项的评价或者采购活动中，索取他人财物或者非法收受他人财物，为他人谋取利益，数额较大的，以受贿罪定罪处罚。[①]

2. 犯罪形式

（1）利用职务之便，索取他人财物。索取是指主动索要并收取。只要索取了他人财物，无论是否“为他人谋取利益”，均可构成受贿罪。（2）利用职务之便，非法收受他人财物。非法收受他人财物并同时具备“为他人谋取利益”的条件，构成受贿罪。如果明知他人有具体请托事项而收受其财物的，视为承诺为他人谋取利益，构成受贿罪。[②]（3）在经济往来中，违反国家规定，收受各种名义的回扣、手续费归个人所有。回扣，是在商业活动中，货币的接受者根据一定的比例从收到的价款中，向支出货款的一方返还部分价款。手续费是多种费用的总称，如辛苦费、介绍费、信息费。在商业活动中，允许正常的回扣和手续费，但是如果违反国家规定，则是不合法的。国家工作人员不允许私自收受回扣、手续费，否则属于一种特殊的受贿行为。（4）利用本人职权或者地位形成的便利条件，通过其他国家工作人员职务上的行为，为请托人谋取不正当利益，索取请托人财物或者收受请托人的财物。又被称为斡旋受贿罪或者居间受贿罪。[③] 这里的财物，既指有形的可以用货币计算的物质性钱财，也包括无形的财产性利益。如债权的设立、债务的免除，出国旅游，提供房屋装修，提供含有金额的会员卡、银行卡、消费卡、购物卡，房屋或汽车的长期免费使用，提供娼妓。

① 汪明亮．刑法学［M］．上海：格致出版社，2009：468.
② 汪明亮．刑法学［M］．上海：格致出版社，2009：466.
③ 齐文远．刑法学［M］．北京：北京大学出版社，2007：673.

3. 立案标准

根据《最高人民检察院关于人民检察院直接受理立案侦查案件立案标准的规定（试行）》，行为人的行为涉嫌下列情形的，应予立案：第一，个人受贿数额在5000元以上的；第二，个人受贿数额不满5000元，但具有下列情形之一的：（1）因受贿行为而使国家或者社会利益遭受重大损失的；（2）故意刁难、要挟有关单位、个人，造成恶劣影响的；（3）强行索取财物的。其中的“数额不满”，是指接近该数额且已经达到该数额的80%以上。

4. 量刑标准[①]

根据《刑法》第386条的规定，犯此罪的，其量刑标准如下。

（1）受贿数额较大或者有其他较重情节的，处三年以下有期徒刑或者拘役，并处罚金。（2）受贿数额巨大或者有其他严重情节的，处三年以上十年以下有期徒刑，并处罚金或者没收财产。（3）受贿数额特别巨大或者有其他特别严重情节的，处十年以上有期徒刑或者无期徒刑，并处罚金或者没收财产；数额特别巨大，并使国家和人民利益遭受特别重大损失的，处无期徒刑或者死刑，并处没收财产。对多次受贿未经处理的，按照累计受贿数额处罚。犯第一款罪，在提起公诉前如实供述自己罪行、真诚悔罪、积极退赃，避免、减少损害结果的发生，有第一项规定情形的，可以从轻、减轻或者免除处罚；有第二项、第三项规定情形的，可以从轻处罚。犯第一款罪，有第三项规定情形被判处死刑缓期执行的，人民法院根据犯罪情节等情况可以同时决定在其死刑缓期执行二年期满依法减为无期徒刑后，终身监禁，不得减刑、假释。

① 齐文远．刑法学［M］．北京：北京大学出版社，2007：675.

（三）访谈案例

1. 访谈案例2—8　“钱”胆膨胀，使李某犯下了受贿罪[①]

时间： 2010 年 7 月 12 日

地点： 上海市提篮桥监狱，一监

对象： 李某，男，53 岁

简介： 李某因受贿罪被判处有期徒刑 14 年。李某对自己的犯罪经历不愿多说，只是轻描淡写，获得信息量有限。李某认为自己犯罪的原因属于交友不当及受不正确“亚文化”影响。

内容：

我毕业于北京科技大学。1976 年进入上海三钢冶金发展有限公司，开始时当技术员，因学历较高、工作能力突出，三年后被提拔为团委书记。当时我已成为周围同学、朋友羡慕的对象，我自己也感到意气风发，很想有所成就，之后一路事业顺利，不断被提拔。2000 年，当上切割中心经理。随着职位的上升，手中的权利也越来越大，开始负责、配置全厂的生产、协调工作。

也是在 2000 年，我认识了一位浙江的农民老板钱某，钱某的公司是做钢铁原材料初加工的，而我的公司恰恰每年都会将这一块的业务外包出去（原材料初加工），因而钱某很渴望与我建立起长期而稳固的关系。钱某通过各种手段，打通各种关节接近我，在钱某金钱加美女的攻势下，我被俘虏了。再加上我们同是浙江老乡，很快，我们便成为无话不谈的密友。我每年将 100 万吨的外包业务送给钱某，钱某当然也是吃水不忘挖井人，每年给我一定的“回报”，2004 年时还特意送给我一套住房以表示“感谢”。这种关系持续到 2004 年底，钱某已从我这里挣了 2 个亿，我也收到了不少的回报。这时三钢冶金发展有限公司被并入宝山钢铁有限公

---

① 此案例来源于笔者所做的一手访谈资料。

司，有很多人被裁掉，没有被裁掉的，也只是能保个饭碗而已（宝山钢铁股份有限公司里人才济济，大学生到处都是）。这次合并对我产生了很大的影响，我一方面感觉自己的学历在宝山钢铁股份有限公司里算低的，没有什么上升的空间；另一方面，原来由我负责的业务外包这个“肥差”也由宝山钢铁股份有限公司统一收回，统一安排。

我的孩子从中学起就已在国外读书，为了多挣些钱，给孩子创造出更好的环境，也为了寻求权利丧失的一种平衡，我把注意力集中到了“钱”上。我开始出面帮助钱某向宝山钢铁股份有限公司负责业务外包的干部行贿，这种举动引起了那位干部的注意。一查那位老板，不得了，其2个亿的资产里竟然有1个多亿是从原来的三钢冶金发展有限公司“挣”来的。这样一路追究下去，终于发现了我的“交易”行为。

我被判刑后，心中悔恨不已，认为自己对不起82岁的老母亲，对不起还在接受教育的孩子，毁了一个原本幸福的家庭。但一切为时已晚。回想自己走上这条犯罪道路的很重要的原因在于交友不当，开始我认为钱某没有文化，甚至还瞧不起钱某，但在和钱某的交往中，我越来越羡慕钱某的能力，羡慕钱某整天一掷千金的生活。加上周围一些不健康的“亚文化”，如一些人经常“奉劝”我：“老李，你应该做做大嘛”，“老李，你的胆子还要再大些，这个算什么，你不做有人做”，还有人到中年，事业不顺，晋升无望，最终使我的“钱”胆越来越大。这种“钱胆”也使我由一名优秀的经理人员沦为阶下囚。

2. 访谈案例2—9　由法盲到被判处受贿罪[①]

时间：2010年7月12日下午1:00

地点：上海提篮桥监狱，一监

对象：陆某，男，60岁

① 此案例来源于笔者所做的一手访谈资料。

简介：陆某犯受贿、贪污罪，被判处死刑缓期执行。陆某对自己的犯罪经历轻描淡写，能获得的信息量不大。他把自己犯罪的原因归结为法律意识淡漠，对于法律界限不清楚，“人在江湖，身不由己”。

内容：

我于1968年中学毕业后就在农村基层工作。我当时一身正气，不怕苦、不怕累，凡事积极认真，并积极向党组织靠拢，进步很快。由一名普通农民逐渐担任了村农业队长、农业技术员、村科技站站长。1987年，担任村党支部书记。1988年，我去市委党校学习并于1990年取得了大专文凭。1990年，又去中央党校学习并于1992年取得了本科文凭。此外，我又担任了乡工业公司、房地产公司经理。我被列为上海市重点培养人才。可谓是春风得意、平步青云。我也看到了将来的光明前途，做事谨慎小心，并给自己提出了要“端端正正做人，勤勤恳恳做事”的要求。

然而，我上任房地产公司经理以后，很长一段时间内觉得无事可做，没有房地产项目可以开发，担心自己的政绩下滑。我正处于着急中，这时，经人介绍，第二军医大学开发处副处长、浦东开发办副主任刘某找到了我，提出了想在我们村子里购买一地块，即中心村建设的3号地块，近100亩土地，来开发商品房事宜。我认为展现自己能力的机会来了，加上刘某提出了各种优厚的条件，比如在此处开发了商品房后可以安置当地的劳动力，可以加快当地的城市化建设，迅速改变当地的农村面貌，以后还会在此建一个加工厂，会送给我一层商品房，说得我不由得怦然心动。再加上这是找上门来的军队项目，我内心对他们也是充满了信任、敬畏之情。于是便毫不犹豫地答应了这个项目，并以低于市场价的价格把土地出让了。

1993年底，第二军医大学的这个商品房项目开发完毕，并获得了巨大的利润，故开发处拿出了相当大的一笔资金来发“奖金”，当然也有我的一份。我不但获得了一层商品房，还拿到了70多万元的奖金。刚开始我也曾害怕过，不敢要这份奖金，但刘某还嘲笑我说，“你怕什么，我们开发处每人一份，这是奖金，不是受贿”。我甚至认为在当时那种场合下，这笔钱你拿也得拿，不拿也得拿，不拿便不懂人情，不识抬举，有点“人在江湖，身不由己”的感觉……但这份奖金还没拿几个月，第二军医大学开发处处长、浦东开发办主任就因为被举报收受贿赂而被反贪局调查了，在调查中这位处长悉数供出了各位收受“奖金”者。最后，调查单位顺藤摸瓜便找到了我。

判刑后，我悔恨不已，认为是自己的无知，自己的法律意识淡漠，自己不懂得法律的界限，不懂得人情与受贿的区别等而毁了自己的大好前程，毁了自己幸福的家庭。

3. 访谈案例2—10　分不清人情和受贿，犯了受贿罪①

时间： 2010年7月12日下午1:00

地点： 上海提篮桥监狱，一监

对象： 冯某，男，58岁

简介： 冯某因受贿罪被判处有期徒刑7年。在访谈中，冯某对自己犯罪过程轻描淡写。将自己获罪的原因归结为法律意识淡薄，将中国的人情与受贿混为一谈，认为自己是在不知不觉中逾越了法律的界限。

内容：

我于1969年响应“上山下乡”运动，去农村插队。1975年，作为工农兵大学生参加高考，考取了上海中医学院医疗系。无论是读小学、中学还是后面的大学，我都品学兼优，并担任班长，锻炼了较强的管理能力。1978年，我正式参加工作，成为青浦区中心医院的一名中西医结合的医生。由于我业务能力和管理能力都很突出，在此后的10年里，我的事业一路顺风顺水。除了做医生，我还兼任行政职务，从医院的团支部书记到

① 此案例来源于笔者所做的一手访谈资料。

医务科科长、人事科科长、医院的党支部书记，最后到区卫生局医政科科长。1996年初，青浦区医学会、青浦区卫生协会及农村卫协会三个组织合并，作为社团组织进行注册运营，青浦区卫生局选派我担任法人代表。我上任后，对人员进行了精简，对组织结构进行了调整。我认为自己就是在这次人员调整中，与他人结下了梁子，并被人嫉妒和举报的。

1996年12月1日，反贪局因接到举报，找到我，对我收受贿赂及回扣等事宜进行调查。并告诉我只要将事情讲清楚，就没事了，但要是有问题不作说明，则性质非常严重。我内心非常害怕，要求回家整理一下，再向组织汇报。我回家后就将6年来，民用医疗机构及医疗器械投资人（共十几家，均是福建莆田人）给送的大小红包按照原来的记录整理出来，共20多万元。原来，那些行贿者都在工作中向我咨询过建立民办医院的标准、资格要求，并且我也是检查、监督那些民办医院医疗器械使用情况的顶头上司，那些来自莆田的投资者们都从我这里获得了不少的帮助，很想对我表达感谢或为将来获得更大的帮助来铺铺路。但是我不喝酒、不抽烟，不喜欢去外面吃饭，更不喜欢唱歌跳舞。这使行贿者们无从下手，最后就趁着逢年过节，直接向我送上个大红包，想不到我对每一笔“收入”还作了记录……

我按照记录向送红包者逐一打电话，约其见面，并将红包退还，最后只有两家因人不在上海而未退还。等这些事情做完，我向反贪局讲了自己收受红包及退还红包的全过程，本认为没有什么事情了，心里一阵轻松。但没有想到我的行为已经触犯了刑法，已经构成了犯罪，直到被判了刑罚，才恍然大悟。鉴于我是自首的（反贪局刚一调查，我就将自己的全部行为讲清楚了），最后判处了我7年有期徒刑。

我一直都把原来的“受贿”看成朋友间正常的人情往来，是别人对我给予帮助的一种感谢，是“天经地义”的事情。我从来都没把这些钱放在眼里，从来都不知道已经构成了犯罪，是我的法律意识淡薄害了自己。

4. 访谈案例2—11　张某犯受贿罪，被判处死刑缓期执行[①]

时间：2010年7月12日下午1:00

地点：上海提篮桥监狱，一监

对象：张某，男，60岁

简介：张某因受贿罪被判处死刑缓期执行。张某在访谈中对自己的犯罪过程略有讲述，认为自己的受贿是由被动逐渐转向主动的，对自己的犯罪有较深刻的认识和反省。张某将自己的犯罪原因归结为法律意识淡薄、贪婪、受周围人的影响并抱有侥幸心理。

内容：

我1968年响应“上山下乡”运动，到农村插队。1975年全家迁回上海，我的爱人被安置在纺织厂当工人，我则到建工集团的上海工业设备安装公司第三工程队当工人。当时，自己立志要靠自己的勤奋干出一番事业来，要多读书、多钻研。我说到做到，在业务知识的学习上如饥似渴，在工作中一丝不苟，逐渐脱颖而出，成为第三工程处的技术能手。1986年，我升任第三工程处施工队长。1992年，第三工程处改名为第三分公司，由我任副经理，主抓质量管理和技术管理，同时兼任项目经理。

1995年，我的爱人下岗了，我的女儿也有20岁了，到了谈婚论嫁花钱的年龄。而我每月的工资并不高，家中并无积蓄。再看看自己身边的同事，他们工资不高，却穿金戴银、吃香喝辣，似乎有花不完的钱。我其实也知道他们挣钱的门道，那就是在负责工程承包、工程招标、材料分包等项目时，接受投标单位的馈赠。但是，因总公司三天两头地强调纪律，进行思想教育，提醒大家不要犯错误，等等，我之前从未放松思想上的警惕，也未接受过其他人、其他单位的馈赠。但当时在我看来，那是自己太

① 此案例来源于笔者所做的一手访谈资料。

傻了，是老实人吃亏，看看周围“发了财”的同事，照样生活得太平，一点事也没有。

慢慢地，我开始模仿。1995年，我第一次接受了投标单位的2000元的红包，这使我真的担惊受怕了一阵子，但过去一段时间后，发现风平浪静，没有什么事，并且周围的人也都是这么做，我认为这或许就是行规，再说人人都这样，出事也不一定轮到我。慢慢地，我的胆子越来越大，从开始2000元的红包到后来6万元的红包，从开始被动地接受馈赠，到后来主动地暗示、主动地索要，明目张胆地权钱交易……到1999年初，我已经从近40家单位及个人手里“捞”了108万元。

俗话说，常在河边走，哪有不湿鞋。我如家常便饭般大胃口地索要贿赂，最终被一家投标单位举报了。

当我听到自己被判处死刑缓期执行的那一刻，心中的悔恨如洪水决堤，但一切都晚了，我最终要为自己的行为付出相应的代价。我的父母都已是82岁高龄的老人，不但不能颐养天年，还要整日为我操碎了心。我的妻子本来身体就不好，加上这件事的刺激，变得有些疯疯癫癫。我的女儿，现已35岁，但一直找不到对象……我的行为不仅害惨了自己，更害惨了家人。

对于犯罪的原因，我认为自己法律意识淡薄，受到身边不正常文化（如该出手时就出手；有权不用，过期作废……）及个别人的影响，使自己的价值观、人生观都发生了异化和扭曲。此外，我们公司对领导干部的监管漏洞太大，在一些项目的审批上，就是自己监管自己，没有直接监管，而上级对其的间接监管多是走走形式而已，这种“一支笔”现象也在推动着自己的私欲日益膨胀。随着自己贪婪的欲望不断膨胀以及侥幸心理的作怪，自己在犯罪这条不归路上越走越远，越陷越深。

5. 访谈案例2—12　早知如此，何必当初①

时间：2010年7月14日上午9:30

地点：上海提篮桥监狱，二监

对象：江某，男，46岁

简介：江某犯受贿罪、诈骗罪，被判处有期徒刑15年。江某在访谈中较能敞开心扉，对自己犯罪的原因反省得较为清晰，将其归结为受环境的影响较大、自己的主观贪欲及法律意识淡薄。

内容：

我出生于上海一个普通的工人阶级家庭，家里有五口人，父母、两个姐姐和我。父母都是本本分分的工人，从小就教育我们要踏实肯干，我也是父母最大的希望。从小到大，我都很争气，学习成绩都很好。1983年，我以优异的成绩考取了上海园林学校，学习园林管理专业。1987年，我进入了杨浦区园林所工作，刚进所里时，我只是工人编制，做些杂七杂八的活，当时对工作也没有太多的想法，只是想着要好好干，多学习知识，多积累工作经验。但因所里科班出身的人并不多，所以我很快就因为突出的业务能力而转为干部编制。

1993年，浦东刚成立园林署，因十分缺乏专业人才，就在全市招聘、选拔人才。浦东园林署那时还在进行着政企分开的改革工作，由原来企业、事业一体的单位转变为纯粹的管理单位，这一改革深深地吸引了我，我就是那时被选拔并调入浦东园林署的。进入浦东园林署后，虽说我只是个小科员，但因业务能力突出，便参与了浦东绿化配套项目的审批工作。（到了1998年，浦东园林署新一轮的机构改革中，我的编制又被放入了浦东花木城市管理署，我虽编制在那里，但并未在那里上过一天班。）

到了1995年，浦东招商局为了加大招商引资的步伐，提升对企业的

①　此案例来源于笔者所做的一手访谈资料。

服务质量，决定成立招商“一门式”服务。所谓“一门式”服务，就是将企业打交道的各个单位集中在招商局大楼中，企业在办事时，只需进入招商局这一个门，就可以把所有的事情办妥办好。我在那时，就被借调到浦东招商局“一门式”服务中去了，一直到2002年被捕前。

在招商局“一门式”服务中，我所在的那个小组仍然是管理绿化项目的审批工作，我作为接待和出纳，负责拿出拟定的审批意见，然后上报给园林处处长。我审定同意的，最终审批意见均是同意。

因工作关系，我认识了不少建设单位和施工单位，建设单位要从我这里获得项目的审批通过，而施工单位要从我这里获得项目的验收通过。所以它们都来讨好我，建设单位让我帮助它们介绍施工单位，而施工单位也让我帮助它们介绍活干，一来二去，因情面难却，从1998年起，我开始将一些施工单位介绍给建设单位。而施工单位完成项目获利后，也不忘包个5000元、1万元的红包感谢我一下……我开始时不敢收，但逐渐地放松了警惕，认为这只是一种朋友关系，很自然地便收下了。到后来，我感觉自己常常帮助它们介绍业务，很是辛苦，便和施工单位谈了条件，我每帮助它们介绍一笔业务，要求它们给我5%—10%的回扣。有一段时间，我甚至把这个当成了自己的一种事业，马不停蹄地去建设单位“活动”，拉业务……我由原来的被动受贿变成了一种主动索贿，逐渐地，我越陷越深……

对我的犯罪原因进行反省，我发现从1998年起，我的心态就开始渐渐地不平衡了。

首先，因为我的编制是园林署的，是事业单位，工资待遇也是按事业单位的标准发放，而我的工作性质、工作内容是机关里的。看到自己每月只有3000元，而一起工作的机关里的普通科员每年至少也有5万元，感到很受委屈。

其次，我的工作非常辛苦，我基本上是1个人管理浦东518平方千米的绿化项目，包括新建、改建、扩建等所有项目的审批、验收、出纳等工作，等于是1个人干了30个人的活。我认为自己的工作能力很强，但是回报太少，对我来说太不公平了。比如我们应该每3年轮岗或提拔1次，但是我在原岗位上一待就是6年，仍然是“原地踏步”……

再次，我所接触的那些投资商或施工单位老板，个个是腰缠万贯，他们生活得十分潇洒，这对我诱惑很大。我常想，我的能力比他们强得多，他们能够如此发达，我为何不能？再加上一些同行、同学、朋友的怂恿，看到他们都拿介绍费并平安无事，我也跟着效仿了。

又次，管理上的漏洞。我其实应该受到上海市浦东新区环境保护和市容管理局、浦东园林署、浦东花木城市管理署三者共同的监管，但是实际上却是“三不管”。在监管上，我处于真空地带，没有人管我。我1997年入党后，几乎没有参加过组织生活。

复次，这是最主要的，主观上我的私欲不断膨胀，认识上发生了严重的偏差。认为物质上有财富、事业上有成绩，才是一个人一生最能实现自我价值的体现。

最后，法律意识淡薄，甚至自己就是个法盲。我认为索要的回扣只是个介绍费，是我辛苦应得的，与受贿无关。

出事被抓后，我已将收受的59万元赃款全部退掉，并被没收了2万元的个人财产。老婆经受不起精神和经济的打击，已和我离婚，孩子被她带走。我父亲也在我入狱后不久便去世了……我用自己的青春、事业、家庭等很大的代价换来了13年的刻骨铭心的教训。或许我13年里正常的劳动收入也会远远超过那个59万元，但是，早知如此，何必当初……

6. 访谈案例2—13　警察犯了受贿罪[1]

时间： 2010年7月15日下午1:00

① 此案例来源于笔者所做的一手访谈资料。

地点： 上海提篮桥监狱，九监

对象： 喻某，男，38 岁

简介： 喻某因受贿罪被判处有期徒刑 12 年。喻某以前是个警察，对于自己的犯罪过程，只是简单介绍了一下，访谈所获得的信息量一般。喻某将自己的犯罪归结为受市场经济大背景的影响，对于物质生活、金钱追求得过多，受社会上一些有钱商人的影响，逐渐改变了自己的价值观、人生观。还有就是自己爱面子、爱虚荣，总想让别人觉得自己厉害，能耐很大、派头很大。

内容：

我出生于江西南昌一户普通的工人家庭，父母都是铁路局的工人，兄弟共三人，我排行第二。在我读小学时，父母调到上海铁路局工作，我也随着来到上海的学校就读。我从小读书就十分用功，成绩也很好。1989 年，我考入了上海第一人民警察学校（现在已经合并到上海公安高等专科学校）。1991 年，我顺利地被分配到上海市海运公安分局经济文化保卫队工作，当时每月工资有 500 元，还算比较高的，当时我对这份工作非常满意。在工作中我干劲很大，积极努力、踏实认真，希望自己能够成就一番事业，能够快点入党，快点被提拔。但是，转眼间 8 年过去了，我还在原有的岗位上原地踏步，这时我开始有点灰心了，认为警察干来干去就这么回事，要想提拔，不但工作成绩要好，还要上面有人（关系），否则很难升迁。我家只是个普通工人家庭，亲戚朋友也都是普通老百姓，没有什么特殊关系，渐渐地我感到升迁无望。

接着，我又被派到了企业海运售票处，做电脑管理。这时身边渐渐接触到了一些企业家、投资商、个体老板等，他们个个都腰缠万贯，说话办事神气得很。我内心对他们很崇拜，也开始思考自己什么时候，通过什么途径能够像他们一样神气，想来想去，我认为只有靠炒股、炒汇等途径才有实现的可能。可是，我不太懂金融方面的知识，于是去华东师范大学报了夜大班，学习电子商务专业。渐渐地，我的股票炒得还可以。

在朋友圈中，我有两个特别要好的朋友，也是我的同学，他们两个都在普陀公安分局工作，我们在业余时间经常一起运动，一起交流发财经验。不可否认，我们三人在性格上类似，比如都很讲哥们义气，都很爱吹牛，都很好面子、爱虚荣，或许我们犯罪跟这些性格缺陷有着非常密切的关系……

2000年的一天，我的一个在普陀分局工作的同学告诉我，他有个好朋友，因为炒B股，账户被冻结了20万美元，现要其缴纳罚款2000万元人民币，是公安和工商联合执法的。让我帮他想想办法，不要缴纳这么多的罚款。我当时想了想说，“这或许是执法部门想罚些钱吧，仅被冻结了20万美元应该不是太大的问题，我正好认识两个熟人管这种事的，我帮你问一下”。我那个同学很高兴，当即把我的消息反馈给他的朋友，又加上了“吹牛”的成分，拍着胸脯对人家说这件小事，我们一定可以搞得定，但需要他花点活动费，并开了张假冒的解冻通知书给那人。那个人当然心领神会，给了我同学一大笔活动费，又给我150万元的活动费，我当即就答应了帮他处理好这件事。我是懂法律的，开始我说活动费只收现金，但那天给我送活动费时，我正在去机场的路上，就一时胆大，让他存入了我的银行卡里，后来我为了帮他活动，请客吃饭、送礼品花去了20多万元，“成功”地将他的罚金由2000万元降到了150万元。那人非常高兴，决定将剩余的活动费全部送给我。我也很高兴，看到了自己的“能耐”，这一下子就挣了100多万元啊。

没想到在2001年我就因此事被人举报了，后来又经过公安局的调查，发现我以前帮助的那个人根本不是炒B股被冻结了账户，而是涉嫌非法炒汇，被冻结的账户也高达75万美元。而我那150万元的银行转账记录，也为我的罪行提供了最有力的“证据”。当时，我一下子傻了眼，大脑好几天都处于空白状态，后来渐渐清醒过来，真是百感交集。我恨自己，恨自己贪小便宜吃了大亏；恨自己爱面子、爱逞能，总想得到别人的认可和敬佩；恨自己这么大了，还让父母操碎了心……

7. 访谈案例2—14　对于金钱的追求和法律的疏忽，使刘某犯了受贿罪①

时间：2010年7月15日下午1:30

地点：上海提篮桥监狱，九监

对象：刘某，男，38岁

简介：刘某因受贿罪被判处有期徒刑12年。刘某在访谈中较为坦诚，调查所获得的信息量较好。刘某将自己犯罪的原因归结为：首先，是自己欲望的不断膨胀，对金钱的过分追求，认为有钱就可以将家人照顾得很好；其次，自己不懂法律，根本不知道自己的行为已构成犯罪；最后，自己在市场经济中的疏忽，和别人成为合伙人，却没有签订合伙协议。

内容：

我出生于山东一户普通家庭，父亲是中学教师，母亲是农民，我共有兄妹三人，我排行第二，上面有个哥哥，下面有个妹妹。母亲在我8岁时因病去世，由父亲一手把我们拉扯大。俗话说穷人的孩子早当家，我从小就很懂事、很独立，学习成绩也一直名列前茅。1991年，我以优异的成绩考入同济大学，攻读建筑经济管理专业。1994年，当我还在读大四时，就进入了韩国三星公司工作，进行工程管理。当时，外企工资较高，我每月工资均可拿到3000元左右。但是由于我是外地人，想留在上海发展，而外企又不能落户口；因而在毕业时，我为了落户口，就和国企上海建工集团签了协议，将户口落在了建工集团。我在建工集团工作了两个月后（那里的工资每月就几百元钱），就办理了停薪留职，重新回到了韩国三星集团工作。

① 此案例来源于笔者所做的一手访谈资料。

刚工作时，对于以后自己如何发展，并不太清晰，只是想着能够找份好工作，快点稳定下来，甚至当时认为自己若能够拥有三大件“手机、电脑、汽车”就很了不起了。为了“找份好工作”，我在1998年时跳槽到浦东新区中路集团有限公司。这是一家房地产公司，我做部门经理，这一时期的锻炼，让我在房地产投资、资产管理方面的经验丰富起来。2000年，我又跳槽到浦东新区张江高科有限公司，主要负责资产管理和项目投资策划。在张江高科有限公司，我虽是一个普通科员，但是起的作用非常大，因为张江高科有限公司所有的房地产投资项目，均是由我策划、分析前景和利润，然后在总经理办公会上陈述，供领导班子讨论，我推荐的项目一般都会被办公会通过。

由于张江高科有限公司是个大公司，其业务量大，接触的单位较多，渐渐地就有很多中介公司找到我，给我推荐一些房地产收购的项目或投资项目，让我在办公会上推荐，若推荐成功，则给我一些好处费。这其中我确实会挑选一些比较好的项目推荐，因为这是一件对公司、对我个人都有利的事情。再后来，我就与一家中介公司建立了长期合作关系，中介公司的老板怂恿我和他合伙干，不仅给张江高科有限公司推荐项目，而且还向其他公司推荐项目，利润我们两人平分。当时，我对房地产市场进行了仔细的分析，发现房地产市场已经复苏了，或者已经在高速发展，但是还有很多房地产公司还套在上一轮的泡沫之中，并没有看到前景。我想这件“挣”钱的事情，比较有前途，既合理又合法，也没有他人知道，我为什么不做呢。于是，我和中介公司的老板成了利益共同体，甚至把它当成了自己的事业，但我们只是口头上达成了合伙协议，并没有签订书面的合伙协议。

有一次，张江高科有限公司要收购一幢商务楼，2002年时业主报价为4000元/平方米，业主也是一家国有企业。但我和中介公司的老板为了能够多赚一些钱，当然也帮助张江高科有限公司降低成本，于是决定向业主公司的负责人送钱，共送了100万元人民币，商务楼降为3800元/平方米，总价为3900多万元，比市场价便宜了很多。半年后，我们收购的这幢商务楼被一家香港公司以7600万元的价钱买走，公司大赚了一笔。我也在此笔生意中赚了93万元。

虽然当时我并不觉得自己的行为是犯罪，比如我认为所谓的贪污受贿，就是坑害了国家钱财或将国家钱财据为己有，而自己的行为只是靠自己劳动所得的经济行为，是正当的。但是，我也总觉得在国有企业里，利用职务之便，“挣”了那么多钱不妥，于是我在2004年便离开了张江高科有限公司。我靠着一些在美国工作的同学的技术，合伙与他们办了“上海××高分子材料有限公司”，由我同学出技术，我出资金，我来管理，当时这个公司还得到科技部50万元、上海科委30万元的资金支持。可以说，我自己的事业已经真正开始起步，到2006年时，这家公司已初步走上了轨道。

然而，天有不测风云，就在2006年，我以前曾行贿100万元的那家国企负责人因受贿被人举报了。不久，检察机关也找到了我，说实话，我当时真的不知道怎么回事，没有任何心虚的反映，甚至连当时检察机关的人都怀疑他们是不是找错人了。但是当检察机关告诉我，我在张江高科有限公司工作时，曾收取中介公司好处费，为中介公司谋利益，已经触犯了法律，构成受贿罪时，我惊呆了。我知道国企工作人员是按照国家机关工作人员来对待的。但是，当我告知检察机关，我不是为中介公司谋利益，我和中介公司老板是合伙人关系时，检察机关要我拿出与中介公司老板的合伙协议，我自然是拿不出的……唉，自己酿下的苦酒只能自己尝了，现在所有的后悔都无济于事，我被判刑12年……

我认为我犯罪的主要原因首先是对金钱的过度追求，以前认为有钱就有幸福，有钱就可以将家人照顾得很好。而且随着时间的推移，自己对金钱的欲望也越来越大，从开始自己追求的“手机、电脑、汽车”三大件，到后面的“豪车、豪宅”，再到后面的“要有上千万的资产”……私欲不断膨胀。其次是自己是个法盲，对于法律几乎没有了解。对于法律中的贪污、受贿等有着自己想当然的理解。如果我早点懂法律，我绝不会用如此大的代价去碰那根“高压线”。现在，我已经用自己的贪欲和无知，为自己买来了沉痛的教训。

现在，我最担心的是家庭，担心我的犯罪会给孩子的心理留下阴影，我以后一定要好好教育孩子，让他们多了解法律，绝不能做任何违法的事情。等我刑满出狱后，我还想继续我的“上海××高分子材料有限公司”，因为我发现，那才是我最喜欢做的事情……

8. 访谈案例2—15　做“业务”被举报，被判处受贿罪①

时间： 2010年7月15日下午3:30

地点： 上海提篮桥监狱，九监

对象： 郭某，男，38岁

简介： 郭某因受贿、贪污罪被判处18年有期徒刑。郭某在访谈中认为犯罪是他个人的隐私，不想被报刊或书籍刊载，所以其说话谨慎，对犯罪过程也只是谈论个大概，此调查所获取信息量一般。其将犯罪的原因归结为自己对金钱的贪欲、交友不慎、不懂法。

内容：

我出生于上海一户普通的教师家庭，父母都是教师，我还有一个哥哥，一家四口非常幸福。我读书一直名列前茅，1991年，我考入了北京航空航天大学，学的是金融专业。1996年，我顺利地进入了中国航空技术进出口上海分公司工作，这是一家知名的大型国有企业。刚开始时我做财务，工资虽然不高，但是福利待遇非常好，我对这份工作很满意，领导对我这个名牌大学的毕业生也很器重。我当时很有抱负，决心好好地干出

① 此案例来源于笔者所做的一手访谈资料。

一番事业来。工作中，我很勤奋、努力，两年后我被提拔到业务部门做经理，主要负责一些和进出口有关的贸易、运输等业务。又过两年，我被提拔为部门副经理，2001 年，我就成了集团的总经理助理，负责公司所有的运输业务。当时年薪可以拿到 30 万元。2003 年，我去中欧国际工商学院读了在职的研究生，我的前途一片光明。

也是在 2001 年，我认识了影响我一生的一家私企的老板李某。因为我们公司有许多业务是外包的，我正好负责安排这项业务，所以就在业务外包的过程中，认识了李某。起初，李某的这家小公司在完成我们产品时，比较认真，价格也比市场便宜，我逐渐对他产生信任，于是每年就外包一些业务给他。刚开始时，他从我这里拿的业务量很小，他赚了几千块钱后还想给我送个红包，都被我拒绝了，我不忍心从他那几千块钱中再拿走一些。但是后来，他从我这里拿的业务量越来越多，他赚的钱也越来越多，他就与我商量说，我们合伙吧，你给我业务量，我挣钱后将净利润的 40% 给你。我一听，心想这倒是个赚钱的机会，也不用我费什么成本，反正我每年都要把业务包出去，包给谁都是包，包给他还可以赚上一笔。于是，他公司的业务基本上都是我给他提供的，他也渐渐不去外部再拓展业务了。这一时期我们的关系发展到了高峰。每年年底，他都让我自己算一下我应该分得多少钱，写在纸上交给他，他就按照我提供的数字给我回款。而我对他也帮助很大，比如有一次，他告诉我公司资金周转困难，快活不下去了，他以前提供给我的货物低于市场价很多，这次能否让我按照市场价给他再补点钱，救济一下，我当时也没想太多，就让财务给他划了 100 万元过去，他也给我开具了发票。

但是从 2005 年起，我和李某的关系就开始恶化了。因为我发现他骗了我，每次他对我说今年赚了 10 万元时，他实际上至少赚了 30 万元，这是他的竞争对手告诉我的，当我把这个真实的数字反馈给他时，他总是支支吾吾的，解释不清楚。到了 2008 年，我就索性不再外包给他任何业务了，他的公司一下子垮了。这时他作出了一个报复性极强的行动，就是去反贪局举报我，说我贪污、受贿，并且他说的每一条都有证据——以前我每一次计算我作为合伙人应拿的那一部分钱时，他都要求我写下来交给他，而这些纸片每一张都被他精心保存着。还有那一次为了救济他公司划账100万元的事情，也被他很好地利用，说我们之间根本没有什么业务背景，而我给他划账，就是为了套现提款，是贪污。我在被检察机关调查时，真是百口莫辩，感觉自己从一开始就掉进了一个被人精心编织的圈套之中。

最终，我的贪污、受贿罪名成立，被判有期徒刑18年。我犯罪怪不得别人，是我自作自受，不能说李某阴险，只怪我贪欲太强，对金钱不能很好地把握。对于什么东西重要、什么东西不重要没有正确的认识，我的这种贪欲并不是自己千方百计地去寻找机会捞钱，而是顺便有个捞钱的机会，便干了一把。同时，我后悔自己交友不当。这件事是对我一辈子的打击，希望我的家庭不会因此受到牵挂。此外，我是个法盲，对于什么是犯罪，什么是贪污、受贿，有着自己想当然地理解，最终为自己的无知付出了代价。现在我什么都不愿意去想，只想好好改造，争取早日出去，能够从头再来……

三、挪用公款罪访谈调查

（一）罪名解释

挪用公款罪，是指国家工作人员利用职务上的便利，挪用公款归个人使用，进行非法活动的，或者挪用公款数额较大、进行营利活动的，或者挪用公款数额较大、超过3个月未退还的行为。[①]

（二）挪用公款罪特点

1. 主体构成

挪用公款罪的主体是国家工作人员。根据《刑法》第93条，国家工

① 齐文远．刑法学［M］．北京：北京大学出版社，2007：669.

作人员是指国家机关中从事公务的人员。国有公司、企业、事业单位、人民团体中从事公务的人员和国家机关、国有公司、企业、事业单位委派到非国有公司、企业、事业单位、社会团体从事公务的人员，以及其他依照法律从事公务的人员，以国家工作人员论。此外，根据《刑法》第184条，国有金融机构工作人员和国有金融机构委派到非国有金融机构从事公务的人员挪用本单位或客户资金的，以挪用资金罪论处。

2. 犯罪形式

（1）挪用公款归个人使用，进行非法活动的。非法活动主要是指挪用公款供个人或他人进行走私、赌博等违法犯罪活动。根据《最高人民法院关于审理挪用公款案件具体应用法律若干问题的解释》的规定，挪用公款归个人使用，进行非法活动的，以5000元至1万元为起点；挪用公款归个人进行营利活动的或挪用公款归个人使用超过3个月未还的，以1万元至3万元为起点。[①]

（2）挪用公款数额较大，归个人进行营利活动的。数额较大，以挪用公款1万元至3万元为起点；数额巨大以挪用公款15万元至20万元为起点。个人进行营利活动，如挪用人或者他人将挪用的公款用于生产、经营、买房出租，作为个人参与企业经营活动的入股资金，存入银行或者借给他人而个人取利等，如果行为人挪用公款后，为私利以个人名义将挪用的公款借给企业、事业单位、机关、团体使用的，都视为挪用公款归个人使用进行营利活动。[②]

（3）挪用公款归个人使用，数额较大，超过3个月未还的。数额较大，以挪用公款1万元至3万元为起点；未还是指案发前未还。如果挪用公款数额较大，超过3个月，在案发前已全部归还本金的，可以从轻处

① 于涛．我国十大行业职务犯罪防控理论与实践［M］．北京：中国检察出版社，2008：98—99.

② 同上。

罚。如果行为人多次挪用公款，用后次挪用的公款归还前次挪用的公款，而每次挪用的间隔时间都不超过3个月，对此，应从第一次挪用公款的时间算起，连续累计至挪用行为终止。①

公款的表现形式，一般为现金，但也可以是股票、国库券、债券等有价证券，或者定期存单等金融凭证。此外，挪用救灾、抢险、防汛、优抚、扶贫、移民、救济款物归个人使用的，构成挪用公款罪，并且应从重处罚。②

3. 立案标准

根据1999年9月9日公布实施的《最高人民检察院关于人民检察院直接受理立案侦查案件立案标准的规定（试行)》，挪用公款归个人使用，涉嫌下列情形之一的，应予立案：

（1）挪用公款归个人使用，数额在5000元至1万元以上，进行非法活动的；

（2）挪用公款数额在1万元至3万元以上，归个人进行营利活动的；

（3）挪用公款归个人使用，数额在1万元至3万元以上，超过3个月未还的。

各省级人民检察院可以根据本地实际情况，在上述数额幅度内，确定本地区执行的具体数额标准，并报最高人民检察院备案。多次挪用公款不还的，挪用公款数额累计计算，多次挪用公款并以后次挪用的公款归还前次挪用的公款，挪用公款数额以案发时未还的数额认定。③

4. 量刑标准

《刑法》第384条规定，犯挪用公款罪的，处5年以下有期徒刑或者拘役；情节严重的，处5年以上有期徒刑。挪用公款数额巨大不退还的，

① 于涛．我国十大行业职务犯罪防控理论与实践［M］．北京：中国检察出版社，2008：98—99.

② 汪明亮．刑法学［M］．上海：格致出版社，2009：462.

③ 金波，梅传强．公务员职务犯罪研究［M］．北京：中国检察出版社，2008：100.

处10年以上有期徒刑或者无期徒刑。挪用用于救灾、抢险、防汛、优抚、扶贫、移民、救济款物归个人使用的，从重处罚。

（三）访谈案例

1. 访谈案例2—16　应某头脑一热挪用公款，11年铁窗难挨完[1]

时间：2010年7月14日下午2:30

地点：上海提篮桥监狱，二监

对象：应某，男，40岁

简介：应某因挪用公款罪，被判处有期徒刑11年。应某在访谈中较为坦率，对于自己的犯罪过程，没有特意掩盖的地方。应某将自己犯罪的原因归结为交友不当和不够理智。

内容：

我出生于上海的一户普通双职工家庭，我是家中的独子，父母对我从小就严格要求。我上学时成绩一般，1990年考入了上海商业学校，学习财会专业。但我自己对财会没有什么兴趣，更喜欢餐饮、旅游类的专业。1992年，我中专毕业参加工作，进入淮海路的长春食品商店做出纳，当时工资每月1000元。虽然这份工作与我的理想相差较远，但我抱着“既来之，则安之”的心态，也慢慢适应了工作要求。由于我工作认真踏实，再加上话不多，很受公司老总的器重，于是1994年我们的上级公司——卢湾烟草糖酒有限公司要选拔一个人进入财务室工作时，长春食品商店立刻推荐了我。我进入卢湾烟草糖酒有限公司后继续从事出纳工作，工资涨到每月2000多元。

我工作一直都很认真、踏实，深得领导和同事们的赞赏。直到2004年，我认识了一位朋友，从此改变了我的命运……我业余时间喜欢看足球比赛，自己也喜欢踢球，2004年的一天，我的一个同事约我周末去酒吧

---

[1] 此案例来源于笔者所做的一手访谈资料。

一起看球赛，并介绍认识了他的一位朋友——一个从事赌球活动的大人物。这个人告诉我们，参与赌球后再看球赛，那才够刺激，而且运气好的话，还可以跟着足球一起发财。这番话说得我们怦然心动，当场就决定尝试一下，我当时下了500元的注，结果看完球赛，我就赢了1000多元。初次的胜利，让我尝到了赌球带来的乐趣与刺激，我深陷其中，从此以后，我隔三岔五地就要参与一场赌球活动，成了那个大人物的一名下线，最多一次也曾赢过20万，但总是输多赢少，渐渐地我那点工资无法满足我赌球的欲望，但这时我已身陷其中，顾不得仔细考虑其他的了。

我将手伸向了公司，我做了两张假凭证，并以公司的名义到银行分两次提出了130万元，将这些钱又放入了赌球之中，却还是输了个精光。从此，我一直生活在提心吊胆之中，知道这个事情迟早会露馅的，但还是怀着一丝侥幸的心理。因为我们公司查账并不及时，而且我在2005年区审计时，竟然顺利过关了，所以我希望事情就这么过去了。但是，2006年，市烟草集团在对我公司的审计中，发现有一次提现达80万元，一次性地提出了那么巨大的资金，而公司从来就没有从银行提出过这么一大笔钱，所以公司马上对我进行了审查。我也没有赖账，就将事情原委和盘托出。后来经济犯罪侦查总队还找到了那家非法赌球的机构，对他们进行了处罚、整顿，他们也退了35万元给我公司。

我太不应该受他人的蛊惑进行赌球了，我的会计证也被吊销了，以后不可能再做会计类工作了。我的不理智行为、交友不当毁了自己的前途，给我带来了最大的遗憾是，在我被抓后，我的双亲都去世了，最终也没有见上他们一面，我太不孝了。我的不理智行为，换来了我11年的铁窗生涯，得不偿失啊……

2. 访谈案例2—17　曾经风光无限，今日悔恨无边[①]

时间：2010年7月14日上午9:30

① 此案例来源于笔者所做的一手访谈资料。

地点：上海提篮桥监狱，二监

对象：常某，男，40岁

简介：常某因挪用公款罪、合同诈骗罪，被判处有期徒刑14年。常某犯罪时刚满28岁，常某在访谈中较为坦率，对自己的犯罪过程及原因进行了较深入的分析。常某将自己犯罪的原因归结为受社会上金钱论影响较大，认为钱就是尊严，一直想在同学面前有种优越感，想出人头地，爱面子。此外，其同伙，也是其同学，两人作案一拍即合，是其走上犯罪道路的重要因素。公司监管上存在巨大漏洞，这是让其产生犯罪想法的最初原因。

内容：

我出生于一个幸福的知识分子家庭，父亲是研究员，母亲是医生，我是家中的独子，父母对我寄托了较高的期望。我从小读书一般，但是头脑却很灵活。1986年，我考入上海市职业技术学校统计专业读中专（大中专，高中毕业后考入）。

1990年，我参加工作，在上海市人民保险公司市西分公司做财会。对于这份工作，我做起来驾轻就熟，但是自己却不太感兴趣。我认为当时自己正年轻气盛，不愿意天天枯燥地对着数字、报表打交道，更想到外面跑跑，做一些和客户多接触的工作，认为这样更能锻炼自己。此外，在公司做财会，每月1000多元的工资，每次和自己的那些在证券公司工作（那时万国证券刚成立，需要大量的人才，所以我有大批的同学都进了证券公司）的同学们比起来，总觉得相形见绌。

于是，在我的申请下，公司安排我从事客户理赔及公司理财的工作，但是仍然兼着财务科的工作。刚做客户理赔工作时，我感到十分新鲜，积极性很高，但一段时间之后，便觉得枯燥，又开始厌倦。但是公司理财工作，我却做得有声有色，保险公司资金充裕，但原来会理财的人太少，很多资金多数是购买国债及存入银行。因我有同学在证券公司，自己每次都能够得到很多准确的“消息”，所以我开始这一块工作后，替公司进行了盈利性较高的融资，挣了不少钱。也取得了公司同事及领导的信任，甚至有些领导还将自己的钱拿出来，让我去帮助理财升值……我成了保险公司的全权代理，公司所有的理财业务完全是由我一个人做的，而我也在多次的理财操作中发现公司财务监管漏洞很大，比如在向万国证券划款时，公司只看抬头，只要抬头是万国证券的，根本不考虑提供的账户是真的还是假的，是公司的还是个人的。

1991年下半年，我有一次在和一个在万国证券工作的同学聊天时，无意中谈到理财的事情，不知谁先提出了一个“大胆”的计划，“公司监管那么松散，我们为何不趁机发点小财，拿公司的钱赚个100万，再还回去，‘神不知鬼不觉’，怎么样?”我俩都对这一计划很感兴趣，当即一拍即合，由那个同学负责刻一枚万国证券的公章，我则去银行开了个专用账户，我们配合严密，便开始了自己的发财计划。

这以后我所“代理”的公司每一笔理财业务，再也没有进入万国证券的账户，而全部进入了我的银行账户。公司的理财业务是分期进行的，一般一期是3—5年，当一笔业务到期后，我便挪用其他业务的钱，拆东墙补西墙，将上一笔业务的本息一起还给公司，所以公司对此毫无察觉。而我和那个同学的胃口也在不断扩大，刚开始，我只动了公司100万元的资金，将其投入股市，没想到一个月就赚了70多万元，首次的成功大大刺激了我及同伙的激情，原来一闪而过的恐惧也被“胜利”消除得无影无踪。而且我们将原来的挣够“100万元就马上将钱还回公司”的目标一下提高到了“要挣够500万元再还公司的钱”，后来又将目标提高到了1000万元。我认为我们两人已经陷入了一个恶性循环的旋涡，难以自拔。这样反反复复，盈盈亏亏地很快过了7年。在这7年中，我买了车、买了房，在同学、同事面前挣足了面子，成为大家羡慕的对象。但是我认为自己一点都不快乐，特别是一个人静下来的时候，时常感到害怕，心中始终像有一座大山一样压在那里，压得自己喘不过气来。我们开始商量等挣够了1000万元就逃离出境。

就在这时，股市大跌，我们离1000万的目标越来越远。而我所在的保险公司也怕股市大环境不好，影响资金的保值增值，临时决定将资金全部撤回。这个通知吓傻了我和同伙，我们决定立即逃跑，因为手中的资金有限，最后我们分头逃跑，我跑到广州，同伙跑到大连。我逃跑后，每日做噩梦，很渴望回家，于是逃跑两周后，又返回了上海，回来后立即被抓。被抓后，立刻感到轻松了，心中的那座大山马上卸下来了，当天晚上就睡了个好觉。

现在回过头来看自己的犯罪行为，我悔恨不已。在犯罪的那几年里，我脑子里白天想的是股票，想的是挣钱，晚上则是害怕。工作只是随便应付，无心去做，连公司里的福利分房，我都没有心思去关心。我犯罪被抓，这一消息对于我父母来说无异于晴天霹雳，母亲一下子病倒了……

对于犯罪原因，我认为除了自己的一时冲动，有了不正确"挣钱"的想法，公司管理制度，特别是财务管理制度的漏洞也是一大诱因。此外，还有过去受周围同学高消费的影响，对于钱没有正确的认识，认为钱就是尊严，有了钱，才有在同学、同事面前昂首挺胸的资本，才有自己的"面子"。经过在监狱里的教育、反思及时间对于友谊、亲情的检验，我现在认识到了亲情对于自己才是最无价、最重要的。对于未来，我希望自己好好改造，出去后，能够尽快融入社会，成家立业，回报亲情、回报社会，毕竟以后的路还很长……

3. 访谈案例2—18　贪欲过重，引犯罪[1]

时间：2010年7月20日上午11:00

地点：上海提篮桥监狱，七监

① 此案例来源于笔者所做的一手访谈资料。

对象：杨某，男，41岁

简介：杨某因挪用公款被判无期徒刑。其将犯罪原因归结为自身的贪欲，不能很好地把握自己，想追求一种刺激的生活方式。杨某在访谈中很不愿意提犯罪经历，对犯罪过程讲得含糊不清，经追问后，也很少作清晰的解释，调查所获得的信息量较少。

内容：

我出生于上海一户普通的工人家庭，父母都是工人，我还有个弟弟，一家四口生活很美满。1988年，我考入上海市第二轻工业学校，就读企业管理专业。1992年，我进入中国银行浦东分行证券部负责电脑管理工作，当时的工资为每月1000多元，在社会上还算高的。我对这份工作也比较满意，当时也没有太多想法，只是按部就班地做好工作就行了。1997年，国家要求银行、证券分家，我就被分到了中国东方信托投资公司上海沪南路证券交易所，任电脑部副经理，当时工资已经涨到每月6000多元。

在银行待得久了，总觉得日子过得太平淡，总想找一种较刺激的生活方式，并且整天看到钱，电脑一打开，全是关于钱的数字，渐渐地感觉钱其实就是一串数字而已。有一次，我和朋友在一起吃饭聊天，他们讲到了银行业的潜规则，某某用银行的钱炒股一下子变成千万富翁，银行里使用的某某电脑软件有什么样的漏洞，怎样在电脑上动一动就可以让别人的钱为自己赚钱……说者无心，听者有意，我当时正在炒股票，正缺几万块钱，为何我不利用一下这种潜规则？但当时还是有些害怕，又转念一想，我只不过是临时借用一下，等我的股票赚了钱，会马上还回去的，于是我就有了第一次挪用……过了第一次的心理门槛之后，以后的资金挪用就如同家常便饭。后来我常和一些有钱的客户一起玩，打牌、打麻将、赌钱……反正输了钱，我就拿银行的钱来用。后来我的股票赚了不少钱，我将前面挪用的银行资金共100多万元全部补齐了，心里踏实了几天。但是后面只要遇到用钱的地方，我首先想到的就是去挪用银行的资金，实在受不了诱惑，控制不住自己，很快就又挪用了200多万元。我总是想着先挪用一下，过段时间把钱还掉，不就什么事都没有了？当然，也会有害怕的时候，当一个人静下来时就不敢想这个事，总是逃避。

后来，我与一个女客户又有了婚外情，开始时我用她的账户帮她炒股，她缺资金我就用银行的资金去补，她赚钱了我们就平分。但是有一段时间股票的大行情不好，她的账户中亏了不少钱，我们之间发生了激烈的争执，我一气之下，就将以前帮她赚的钱全部转移走了，她就报了警，我挪用资金的犯罪行为也一下子败露了……

刚被抓时，我长期高度紧绷的神经一下子放松了，我是自作自受啊，早晚都会有这么一遭。被抓后，妻子与我离了婚，父母的身体也一下子垮了，家也不像个家了。我犯罪的原因主要在于自身的贪欲，想追求刺激的生活方式，想过挥金如土的生活，当然，我的那群酒肉朋友对我潜移默化的影响也很大。此外，银行的管理也有很大的漏洞，比如电脑管理软件有漏洞，我可以进入任何一个部门，侵入任何一个客户的账户。特别是银证没有分家时，转账、买卖股票、取现……几乎所有的流程一个银行职员都可以完成……

四、巨额财产来源不明罪访谈调查

（一）罪名解释

巨额财产来源不明罪，是指国家工作人员的财产或者支出明显超过合法收入，差额巨大，而本人又不能说明其来源合法的行为。[①]

（二）巨额财产来源不明罪特点

1. 主体构成

巨额财产来源不明罪的犯罪主体是国家工作人员。犯罪的主观方面

① 曲新久．刑法学原理［M］．北京：高等教育出版社，2009：415.

表现为故意，即无视国家的廉政制度，故意拥有超过合法收入的巨额财产，又拒不说明或不如实说明财产的合法来源，目的在于非法拥有公私财物。

2. 犯罪形式

巨额财产来源不明罪，是指国家工作人员的财产或者支出明显超过合法收入，差额巨大，而本人又不能说明其来源合法的行为。不能说明来源包括四种情形：第一，行为人拒不说明财产来源；第二，行为人无法说明财产的具体来源；第三，行为人所说的财产来源，经过司法机关查证并不属实；第四，行为人所说的财产来源因线索不具体等原因，司法机关无法查实，但能排除存在来源合法的可能性和合理性。这里的财产，指国家工作人员所拥有的房产、家具、交通工具、存款、现金、生活用品及股票、债券、存款等动产和不动产。支出，包括合法支出和不合法支出，包括日常生活、工作、学习费用、罚款及向他人行贿的财物等。合法收入，指属于国家工作人员合法拥有的工资、奖金、津贴、稿酬、遗产继承等法律和政策允许的各种收入。差额巨大，以 30 万元为起点。①

3. 立案标准

根据 1999 年《最高人民检察院关于人民检察院直接受理立案侦查案件立案标准的规定（试行）》，涉嫌巨额财产来源不明，数额在 30 万元以上的，应予立案。

4. 量刑标准

根据《刑法》第 395 条规定，犯本罪的，差额部分以非法所得论，处 5 年以下有期徒刑或者拘役；差额特别巨大的，处 5 年以上 10 年以下有期徒刑。财产的差额部分予以追缴。

---

① 李立众. 刑法一本通［M］. 北京：法律出版社，2010：418.

（三）访谈案例

1. 访谈案例2—19　倪某因贪污、巨额财产来源不明，被判处有期徒刑10年[①]

时间： 2010年7月20日上午12:30

地点： 上海提篮桥监狱，七监

对象： 倪某，男，58岁

简介： 倪某因贪污、巨额财产来源不明被判处有期徒刑14年。倪某对访谈很有顾虑，对犯罪过程两句话概括，对提出的一些问题不予回答，对一些追问也不回答，调查所获得信息量较少。倪某将其犯罪的原因归结为自己对金钱的贪欲，贪图享受，喜欢买奢侈的收藏品，此外，自己是个法盲，对法律的无知害了自己。

内容：

我出生于上海一户普通的工人家庭，父亲是个会计，母亲是个工人，我还有两个弟弟。1968年，我参与“上山下乡”运动到上海农场插了队，1980年又随着知识青年回乡运动，回到了上海，并进入上海市丝绸有限公司贸易二部工作。开始时是市场管理员，这是最基层的工作，每月工资50元，自己还是比较满足的。决心好好工作，抽空再学点知识，补补课。1985年，我考取了上海对外贸易职工大学，学习对外贸易专业，脱产3年学习，毕业后再回公司上班。1988年，我重新回到了公司上班，这时既有了工作经验，又有了理论知识，我当上了业务员，并且我的业务能力非常突出，很受领导的赏识。1996年，我被提拔为贸易部的副经理，主要负责出口业务、配额分配等工作，当时工资已经很高了，每月近5000元，每年大概十几万元。

当时市场经济的大潮已经来了，我并没有满足现有的高工资，还想在

---

① 此案例来源于笔者所做的一手访谈资料。

市场经济中再多挣点钱，日子过得再好一点。于是，我发现了一些挣钱的机会。当时我们行业中各个公司出口丝绸制品或服装到欧美等地，必须每件商品都要有证书，这些证书是配额分配的。而每类商品，甚至同类商品中不同型号、不同款式的商品其分配的配额都不相同，这样就造成有些公司想出口某种商品，配额却不够，而有的公司这类商品的配额却用不完。于是配额不够的公司就私下里去购买配额，而我在这个行业里人脉很广，我就起了中介的作用，把一家公司的配额以较低的价格买来，再以较高的价格卖给另一家公司。1998 年，我做了 3 笔这样的“生意”，赚了 100 多万元。后来我又将赚来的钱兑换成 13 万美金和一些收藏物品，锁在了家中的保险柜里。

2002 年，我又买了第二套房，当时首付需要 40 万元，我就临时向下面的工厂“借”了这笔钱。一个月后，我正好有笔配额款 40 万元要打来，我就图省事，将这家工厂的账号直接告诉了打配额款的公司。没过多久，我就被人举报了，说我贪污公款去买房，检察院找到我后，核实了我买房的首付款来源，找到那家工厂，又追到那家打款的公司，问他们给我打的是什么钱，他们说是配额款。那么我的贪污罪名成立了。再到我家中审查，打开我的保险柜，发现有 13 万美金和一些收藏品，问我钱是从哪里来的，我说是配额款，他们按照我说的信息去追查，结果对方公司都不承认，又给我定了巨额财产来源不明罪。

我犯罪的主要原因是自己思想上放松了警惕，一心想发财，贪图享受，喜欢买奢侈的收藏品，在金钱上没有把握好。自己还是个法盲，只知道国家政策鼓励一部分人在市场经济中先富起来，不知道什么是犯罪，认为贪污是将国家或公司的资产据为己有，认为自己当时的行为只是靠自己的人脉、能力合法地挣钱……我现在后悔啊，党和国家培养了我这么多年，公司领导对我那样信任，我却作出了这种事情，等我出狱，也要 60 岁了，不能很好地为国家做贡献了，唉……

五、职务侵占罪访谈调查

（一）罪名解释

职务侵占罪，是指公司、企业或者其他单位的人员，利用职务上的便利，将本单位财物非法占为己有，数额较大的行为。

（二）职务侵占罪特点

1. 主体构成

职务侵占罪的主体是特殊主体，即公司、企业或者其他单位的人员。

2. 犯罪形式

公司、企业或者其他单位的人员，利用职务上的便利，将本单位财物非法占为己有，数额较大的行为，构成职务侵占罪。所谓利用职务上的便利，主要是指公司、企业或其他单位的管理人员，利用在职务上主管、经营、管理公司、企业财物的权力，或者因执行职务而经手公司、企业财物的便利。[①] 本罪在主观上为故意。

3. 立案标准

根据2010年5月7日发布的《最高人民检察院、公安部关于公安机关管辖的刑事案件立案追诉标准的规定（二）》第84条规定，公司、企业或者其他单位的人员，利用职务上的便利，将本单位财物非法占为己有，数额在5000元至10000万以上的，应予立案追诉。[②]

4. 量刑标准

根据《刑法》第271条规定，公司、企业或者其他单位的人员，利用职务上的便利，将本单位财物非法占为己有，数额较大的，处5年以下有期徒刑或者拘役；数额巨大的，处5年以上有期徒刑，可以并处没收财产。

---

① 严励. 刑法案例教程［M］. 北京：法律出版社，2006：332.

② 最高人民检察院公安部关于公安机关管辖的刑事案件立案追诉标准的规定（一）、（二）［M］. 北京：中国法制出版社，2010：90.

（三）访谈案例

1. 访谈案例 2—20　倪某因职务侵占罪被判处有期徒刑 12 年[①]

时间：2010 年 7 月 15 日下午 2:30

地点：上海提篮桥监狱，九监

对象：倪某，男，33 岁

简介：倪某因职务侵占罪被判处有期徒刑 12 年。倪某性格较内向，在访谈中基本是问一句答一句，声音很小，但对犯罪过程讲述还算清晰，调查所获得信息量一般。其将犯罪原因归结为家庭经济压力大及自己的交友不当。

内容：

我出生于上海一户普通工人家庭，父亲是食品厂工人，母亲为下岗工人，还有一个弟弟还在读书。自我懂事起，我家的经济状况都不太好，一直感觉日子过得紧巴巴的。我读书还算努力，1995 年考入浦东新区海港职工大学，学习电子专业。1998 年，我进入上海市飞利浦电子元件有限公司工作，开始时是车间的操作工，与很多外地打工者在一起，我和爱人也就是在那时候认识的。在这种外企里当操作工很辛苦，每天都要加班，基本工资也就每月 900 元，处于社会的底层。后来，由于我肯吃苦，有学历，又是本地人，干了一段时间的操作工后，就被提拔为领班，再后来又被提拔为仓库主管。工资也涨到了每月 3500 元。

2002 年，我和爱人结婚了，由于我爱人是外地人，在上海打工，所以我妈妈非常排斥她，在婚前也是坚决反对我们结婚，但是我觉得我们两人是真心相爱，就冲破家庭阻力结婚了。结婚后不久，我爱人怀孕了，就辞职专心在家养孩子了，这时候婆媳关系不断恶化。我妈不断唠叨，看我爱人不顺眼，常逼我和爱人离婚，说我一个人养家太辛苦了，以后再添个

① 此案例来源于笔者所做的一手访谈资料。

小孩，花钱的时候多着呢，怎么养得起？家里还有弟弟要读书，家里开销真是太大……我爱人也整天是满肚子的气，后来就一个人回老家生孩子了。我觉得家庭给了我很大的压力，我想多挣钱，可是又没有门路。

2003 年 2 月，一个客户不晓得怎样知道了我的电话，说要请我吃饭，但被我拒绝了，因为我根本就不认识他，他请我吃饭，我觉得有点害怕。但是几天后，这个客户就亲自跑到我仓库来提货了，他的那批货已按正常手续走完了，只差下周发货，他跑来说希望能够提早几天拿到货，并想和我认识一下。他塞给我一个 3000 元的红包，我也就当即让他提货了（这次是完全正常的手续，只不过早提了几天货而已）。从那以后，他隔三岔五地就约我吃饭，吃了几次饭以后，他问我能不能私下运点货（液晶显示屏）出去？开始时我被吓了一跳，一点也不敢，后来他一直约我吃饭，并怂恿我，承诺给我 30 万元的辛苦费，我慢慢地就动心了。在答应他以后的一个星期里，我利用每天装卸货的中午吃饭时间，偷偷地搬些产品的正品到次品里面，因为我公司对次品的管理不严格，一般就是积累到一定量后，就拉出去销毁了。所以我认为这样可以瞒天过海。一个星期我就积累了 7000 片、价值 200 多万元的"假次品"液晶显示屏，那个客户很快便拉走了。30 万元辛苦费还没有给我，一周后，我公司便来全面检查了，公司一般是年头查一次，年尾查一次，这次也是年头的例行检查。公司检查人员发现仓库的次品似乎少了很多，就更加仔细地检查，继而又发现正品也少了很多，就立即报了警。我被抓后，也没有逃避什么，就把我的行为和盘托出了。

我被抓后，全家都很伤心，他们的日子也过得更紧巴了。还好，自从我被抓后，我妈也渐渐地接受了我爱人和孩子，现在她们住在一起，还算和气吧。我犯罪的主要原因是交友不当，我不该认识那个客户，是他一直怂恿我、诱惑我的。我家庭给我的压力也使我很渴望能够挣到一笔钱，暂时缓解一下家庭矛盾，最后我铤而走险了。此外，我公司管理方面也存在很大的漏洞，比如每天很多车辆进进出出公司的仓库，保安们从来也不要求进出车辆出示有效的提货单，保安部形同虚设。我的那个客户之所以能够顺利地将涉案的那批产品拉走，与保安管理不严也有关系。现在说什么都晚了……

2. 访谈案例 2—21　普通销售员的职务侵占①

时间： 2010 年 7 月 20 日下午 2 : 30

地点： 上海提篮桥监狱，四监

对象： 李某，男，46 岁

简介： 李某因职务侵占罪被判处有期徒刑 16 年。李某在访谈中较为坦率，对自己的犯罪背景、过程有较详细的讲述，调查所获得信息量较好。李某将其犯罪的原因归结为自己有贪心，在做生意中考虑不周全。

内容：

我出生于上海一户普通工人家庭，父亲是工人，母亲是宾馆服务员，我还有两个弟弟。我成家后和老婆、孩子、岳父母一起生活。1984 年，我进入上海华丰橡胶厂工作，当操作工人，这份工作离我的理想有很大差距，因为当时我高中毕业，还算学历比较高的，又上了半年的职校，结果还是干工人的活。虽然工作不太满意，但那时毕竟工作不好找，这个厂又是国有企业，所以也就安下心来工作了。只想着先学好技术，打好基础，以后再找门路发展。

1989 年，华丰企业不景气，被上海胶带股份公司给兼并了，原厂中有 800 多人，上海胶带公司第一批只要 180 个人，其余的人在家等通知。我报了名，被第一批录取，分配到仓库供销科，做仓库保管。在当仓库保管员时，我得罪了公司领导。因为当时公司有铲车，每天铲车很忙，领导看到仓库保管员闲着，他就叫你去帮忙，一次两次也就算了，后来几乎是

① 此案例来源于笔者所做的一手访谈资料。

天天都去帮忙，累得要死。有一天，他再叫我去帮忙，我就是不去，以后他叫我帮忙，我还是不去，得罪了他。所以在 1997 年企业进行体制改革时，就把我从仓库保管员调到了销售员的岗位上。1997 年，企业由计划经济管理模式转向市场经济管理模式，销售员要承包片区，半年内保证你原来的平均工资，每月 680 元。若半年后打不开市场，只能每月拿 260 元的生活费。若半年后你打开了市场，则按你销售额的多少，返给你 2% 的毛利提成。虽然企业对销售员进行了培训，也签了合同，但是真正到市场上如何去做，没有人教你，全靠自己不断摸索，我一直都没有打开市场，有 2/3 的时间都在拿 260 元/月的生活费。

虽然自己的工资待遇得不到保障，每月只能拿 260 元的生活费，但当时我心里还是有盼头的，毕竟交通费公司给报销，我想自己还是有机会打开市场，改善生活的。但是后来，胶带股份公司的效益不行了，销售员的交通费也不能马上报销，日积月累，我先是自己贴上，后来又向同事去借，搞得外面都是债主，欠了别人 3 万多元，家里也有了怨言，我这人又好面子，整天生活得很痛苦。另外，公司中人际关系也很复杂，有人帮你和没有人帮你完全两样，有人帮你的话，你打不开市场，完不成业绩，也可以拿平均工资 680 元/月；没有人帮你，你就一直是最底层，我自从那次铲车不去帮忙，给领导的印象很差，在公司里也没有人帮我说话。

1998 年，我在外面做业务时，认识了一个浙江的老板，他虽然年龄比我小 7 岁，但是从 14 岁就在外面做生意，阅历可比我丰富多了。渐渐地我们成了好朋友，一次他对我说："听说别人还钱还不出，给了你一批钢材抵债，你给我拿来，我给你钱。"我好像看到了希望，就将 30 多万元的钢材给了他，他先付了我一半的钱，后面的钱一时手头紧，以后再付。1999 年，他又给我介绍，他的舅舅在江西丰城矿务局拉煤，需要一些输送带，让我低价拿些输送带，先卖给他，他再高价卖给江西丰城矿务局，中间我们赚一笔差价，然后合伙开个纸箱厂。因为他以前是做假货的，原来的厂房、厂地都在，就是缺点钱进机器设备，所以我们想借鸡生蛋。我一听很兴奋，感觉像看到了自己事业的曙光。

但是江西丰城不在我的区域范围内，他却说你的业务范围在哪里，我们就在哪里签合同。由于我的业务范围在山东一带，所以他就刻了个山东某公司的假章，与我签了合同，而他与江西丰城矿务局根本就没有签合同，人家需要哪种型号的输送带他也没搞清楚，就催着我发货了。价值70万元的货发出了，结果型号不对，人家需要的是分层的输送带，而我们提供的是主揽型的输送带，人家不要了，将输送带退回。本来如果他签了合同，这个问题很好解决，到我厂里调换一下就行了，但是他没有签合同，人家就是不要了。他竟然瞒着我，把输送带藏了起来，还骗我说人家已经要货，钱很快就会划来。但实际上他是在找客户，打算将输送带卖出或者拖个一两年，使用一段时间后，让我公司再以半价回收。

2000年，我们公司因经营不善，面临倒闭，被三九集团收购了。三九集团接手后，第一步就是对以前的资产进行清理，发现了我有两笔货款都未上缴，于是就催我尽快把这两件事处理完。我没有办法，只好去义乌找那个浙江老板，结果他见了我一面后，就跑到云南去了，我在义乌住了半个多月再也没有见到他。可是，公司一直没有我的消息，又找不到人，就以为我携款逃跑了，于是报了警，后来我一回到上海，就马上被抓了，我将事情经过、细节全部如实反映出来了，属于自首。

我犯罪的主要原因在于自己，自己一直打不开市场，很着急，听到浙江老板计划合伙开纸箱厂的消息后，感觉自己的事业有了希望，就完全相信了他，但是吃了亏，这是自己有贪欲，自己对细节考虑不周全的结果。人们常说，物以类聚，人以群分，我和浙江老板是各取所需，不能说是谁影响了谁。自己做事，自己负责……

钱是身外之物，不可强求，现在我心态很好，对很多东西都看得很开。我父亲去世早，剩下老母亲身体也不好，这是我最大的牵挂。我希望能够好好改造，早日出去，多给母亲尽尽孝心……

3. 访谈案例2—22　孙某因职务侵占被判罪8年[①]

时间： 2010年7月20日下午3:30

地点： 上海提篮桥监狱，四监

对象： 孙某，男，36岁

简介： 孙某因职务侵占罪被判处有期徒刑8年。孙某在访谈中顾虑较多，不够坦率，对于自己的犯罪过程不肯完整地叙述，只是大概讲了讲，访谈效果不好，调查所获得信息量很少。其将犯罪原因归结为主观上没有树立正确的价值观和金钱观，不能抵制社会上的不正当诱惑，甚至认为一夜暴富是有实力的表现。此外，认为自己是个法盲，对法律的无知让其吃到了苦头。

内容：

我出生于上海一户普通家庭，父亲是私营企业主，母亲是公司职员，我还有个弟弟。家庭条件还算可以。我从小到大学习成绩很不错，1993年，我考入上海财经大学，学习国际企业管理专业。1997年，我进入开制中国有限公司（做空调的）工作，担任财务助理。工资待遇还是比较好的，每个月可拿4000多元，但是做财务并不是我的兴趣所在。当时企业到我们学校去招人，被招到的全部去了财务方向工作。我当时很有想法，我希望能够有个好的职业发展，多赚些钱，来证明我的能力，不想一直窝在财务室里。1999年，我从开制中国有限公司辞职，进入了IBM公司做销售。2000年，我又跳槽到惠普公司做销售。2005年，我进入张江碧波第九城市网络游戏公司，做商务总监，负责所有游戏项目的前期采购、项目策划及销售。

---

① 此案例来源于笔者所做的一手访谈资料。

我犯罪是在惠普公司工作时的事情。当时整个IT行业都很红火，赚钱非常容易，身边不乏一夜暴富的“造富”神话，看到别人成功，我也很羡慕，认为自己能力不比他们差，为什么不抓住一些机会证明自己的实力呢。于是在以后的工作中，我处处留心，千方百计地寻找赚大钱的机会。在2004年的一次销售中，我找到一家网络公司，发现它们最关心的是电脑的性能，对于价格不敏感，于是我就想从差价上赚一笔。网络公司共订购500台电脑，我每台电脑多加了2000元钱，但是惠普公司开发票时是按照全国统一价来开的，于是我又找了一家第三方公司，让惠普公司将发票开到第三方公司，第三方公司再按我的价格要求开具发票给网络公司，这一笔生意我就赚了100万元。此后几笔生意我如法炮制，半年多的时间，我共赚了200多万元。事后我感觉自己违背了职业道德，害怕惠普公司发现，就辞职了。但不知我的行为已经触犯了法律，后来我被同事举报了，惠普公司报了警，我虽辞职，但仍然难辞其咎。

我犯罪的主要原因是自己主观上没有树立正确的价值观，不能抵制社会上的不正当诱惑，甚至认为一夜暴富是有实力的表现。此外，我是个法盲，不懂法律，以为我的行为只是违背了职业道德，根本不知道已经触犯了法律，要是早知如此，我绝不会这样做的。

我希望社会上的年轻人或有类似情况者能够以我为戒，做事前多思考自己的行为，树立正确的价值观、人生观，不要像我一样咎由自取。其实，别人的成功对自己并不重要……

4. 访谈案例2—23　因职务侵占，大好前程被毁[①]

时间：2010年7月15日上午9:00

地点：上海提篮桥监狱，十监

对象：平某，男，53岁

① 此案例来源于笔者所做的一手访谈资料。

简介： 平某因职务侵占罪被判处有期徒刑7年。平某较为坦率，对于访谈也较为配合，获得的信息较完整。平某将自己的犯罪原因归结为自己内心的贪婪及对上级的盲目服从。

内容：

我出生于山东一户普通农民家庭，家中父母都是老实的种田人，我共有弟兄三人，我是老大。从小我就很听话、懂事，特别是我有个舅舅是共产党员，又有工作，我常对他羡慕不已，渴望哪天我也能跳出农门。1976年，我刚满18岁，便应征入伍，在山东莱阳的陆军26军当警卫员，对于这一份工作，我很满足，我知道这是我的起点，决定好好干，作出一番事业来。在部队里，我踌躇满志，上进心很强，白天工作，晚上自学文化课。三年里，我在工作上荣立三等功三次，而且还加入了中国共产党，多次被评为优秀共产党员。1979年，我考取了上海第二军医大学军医系，经过五年的努力学习，1984年，我以优异的成绩留校工作。开始时在教务处做参谋，由于我工作成绩突出，脑瓜灵、眼皮活、文笔好，1986年被校长选中去做了校长秘书。从1986年到1996年我共做了三任校长的秘书。说来也可笑，第一任校长期满后高升到其他地方工作了，当时他想把我带走，但我当时正在谈恋爱，不愿意离开学校，就没有跟他去；第二任校长上任后没多久就退休了，而我也结婚了；在当第三任校长秘书时，我离婚了。因为我当校长秘书时，经常没日没夜地跟着校长，写材料，做杂事，可能很少照顾到家庭，而我前妻脾气不好，她有了不满，常常选择在公众场合给我难看，比如我们正在开校长办公会，她突然就一脚踹开了门，把孩子重重地往桌上一摔，指着我就骂……这样搞了几次以后，我感觉自己的颜面扫地，也迁怒于她，于是我们天天吵架，无法继续过日子了，最后只好离婚。孩子她也带走了。

1996年，我到基础部做办公室主任。1999年，我转业了，去了上海新兴医药股份有限公司，任科技部副部长兼办公室主任，后来又做了总工程师，这份工作正发挥了我的专业特长，我工作起来如鱼得水，看到我主持研发的项目，一个个投入市场后，反映良好，给企业带来了巨大的利润，我很有成就感，自己的收入也相当不错，年薪超过20万元。这是我工作最顺心、最辉煌的一段时期。

后来，虽说我又做了总经理，但并无实权，因为我的老板非常强势，他的能力也很强，他信任我时让我做总经理，不信任我时，就让我做副总经理兼董事会秘书，更无权利，所有的事情都是他的一句话。

2005年，我公司有块土地很棘手。那块土地共50亩，为工业用地，1993年被集团公司以300万元购来，当时准备上马一个新项目，但由于种种原因，那个新项目一直没有启动，这块土地也就闲置在那里。2005年，土地管理部门已加强了对土地利用的控制，准备将那块闲置了12年的土地收回，这下可急坏了老板，想卖卖不出（因是工业用地），想用不能用。他在一次办公会上讲到，谁若能将那块土地卖出去，将有重奖……事情凑巧，不久后我参加区里的一个会议，碰到了浦东金桥镇的一位领导，在聊天时谈到了公司的那块土地，他们有意购买，于是那块土地就以1494万元的价格被金桥镇买去了。老板非常开心，他只想奖励我一个人，不想让其他董事知道这笔钱。于是就吩咐我去找一家公司，将168万元先转出去，再提现。我对于老板一向是服从的，这一次也不例外，于是我就把账转入了我自己开的咨询公司中，然后老板陆陆续续把钱全部取出后，给了我53万元的奖励。我开始还推脱不要，但经不住老板的劝说，就将钱收下了。我是懂一些法律的，我知道集团公司的土地被老板私自卖掉是违法的，于是自从收了那53万元“奖金”后，我如同脖子上套了个大大的枷锁，天天感到有块大石头压在那里，说不定哪天公安局的人就找上门来了。但是我又没有勇气去自首，一是感觉老板对我还算是情深义重，我去自首，就将他供出来了，这会被周围的人看不起，说我没有良心；二是即便我自首，也还是构成犯罪，我仍脱不了干系。于是我每天就在忐忑不安中盼着能够侥幸过关。

但是该来的总归要来，2007年，集团公司接到了不少关于我老板的举报信。于是7月集团公司开始对我公司进行了严格的调查，发现了我们卖地这一事件，我老板跑到国外去了，我则被抓了进来，不仅退还了那53万元，还被处以2万元的罚款，又被判刑7年，受到了应有的处罚……

我认为自己之所以犯罪，有这样几点原因：一是我本身有贪欲，这是最主要的。比如卖地这件事，当时我已经不太受老板重视了，我很想好好地表现一下，赢得老板的欢心，另外“重奖”也或多或少让我产生了些向往。看着周围很多人，包括有些董事们，就是通过卖地，捞到了不少钱，也平安无事，这些对自己也产生了示范效应，利令智昏啊。二是我总是对上级盲目服从。在公司里，老板很强势，他说一不二，对于老板决定了的事，我从来没有说过“不”字。有时明知道老板让做的事是错误的，但还是会说服自己，听从老板的安排。三是公司管理漏洞巨大。因为我们公司是我老板当年靠借来的5万元钱一手创办起来的，仅是挂靠在集团公司中，集团公司对我公司并没有投入资金，所以我老板认为钱都是自己的，公司财务成为老板的提款机，在公司董事圈子中我老板更是肆无忌惮，集团公司对其没有任何监督机制与规范，对我公司的监督也仅是通过每年类似走形式的查一次账而已。

我犯罪被抓后，自己经常反思自己的犯罪行为，每次总是后悔不已。我的前程毁了，父母病倒了，整个家族都因我而蒙了羞。儿子才9岁，我不仅不能抚养他成长，还要骗他说我出国了……犯罪的成本太大了，我完全辜负了部队、党、父母对我多年的教育和期望，唉！悔之晚矣。再过几年出狱后，我要57岁了，都不知道自己还能干什么，不工作吧，感觉年龄还不大，若工作吧，感觉年龄又大了，后悔啊……

5. 访谈案例2—24　房屋中介员的职务侵占[①]

时间： 2010年7月14日下午1:30

地点： 上海提篮桥监狱，二监

对象： 邹某，男，35岁

简介： 邹某因职务侵占罪被判处有期徒刑4年。邹某在访谈中比较坦率，访谈所获取的信息量较好。邹某将犯罪的原因归结为交友不当及自己贪婪的赌性。

内容：

我出生于湖北一个普通的小市民家庭，父母都在当地的洗浴中心做足疗师，我还有一个哥哥、一个妹妹。因父母的收入并不稳定，所以印象中家里的经济状况一直都很差。

1998年，年轻气盛的我跑到了深圳打工。第一份工作是做物业保安，当时每月工资1000多元。但我是个头脑很灵活的人，在做保安期间，我开始向业主陆续介绍了木地板装修、房屋买卖等业务，每个月都可以额外获得近2000元的收入。我当时很满足，对于自己的未来也没有什么考虑，只是想着能够通过合法的手段挣到钱、多挣钱就行。2000年，我经过再三考虑，感觉做房屋中介是最挣钱的，就辞去了保安的工作，进入深圳中原房介公司，做起了业务员。刚开始的两年，由于自己不懂业务，对客户的心理也不够了解，所以很不顺利，几乎花光了原有的积蓄。但是我很爱学习，爱观察、爱钻研，到了2002年，我的工作逐渐有了起色，每月工资也基本上拿到了5000元左右。但工作刚顺利了两年，在2005年时，我又出了麻烦。我在业务中认识了一个股票公司的业务员，他当时在炒权证，让我感觉他挣钱很容易，于是我在他的引导下，赌性大发，也开始炒权证，但是除了刚开始时赢了几把外，基本上全部赔光。到2006年底，我已将几年的积累十万元输光了。

① 此案例来源于笔者所做的一手访谈资料。

2007 年，我想换个环境，把以前的事情全部忘掉，就来到了上海，进入了上海中原房介公司，刚开始时我仍做业务员，由于我有这行业的经验，所以我的业绩一直很好，没过多久，我就被提拔为部门经理，我每月的收入底线是 6000 元。逐渐地，我的小日子又开始红火起来。但这时我又认识了一个客户，也是个十足的赌徒，为了赌老虎机将房子去典当行作了抵押。或许是我们两个都有赌性吧，很快便成了好“朋友”。有一天，他带着我去玩了老虎机，我立刻被深深地吸引了，第一次我用 2000 元下注，一会儿就挣了 1 万多元。我当时异常兴奋，似乎又找到了条发财的门路。于是我又去赌了第二次、第三次、第四次、第五次，可惜都输了。第五次输完时，我两年来积攒的十万元积蓄也再次输光了。可是这时我不甘心，希望把输掉的钱再赢回来，于是我动了“坏脑子”。当时我正在经手办理一套房屋过户，客户需要交纳 4 万元的定金，我想先“借”一下这 4 万元钱，等我赢了钱，马上交还公司……于是我先私刻了一枚公司的印章，然后约了客户第二天早上 8 : 30 在公司见面，收取他的定金。但实际上，这里我钻了公司管理的一个漏洞，因为收取客户定金，公司开的正规收据是电脑打印并有备案的，而我那天是手写的收据，并盖上了私刻的印章，但是客户不懂，便被我蒙了。在公司管理中，本应该由专人拿着公司的钥匙，专人开门，但我们公司却是业务员们人手一把钥匙。所以公司本是上午 9 : 00 上班，我却在 8 : 30 约了客户，完成了欺诈，却也是“神不知，鬼不觉”的。

没想到，我拿着这 4 万元钱去赌，又输了个精光。这时我已经完全失去理智了，我又私自拿了一笔刚做成业务的中介费 6000 元钱，逃跑了。我跑到深圳躲了一个月，整日生活在担惊受怕中，后来又回到了上海。

又过了一个月，由于我女儿要上幼儿园，需要开个户籍证明，于是我去派出所开户籍证明，警察发现了我的网上协查的通知，当场对我进行了逮捕……

现在反省我犯罪的原因，主要是交友不当和自己贪婪的赌性。第一次因交友不当，我输光了自己的积蓄，但我并未从中吸取教训，所以第二次认识了那位赌友后，不仅不清醒反思，甚至还很庆幸遇到了知己。另外，我从20多岁时就好赌，总是赢了不走，输了一直要输完，这其实是一种认识上不成熟的表现。现在是后悔莫及啊，老婆已和我离了婚，孩子也被她带走了，我的父母已经80多岁了，还要承受这样重的打击，我真后悔啊！当时不管怎样低三下四地去借钱，也不应该动这个高压线啊，现在名誉毁了，一切都毁了。我在监狱里进行了深刻的反省，认识到了该如何挣钱，如何做人，这对我的一生来说，还是个大的收获。所以我并没有绝望，我希望通过自己的好好改造，早日回到社会中去，早日实现全家团圆，给父母尽孝，并想换个城市，好好地从事我喜爱的房屋中介工作，实现我的重生。

6. 访谈案例2—25　金钱欲望过重，犯下职务侵占罪[①]

时间： 2010年7月12日下午1:00

地点： 上海提篮桥监狱，一监

对象： 孙某，男，28岁

简介： 孙某因职务侵占罪被判处有期徒刑12年。在改造中作了深刻反省，对于自己的犯罪行为悔恨不已，又深感庆幸自己的犯罪行为被发现得早、金额小，否则再过几年，后果更是不堪设想。将自己犯罪的原因归结为自幼家庭不幸福，一直想追求好的生活，想给家人、给妻子一个好的生活，渴望成功，走了“捷径”。此外，做销售工作压力大，正常的工资待遇无法满足维持销售工作的人际关系，只好另谋他径。还有房价高，生活压力大，对金钱充满了渴望。此外，公司的财务管理漏洞很大，也给了自己可乘之机。

---

① 此案例来源于笔者所做的一手访谈资料。

内容：

我生于上海市一个普通的双职工家庭，但自己的童年并不幸福。在我8岁时，母亲因病去世，接着爷爷去世。父亲再婚，后母带来一个女儿一起生活。在我的印象里，后母对我和妹妹有很大区别，所以我很小就自立，洗衣服、做饭等事情都会做，不喜欢依赖他人，碰到了事情只能自己解决，自己和家人从来没有坐下来好好聊一聊。自己在成长中，缺少家的温暖，所以特别渴望有个自己的家。2000年，我从上海的一所中专学校毕业，开始了自己的第一份工作，在雀巢公司做销售。做销售不但辛苦，而且生活不规律，这些我都不怕，我没日没夜地工作，很少回家，只是想多挣钱，想给外公、外婆、奶奶一个好的生活。同时，也想找个女朋友，有个自己温暖的小家。

2004年，我因突出的业绩跳槽到了安宜乳制品公司当销售主管，工资翻了一倍，也交了个女朋友。同时，我父亲又再次离婚并结婚了，这个阿姨仅比我大10岁，这让我感到别扭，更少回父亲的那个家了。我把注意力都放到了工作和女朋友身上，在与女朋友的交往中，让我感到了一些被关心的温暖。我急切地想找个捷径，多挣些钱，早日买套房子和女朋友结婚。2004年底，我再次跳槽到王老吉公司当销售主管，只因王老吉公司的工资比安宜公司稍高一点。到了王老吉公司后，我主要负责便利店和超市的供货和销售。但是销售这个行业里有许多的“潜规则”，比如产品进入超市，要交入场费；在超市制作促销海报时，要想报上有名，要交上报费，还有很多业务上的关系需要寻找和维持……很多开支公司都没有专门的关系费或招待费给予支持，只能靠销售人员自己掏腰包打点。但是销售人员一个月工资只有四五千元，还要生活，还要攒钱买房，哪里有什么节余啊？于是我开始想“捷径”了。

2006年，随着我与客户们关系的不断升温，在入场费上就有了商量的余地，比如某超市本来要入场费10万元，但我和对方谈时，仅需5万元，产品就可以进入，但我向公司报账时却报了8万，中间3万的差价我和超市方负责人平分。上报费也是这样，一家超市向我要的上报费仅为1000元，我向公司报账5万元，中间差价4.9万元仍是双方平分。再到后来每笔费用，我都雁过拔毛……在不到一年的时间里就额外"挣"到了15万元，付了房子的首付，并与女朋友结了婚。但是，此时我因违反公司规定，在超市中将赠品卖钱，引发了客户的投诉。

一边是客户投诉，一边是公司开始查账，当公司发现我经手的每一笔业务，报销费用与客户端所开发票费用都有出入时，公司意识到事态的严重，于是报了警，经侦总队介入调查……

被判刑后，我的家庭受到了严重的打击，外公去世，外婆病倒，刚结婚的老婆也和我离了婚。

谈到犯罪原因，我承认自己的金钱欲非常强烈，因为从小就缺少家庭的温暖，我特别渴望自己能多挣些钱，能买套房子，有一个温暖的小家，再能接济一下疼爱自己的外公、外婆和奶奶。但这样的追求单靠自己微薄的工资很难实现。再加上做销售这一行，整天要陪着客户吃喝玩乐，维持关系，公司又没有费用支持，只能自掏腰包，可是自己如何掏得起啊？还有就是公司的财务管理非常混乱，比如入场费、上报费等这些公对公的费用，应该是公司开支票直接到客户公司，不能让销售员经手的。但是王老吉公司却是将费用直接打到销售员的卡里，让销售员去做这件本应由财务部门做的事情，这种管理的漏洞也直接地诱导我走上不归途。

六、挪用资金罪访谈调查

（一）罪名解释

挪用资金罪，是指公司、企业或者其他单位的工作人员，利用职务上的便利，挪用本单位资金归个人使用或者借贷给他人，数额较大、超过3

个月未还的，或者虽未超过 3 个月，但数额较大、进行营利活动的，或者进行非法活动的行为。

（二）挪用资金罪特点

1. 主体构成

挪用资金罪的主体是特殊主体，即公司、企业或者其他单位的工作人员。根据《刑法》第 185 条规定，商业银行、证券交易所、期货交易所、证券公司、期货经纪公司、保险公司或者其他金融机构的工作人员利用职务上的便利，挪用本单位或客户资金的，依照挪用资金罪处罚。

2. 犯罪形式

公司、企业或者其他单位的工作人员，利用职务上的便利，挪用本单位资金归个人使用或者借贷给他人，数额较大、超过 3 个月未还的，或者虽未超过 3 个月，但数额较大、进行营利活动的，或者进行非法活动的行为，构成挪用资金罪。所谓挪用，是指不经合法批准，擅自动用所主管、管理、经手的单位资金，并准备归还。[①] 挪用包括挪用单位资金归个人使用与借贷给他人两种情况。[②] 本罪在主观上为故意。

3. 立案标准

根据 2010 年 5 月 7 日发布的《最高人民检察院、公安部关于公安机关管辖的刑事案件立案追诉标准的规定（二）》，涉嫌下列情形之一的，应予立案追诉[③]：（1）挪用本单位资金数额在 1 万元至 3 万元以上，超过 3 个月未还的；（2）挪用本单位资金数额在 1 万元至 3 万元以上，进行营利活动的；（3）挪用本单位资金数额在 5000 元至 2 万元以上，进行非法活动的。

---

① 张明楷．刑法学：第二版［M］．北京：法律出版社，2003：787.

② 同上。

③ 最高人民检察院、公安部关于公安机关管辖的刑事案件立案追诉标准的规定（一）、（二）［M］．北京：中国法制出版社，2010：90.

具有下列情形之一的，属于“归个人使用”：第一，将本单位资金供本人、亲友或者其他自然人使用的；第二，以个人名义将本单位资金供其他单位使用的；第三，个人决定以单位名义将本单位资金供其他单位使用，谋取个人利益的。

4. 量刑标准

根据《刑法》第272条规定，公司、企业或者其他单位的工作人员，利用职务上的便利，挪用本单位资金归个人使用或者借贷给他人，数额较大、超过3个月未还的，或者虽未超过3个月，但数额较大、进行营利活动的，或者进行非法活动的，处3年以下有期徒刑或者拘役；挪用本单位资金数额巨大的，或者数额较大不退还的，处3年以上10年以下有期徒刑。

（三）访谈案例

1. 访谈案例2—26　蔡某因贪污、职务侵占、挪用公款、挪用奖金数罪并罚共判处有期徒刑20年[①]

时间：2010年7月20日上午9:30

地点：上海提篮桥监狱，七监

对象：蔡某，男，39岁

简介：蔡某因贪污、职务侵占、挪用公款、挪用奖金数罪并罚共判处有期徒刑20年。蔡某在访谈中较为坦率，调查所获得信息量较好。蔡某认为自己并不是为了钱而犯罪，其将犯罪的原因归结为自己的虚荣心强，凡事都想证明自己的能力；又无原则地太讲江湖义气，对于人情很看重；自己以往的经历是一帆风顺，没有经历过阴暗面教育，对于社会的复杂性认识不足。此外，原有公司给他的权利过大，没有监督，也使他容易犯罪。

① 此案例来源于笔者所做的一手访谈资料。

内容：

我出生于上海一户普通的工人家庭，父母都是工人，我还有一个妹妹，一家四口非常幸福。我从小读书很刻苦，1988 年考入上海立信会计学院，学习会计专业。1991 年，我进入上海浦江建设发展总公司工作，这是一家国企合资公司，我刚进去时做财会。对于这份工作我很满意，不仅是大公司，待遇较好（转正后我每月可拿到2000 元工资），并且在公司里发展空间较大。由于我工作努力，业务能力突出，并且人缘好，所以很受领导器重，两年后就被提拔为财务经理。专门负责与银行的业务往来，包括资金划拨、贷款报批等。1994 年，公司又成立了几个下属公司，我既担任其中一家公司的法人代表，又兼任公司中建筑设计院的出纳，还继续担任总公司的财务经理。虽然在工作上忙得不可开交，但我精神上很充实，知道这是老板信任我、锻炼我，因为老板已经多次在正式或非正式的场合把我向别人介绍“这是我的接班人”……

因为我与银行打交道多，所以一些银行的信贷员与我关系都非常好。1995 年，一家银行的信贷员向我求助，他说他的一个朋友开了家生产空调钢管的工厂，一时资金周转困难，请我帮个忙，按照银行的利息计算借给他 30 万元，半年后归还。当时，我很信任这个信贷员，既然是他的朋友有困难，找到了我，我应该帮这个忙，于是我第二天就将钱借给了他。

然而，半年后这笔钱并没有还上，我去了这家工厂找老板要钱，这个小老板就向我诉苦，“帮个忙吧，现在正是我们生产的旺季，我需要大量的钱买原材料，否则生产就停产了，我带你参观下我们的工厂……还请你高抬贵手，再宽限我几个月，或者这样，你再借我一些钱，使我生产、销售资金充足些，我就能够更快地还你钱了，我给你 5% 工厂的股份感谢你，你看我的注册资金也有 200 多万元，我还有这个实体的工厂，你还有什么不放心的呢？”我一听有道理，关键是我这个人心肠太软，不忍心当时要钱，使这个小工厂关门停产。于是我就又借了 50 万元钱给他。这笔钱是我从公司在银行的短期证券账户里拿出来的。

半年又过去了，那家工厂还是无法还钱，因为他们经营管理不善，生产出的钢管废品太多，很难卖出去。即使有些卖出去了，资金也很难回收。就这样，一次次地当工厂无钱进材料，要关门了，小老板就找我借钱，而我每次都会心软妥协，不愿意见死不救。我陆陆续续已借给他 200 多万元，再加上利息，已达 300 万元……到了 1997 年 10 月，那一个月我公司里事情特别多，我每天都累得筋疲力尽。有一天，老板突然对我说，让我把在银行开的那个短期证券账户注销掉，将钱取出来，公司准备了一个新的投资途径。我听到这个消息，顿时感到大脑一片空白，神经彻底崩溃了。“怎么办，那个账户里的钱已经全部被我借出去了，怎么办?”其实，我当时真的是状态不好，头脑发热，根本不愿意静下来找找解决的办法（仔细想想，办法还是有的)，当时只觉得自己很对不起老板，他那样器重我、信任我，将公司印章、支票全部都交给我，我却做了这样的事，当时我就想逃避，不敢面对老板，觉得辜负了他，就想到一个字“跑”。但我知道，一旦跑了，早晚会被抓。以前工作忙，没有时间出去旅游，不如趁这次被抓之前，先去游览一下大好河山。于是，我就带了自己银行账户里的六万元钱，开始一个人“旅游”，我来到了长江三峡，之后又去了重庆、成都……在旅游的过程中，我认识了一个女朋友，她是重庆人，也出来旅游，后来我带的钱也快花光了，就跟着那个女朋友去了重庆。

来到重庆后，我得先找份工作，于是我去一家房地产公司应聘了销售员（我的应聘资料及姓名、身份信息都用的是真实的)，有三个月的试用期。由于我原来的公司下面有个分公司就是做高端房地产的，所以我对这一块的业务非常有经验。不到三个月，我因业绩突出，就提前转正了。在一次和总经理聊天时，我提到了现在公司规章制度有冲突、混乱的地方，而且人员流动特别大等问题及解决措施，这让总经理眼睛一亮，他立刻将我由销售员提拔为总经理秘书，第一件事就是重新做一下公司规章制度的汇编、整理和调整，并为新员工培训，我做得很认真，收到了较好的效果，总经理对我非常满意。一年后又一次偶然的机会，公司想争取一笔银行贷款，但没有人会做项目书，于是我就做了一份，拿到银行后，评价很高，贷款很顺利。这时公司老板也越来越赏识我了，又将我从总经理秘书提拔为总裁助理，主要还是负责银行业务……这是我最不愿意做的工作，但我又没有理由说出来……

在重庆生活了三年多，我也由最初的害怕，每晚被吓醒，变得慢慢地放松了下来。这三年多里，我都是用真实的身份、信息做事，好像也平安无事。

2001 年 8 月 8 日晚上 6 点，我公司的一家高级会所将要开业，公司准备搞个大型的庆典。8 月 7 日我去给各个银行送请帖，其中一家银行信贷科科长约我晚上一起去玩，其实就是想让我为他们买单，我就答应了。那天我们吃完饭后，去唱了 KTV，然后他们又去宾馆打牌，打到半夜就不打算回去了，还需要再开个房间。我不愿意打牌，就对他们说："你们好好玩，我去再开个房间，明天你们直接走，中午我会来付钱的。"我从宾馆房间下来宾馆大厅，走向服务台的一刹那，曾想过去拿他们的身份证开房间，不要用我的，但又转念一想，我在这里已经生活三年多了，也平安无事，应该不会有问题吧。就用我的身份证给他们开了房间。但是那家宾馆是新开的，要求还比较严格，会将每位客人的身份证信息与通缉协查单上的信息做对照，自然也就发现了我。

8 月 8 日下午 4 : 00 会所开业的冷餐会开始，而 6 : 00 庆典才正式开始，这中间有一段休息时间，于是我就去了宾馆付房费，结果当场被抓，我被抓的消息令那天参加庆典的所有人都很震惊……刚被抓时，我很平静，我知道这一天早晚都会来的，甚至有一种解脱的感觉，内心深处的巨大压力一下子没有了。

我的犯罪给我父母、我以前公司的老板打击都很大。我父母以前性格开朗，看起来很年轻，我一直是他们的骄傲。自从我出事后，我父母一下子苍老了很多，才60几岁的人看起来足足有70几岁，他们与亲戚朋友都不再来往了，这是我最难受的事情。我以前的老板对我很器重，一手把我提拔起来，一直把我当接班人来培养，而我却辜负了他，使他抬不起头来。

我出事并不是为了钱，若是为了钱，以前经我手办得几千万、上亿元的资产，我都有机会去贪，但我从来都没有那样做过。我不但没有去捞钱，反而自身还赔上了很多钱，比如我原来托香港的公司为我注册了个B账户，将父母的钱、亲戚的钱共50几万放在里面炒，后来我犯罪事发后，检察机关也将这个账户的钱作为赃款给了公司。那些我亲戚的钱都是靠我父母后来到处去借还上的。我犯罪的主要原因在于自身的性格。我虚荣心强，凡事都想证明自己的能力，想让别人觉得我了不起。还有就是自己很看重人情，太讲江湖义气，对于朋友托的事，我会一帮到底。再加上自己年纪轻，之前是一帆风顺，没有吃过什么亏，没有受到过社会阴暗面的教训，对社会的复杂程度认识不够。此外，原有公司给我的权利过大，没有监督，比如公司印章、支票都在我那里，这也使我犯罪变得非常容易。一切都过去了，我现在只想好好改造，希望出去以后能够有机会孝敬父母，过上一种平淡的生活……

2. 访谈案例2—27　销售员挪用资金案①

时间：2010年7月14日下午3:00

地点：上海提篮桥监狱，二监

对象：孙某，男，40岁

简介：孙某因挪用资金罪被判处有期徒刑5年。孙某在访谈中对自己的犯罪过程一直回避不肯多谈，所获得信息量较小。孙某将其犯罪原因归结为自己主观上的不以为然及受社会的“亚文化”（潜规则）的影响。

① 此案例来源于笔者所做的一手访谈资料。

内容：

我出生于上海松江的一户普通农民家庭，父母都是农民，我们弟兄共三个，加上爷爷共六口人一起生活。我读书成绩一般，1990年考入崇明财经学校，攻读财会专业。1992年，我进入上海金祥针织制衣有限公司，做会计。我一直不喜欢会计这个工作，更喜欢做老师或销售之类的工作。但当时找份工作不太容易，就先干着了。1996年，我跳到广州立白股份有限公司，任济南区域经理，由于销售是我喜欢的工作，我没日没夜地学习、琢磨、努力着，这一段时间我的业绩很不错，但是总觉得回到上海工作比较好，所以在2002年，我又跳到了上海市连成有限公司，任上海区域经理，仍然负责销售。这是一家做大型设备的公司，所以每一笔订单数额都比较大，当然，订单很难签到，需要很多关系，也需要很多前期投入（比如与对方负责人沟通，送礼包，请他们吃喝玩乐等）。而我们销售成功后的奖励一般是以年度为单位发放的，所以非常滞后，而前期投入（找关系）的费用，公司是不管的，都是业务员自己掏腰包垫付。所以业务员普遍感觉到公司资金投入不足，甚至说公司比较小气。

2004年，我想努力接笔大订单，因为当时已经听说了古象油漆厂将由虹桥机场附近搬迁至奉贤（因为虹桥机场扩建），它们已在那里买了135亩土地。我断定，它们搬迁至新厂区后，会进很多设备。为了抓住这个机会，我很早就开始活动并投入部分经费来与对方沟通，但是对方总是不能确定下来，一直拖着，那么我投入的经费也越来越多。后来我想，反正这是公司的业务，我自己不可能贴上很多钱的，应该由公司来出这笔投入的经费，于是我就把业务员交给我的货款（本应上交财务的）截留下来20多万元，用于我的业务活动经费（当然，这其中我自己也有私心，也想顺便捞几个钱）。后来财务对账时，发现了这个问题，公司就对我做了一定的了解，但也没有深究，大概他们也希望我能够做成这一大笔订单，然后再把这笔钱还上吧。但是那家古象公司一直在拖，既不说可以也不说不可以，2005年整整一年的时间，我都耗在这个事情上，后来我实在等不了了，就放弃了。2006年，因为个人其他的一些事情，我辞职了。那么这件事我认为也会不了了之的，但是没有想到，到了2008年，公司换届后，新上任的领导马上对这件事进行追究，后来他们也联系不上我，就索性报了警……

我认为自己犯罪的主要原因是受社会大环境或者是一种亚文化、潜规则的影响，做我们销售这一行的，都知道前期投入大，与客户维持关系开销也很大，所以认为在工作中挪用公司的一部分钱来开展业务活动，等业务做成后，再还给公司，或者不还了，公司从自己的奖金中扣除掉这一部分钱都是正常的，我原来也是这样认为的。另外，我自己本身也有贪欲，比如我也想从这笔业务活动费中顺便捞几个，顺便进行吃喝玩乐，等等。此外，就是我们公司监督管理上有很大的漏洞，比如公司按照客户的要求发货后，业务员进行收款时，按规则讲应该是客户开出支票直接到公司的，我们业务员根本不能接触到钱，但实际上，我公司业务员在收款时，既可以让客户开支票，又可以让客户付现金，业务员收回现金后，先交到我手上，再由我负责交给财务，这也诱发了我想趁机捞几个或者是先“借”用一下公司的钱的想法……

现在回过头来，想想自己的犯罪行为，觉得当时真的没有必要冒这样的风险，犯罪的成本太大了，我本来是家里的骄傲，特别是我父亲，对我期望很大，我出事后对他打击太大，一下子病倒了，到现在身体都很差。我老婆也与我离婚了。这件事给我的最大教训就是“想成功，需要方法或手段，但一定没有捷径可走。自己一定要明白什么事对自己最有价值，我现在觉得并不是名和利，那些都是身外之物……”等我出狱后，很想做一些对自己来说有价值的事，比如做一名历史老师……

3. 访谈案例2—28　朋友义气，使张某犯了挪用资金罪①

时间：2010 年 7 月 14 日上午 9 : 30

地点：上海提篮桥监狱，二监

对象：张某，男，40 岁

简介：张某因挪用资金罪被判处有期徒刑 7 年。张某在访谈中较为坦率，将自己犯罪原因归结为朋友义气和自己爱贪小便宜。

内容：

我出生于一个普通家庭，一家四口人，父母、哥哥和我，父亲是一个小企业的负责人，母亲是一名教师，家庭虽不算富裕，但日子过得很和美。我从小到大学习成绩一直很好，也很受父母的器重，1988 年，我顺利考入了大连海事大学，学习航海专业。成为一名船员是我从小的梦想，到 1993 年我的梦想实现——成了一名船员。当时船员工资很高，年薪有七万元，所以对于我的第一份工作，我很满意。当时还幻想着自己以后能当上一名威风的船长，所以工作特别认真、踏实。但我当了 10 年的船员后，到了该成家的年龄，结婚后，我对家很牵挂，特别是有了孩子以后，我很想结束那种漂泊的生活。于是，在 2003 年，我辞去了船员工作。后经人介绍，于当年去了上海远大船务公司，这是一家海上物流公司，我主要负责远洋航线的揽活业务，公司老板对我很器重，给我很多机会、很多平台，不断地培养我、锻炼我，不久，我就升为公司业务部的经理。而且我还在上海买了房子，将全家接过来，我的工作和生活都步入了平衡发展的时期。

成为经理后，我的权利大了，比如对于部门资金的运用、调度的事情基本上是由我说了算。而我们做业务的，主要是多交朋友，揽生意。所以我的朋友很多，基本上都是在业务中建立的关系。朋友之间相互帮助更是

① 此案例来源于笔者所做的一手访谈资料。

自然的事情，比如朋友手头紧了，和我公司借点钱（我部门资金充裕），我借给他30万元，他在3个月内（公司规定，出借的资金必须在3个月内归还）还我，这对公司没有什么影响，他还会给我3万元的“喝茶费”，我何乐而不为呢？所以他们找我借钱，只要我有能力，基本上是有求必应，双方也没有签过什么书面协议，只是口头上要求3个月要归还。

2005年，一个朋友同样向我借钱，他的信誉以前就不错，所以这次我也是毫不犹豫地就借给了他50万元。但是3个月到期了，他却没有还上，因为他借钱炒期货全赔光了，而且也没有什么可以抵押的，我拿他没有办法。就把这一事情上报给了公司，公司研究后决定由我继续向他追讨这笔钱，追讨不到，就由我来赔偿。我反反复复追讨了近一年，也没有什么结果，因为公司也在不停地催我，我就把自己积累的10万元钱先拿出来，还了公司一部分钱，其余的想等着慢慢筹钱来还。2007年初，公司总经理换届，新上任的总经理一开始就对我这件事揪着不放，我们双方谈判，他要求我把剩余的钱，连本带息共80万元1个月内还上，否则就要让我卖房子或吃官司；我觉得他欺人太甚，明明只有40万，怎么一下子就变成了80万，而且还要求1个月内还上，这是没有道理的。我们双方谈判破裂，我正想换一家公司，想一走了之，但他却把我告上了法庭……

被判刑后，我是后悔莫及啊，正是我的“朋友义气”和贪小便宜害了我。我以前很顺利，所以对问题考虑不足，从来没有担心过朋友借钱后还不起该怎么办，也从来没有让朋友签个书面的借钱协议和还钱承诺协议，总是把那些朋友想象得很好。现在我的义气和无知让我付出了沉重的代价。这次出事也让我成熟了更多，让我学到了更多，出狱后我要好好地、正常地、成熟地去面对将来的生活。

第三章

失地农民市民化问题访谈调查

CHAPTER 3

SHANGHAI · UNIVERSITY · OF · POLITICAL · SCIENCE · AND · LAW

第一节 失地农民市民化问题访谈调查背景

按照世界上每万城镇人口平均需要不少于1平方千米①土地的基本要求以及我国城市化水平每提高1%将增加1270万城市人口的实际，我国城市化水平每提高1%则需要占用耕地约12.7万公顷。② 从经验数据来看，一般每征用0.067公顷（1亩）耕地，就产生1.5个失地农民。据学者推算，目前，我国失地农民人数已超过6000万人。③ 同时，按照我国现有的城市化水平和经济发展速度，今后每年仍需征用农地16.7万—20万公顷，预计每年将新增失地农民375万—450万人，至2020年失地农民总数就将超过1亿人。

在目前的失地农民中，60%的农民生活处于十分困难的境地，④ 有稳定经济收入、没有因失地影响基本生活的只占30%，⑤ 且有81%的失地农民对未来生活担忧，其中担忧养老占72.8%、担忧经济来源的占63%、担忧医疗的占52.6%。⑥ 2008年12月，中国社会科学院发布的《2009年中国社会蓝皮书》预测，农民失地引发社会矛盾在困扰中国的六大问题中居首位。2008年300多起农村群体性突发事件，有87起是因农民失地引发的冲突。调查表明，农民维权重心已从税费负担转到土地纠纷引发农民失地又失业的问题上。据原国土资源部的一份资料显示，2008年上半

① 1平方千米=100公顷，1公顷=15亩。

② 劳动部农民工和被征地农民社会保障综合调研组．被征地农民社会保障综合调研报告［M］．北京：劳动和社会保障部农村社会保险司编印资料，2006.

③ 杨涛，施国庆．我国失地农民问题研究综述［J］．南京社会科学，2006（7）.

④ 中国失地农民4000万，有60%生活困难［N/OL］［2019-06-10］．新京报，2011-03-10，转引自腾讯评论，http：//view. news. qq. com/a/20121128/000010. htm.

⑤ 中国4000万失地农民流荡城市［N］．青年参考，2004-04-14.

⑥ 中国失地农民4000万，有60%生活困难［N/OL］［2019-06-10］．新京报，2011-03-10，转引自腾讯评论，http：//view. news. qq. com/a/20121128/000010. htm.

年群众反映征地纠纷、违法占地问题，占信访接待部门受理总量的73%，其中40%的上访人诉说的是征地纠纷问题，这里面又有87%的上访者反映的是征地补偿安置问题。① 于建嵘教授在《土地问题已成为农民维权抗争的焦点——关于当前我国农村社会形势的一项专题研究》报告中指出："中央某媒体近2万封群众来信，涉及农村土地争议的占30.8%；在有关土地争议的上访信中，涉及征地问题的占60.1%；在对720名进京上访农民进行的专项问卷调查中，上访原因涉及土地问题的占有效问卷的73.2%；在课题组收到的172封农民控告信件中，涉及土地问题的占63.4%；课题组收集的130起农村群体性突发事件中，有87起是因土地而发生的冲突，占总数的66.9%。"② 而时任中央财经领导小组办公室副主任、中央农村工作领导小组办公室主任陈锡文也曾在答记者问时提到，当前80%的上访都是由于土地的问题而引发的，在有些地方因为农民失去土地而导致上访的数量逐年增加，而且重复上访率非常高。③ 从地区分布看，失地农民问题已从东部沿海发达地区扩散到中部、西部地区，近年来上海的耕地面积已从1989年的36.01万公顷减少到2011年的19.96万公顷，共减少了16.05万公顷240.75万亩土地；④ 中部河南省近几年的城市化增速高达1.8个百分点，每年有近200万人由农民转为市民，失地农民数量增长迅速。⑤ 西部广西壮族自治区每年也有150万人由农民转为市民。⑥

---

① 苏东海．西部民族地区城市化进程中失地农民问题研究［M］．北京：人民出版社，2012：103.

② 于建嵘．土地问题已成为农民维权抗争的焦点［J］．调研世界，2005（3）.

③ 土地征占引发农民上访比重高，中央提3方面措施［OL］［2019－06－10］．2007－01－30，http：//www.sina.com.cn.

④ 上海统计年鉴2012年［OL］［2019－06－10］．http：//www.stats－sh.gov.cn/tjnj/tjnj2012.htm.

⑤ 根据河南统计年鉴2012年整理，http：//www.ha.stats.gov.cn/hntj/lib/tjnj/2012/indexch.htm，年鉴显示，2010年河南城市居民数量4052万人，河南农村居民数量6385万人；2011年河南城市居民数量4255万人，农村居民数量6234万人；2010年河南城市化率38.8%，2011年河南城市化率40.6%。

⑥ 根据广西统计年鉴2012年整理，http：//www.gxtj.gov.cn/tjsj/tjnj/2012/indexch.htm，年鉴显示，2010年广西城市居民数量838万人，农村居民数量4229万人；2011年广西城市居民数量1000万人，农村居民数量4123万人。

总体而言，这一庞大的社会群体持有城市的“绿卡”，但却缺乏城市的社会和生活基础，缺乏在城市的谋生手段，缺乏城市的认可度，甚至在相当长一段时间不能适应城市的生活习惯，还不是真正意义上的“市民”。同时，他们又失去了土地，农民身份已不复存在，低廉的生活成本已一去不返。失地农民失了业，失去了生活来源，尽管“农转非”之初，有一定数额的安置补助费，但那只是杯水车薪，用一分少一分；更严重的是心理、心态的失衡，找不到生活的支撑点，① 由此沦为一种“非农非城”的“边缘人”。正如陈锡文所言：“农民失去了土地以后，他当不成农民了，而领到的那点补偿金，也当不成市民，既不是农民，又不是市民，只能是社区游民、社会流民。”② 失地农民进一步边缘化极易加速聚集公共风险，诱发和放大社会危机，失地农民问题现在既是社会问题，也是经济问题，更是制度问题。失地农民问题是事关社会稳定及政治、社会、经济协调发展的大问题。③ 正如沈关宝教授在一次学术年会上讲到的：失地农民问题就像是生发于现代化、城市化肌体上的一颗肿瘤，若不加重视，不加治疗，它可能会恶化。④

社会学家英克尔斯曾经指出，现代化的最终归宿在于实现人的现代化。人的现代化是伴随着高度的城市化、“农民的终结”和市民社会的形成而不断实现的，而市民化又是人的现代化的最终目的。

第二节　失地农民市民化的概念

卢梭在《社会契约论》中对市民的定义为：市民就是自主活动的个

① 雷寰．北京市郊区城市化进程中失地农民利益问题研究［D］．中国农业大学博士学位论文，2005.

② 陈锡文．试析新阶段的农业、农村和农民问题［J］．宏观经济研究，2001（11）．

③ 柏骏．失地农民问题：成因、风险、政策、含义［M］．南京：南京大学出版社，2012：2.

④ 沈关宝．城市化进程中的失地农民问题．上海市社会科学界联合会2005年学术年会发言．

人，即以自己个人的意志，能动地参加政治的人。① 而市民一词的来源可追溯到古希腊和古罗马。在中世纪以前，市民概念作为一种社会身份具有特权意识色彩。当时拥有了市民身份就等于拥有了一种与众不同的特权。如希腊城邦雅典就强调仅城邦人口中的部分人享有市民权，妇女完全被排除在外。② 所谓的“市民权”主要是指与城市生活相关的种种权利，如居留权、选举权、受教育权、社会福利保障权。③ 因此，受以上概念的启发，本书认为，市民化的过程就是转为市民身份、获取完整市民权利、发展城市生活的各种能力、培育市民价值观念的过程。

国内已有不少学者对“农民市民化”给出了自己的定义。俞忠英认为，农民市民化就是城市化。④ 葛正鹏认为，农民市民化就是让农民转化为市民的一个过程，最明显的标志是获得所在地的城市户口及相应的社会权利。⑤ 陈映芳认为，农民市民化分为狭义与广义两种。狭义是指农民、外来移民等获得作为城市居民的身份和权利的过程，广义还应包含市民意识的普及以及居民成为城市权利主体的过程。⑥ 郑杭生认为，农民的市民“化”有两项基本的内容：第一，农民群体实现从农民角色集向市民角色集的全面转型；第二，在实现角色转型的同时，通过外部“赋能”与自身增能，适应城市，成为合格的新市民。而从具体的个人层面来看，在这个过程中，农民将实现自身在生活方式、思维方式、生存方式和身份认同等方面的现代性转变。⑦ 文军认为，农民市民化是一项复杂的社会系统工程，它既不仅是农民社会身份和职业的一种转变（非农化），也不仅是农

---

① 李萍．论“公民”概念的本质及其历史［J］．吉首大学学报：社会科学版，2002（3）．

② 郑杭生．农民市民化：当代中国社会学的重要研究主题［J］．甘肃社会科学，2005（4）．

③ 陈映芳．征地农民的市民化：上海市的调查［J］．华东师范大学学报：哲学社会科学版，2003（3）．

④ 俞忠英．用农民市民化扩张内需［J］．探索与争鸣，2009（11）．

⑤ 葛正鹏．“市民”概念的重构与我国农民市民化道路研究［J］．农业经济问题，2006（9）．

⑥ 陈映芳．征地农民的市民化：上海市的调查［J］．华东师范大学学报：哲学社会科学版，2003（3）．

⑦ 郑杭生．农民市民化：当代中国社会学的重要研究主题［J］．甘肃社会科学，2005（4）．

民居住空间的地域转移（城市化），而是一系列角色意识、思想观念、社会权利、行为模式和生产生活方式的变迁，是农民角色群体向市民角色群体的整体转型过程（市民化），更是新市民群体的角色再造过程。[①]

借鉴以上学者的定义，本书认为失地农民市民化就是在城市化进程中，农民因土地征用等外力作用被动失去土地，面临着户籍身份、职业方式和心理认同的全面转换、争取市民权利及保障福利的充分获得以及在生产方式、生活方式及思想观念的全面适应和转型过程。

第三节　失地农民市民化问题调查点总体说明

本研究通过对上海、河南、广西三地失地农民情况的调查，反映出三地的征地情况、补偿情况、失地农民就业情况、失地农民保障情况、失地农民市民化融入情况。这些调查内容共同建构，从而反映出了三地不同的失地农民市民化进程。而这三地无论从经济发展水平上还是从城市化进程上都呈现出一种梯度性：东部上海经济处于全国前列，城市化进程在全国开始较早，1990—2006 年达到高峰，现在城市化水平已达到 88.7%，[②] 农民的市民化转型在经济资源方面已经基本完成，失地农民转为市民后，目前已经在就业、社会保障、城市融入方面与城市市民毫无差别，但在文化资源、市民意识等方面，仍有较长的路要走；中部河南的经济水平在全国处于中下地位，近十多年来，城市化速度加快，全省每年都会产生 20 多万的失地农民，失地农民转为城市市民后，在就业、社会保障、城市生活质量等经济资源的获得上与原有市民仍有较大差距；广西的经济水平在全

① 文军．农民的“终结”与新市民群体的角色“再造”［J］．上海市社会科学界第五届学术年会文集（2007 年度）政治·法律·社会学科卷，2007：263.

② 牛文元．2012 中国新型城市化报告［M］．北京：科学出版社，2012：135.

国处于较落的位置，其城市化进程更是刚开始，在征地调查中发现，失地农民多数为部分土地被征用，户籍仍为农民，失地农民尚未迈入市民的门槛。故本调查选择对上海、河南、广西三省的失地农民市民化状况做一个清晰地比较和分析，以便更加全面地了解城市化进程中我国失地农民市民化问题。

一、选点介绍

上海作为全国的经济龙头，经济发展水平领先于全国其他省市，随着城市规模的不断扩大，大量的农村土地变成了城市建设用地，失地农民数量较多、类型多样。与内陆省份相比，其公正程度走在全国的前列，在公平和效率之间已经找到了一个相对的平衡点，加上对失地农民的补偿、保障等做得比较完备，上海的失地农民市民化过程比较顺利。但笔者在调研中却发现，尽管上海失地农民的满意度较高，但在从“农民”走向“市民”的过程中，还存在这样那样的不适应，在市民化社会融入方面仍然存在诸多的制约因素，还需要多方面的帮助，才能真正转为“市民”。同时，上海的城市化进程走在全国的前列，上海对于失地农民市民化的经验和不足，可以作为其他省市特别是中西部地区在未来的城市化过程中加以参考，故上海的选点具有一定的典型性。

河南在中国是典型的人多地少的农业省，全省工业底子薄弱，几乎没有大的支柱性工业。全省土地总面积 16.7 万平方千米，其中耕地面积占 48.8%，加上人口众多（2010 年河南省成为全国首个人口过亿省份[①]），人均耕地仅 1.29 亩。在国家向工业化、城市化迈进的前提下，河南处于劣势。河南的城市化水平平均为 40.6%，最低的地市只有 11.4%，这与全国的城市化水平 52.57% 相差甚远。但近年来，河南省的城市化增速年

① 邓永胜．河南省本月内将成为全国首个人口过亿省份［OL］．中国新闻网，［2011－01－01］，http：//www.chinanews.com/gn/2010/07－12/2394955.shtml.

均高达1.8个百分点，每年有近200万人由农民转为市民，失地农民数量增长迅速。[①] 同时，据新华网报道，河南省清查出拖欠农民征地补偿费达10.55亿元，至今尚欠3.3亿元。可见，河南省的失地农民问题严重，失地农民的市民化过程更是长期的过程。笔者将其作为中部落后地区的一个典型。河南是笔者的故乡，笔者有大量的亲朋好友都居住在河南，其中就包括一些失地农民，这也为本次课题的调查带来了便利性。

本研究中河南调查点选在河南省H县，全县面积1000余平方千米，人口90多万，而常住人口仅10万余，大部分人外出务工。在全国排位十五个标准中属于第十四类县，在全省排位的四个标准中属于第四类县，也就是说属于贫困县。全县企业很少，规模也不大。征地之前，所有村民除了外出务工人员，绝大部分都以农业为生，从事非农业工作的机会很少；同时，村民更倾向于从事农业，认为这是长久生存之道，全家的收入来源主要是农业。

广西作为中国西部省域，在政策上享有国家“西部大开发”的政策倾斜，但经济发展水平仍与东部的上海和中部的河南仍有一定差距。广西土地面积共2367万公顷[②]，耕地总面积为261.42万公顷[③]，占广西土地总面积的11.04%[④]，现有耕地面积居全国第18位。2011年第六次全国人口普查的结果显示，广西人口为5159.46万[⑤]，人均占有土地面积0.50公

---

① 根据河南统计年鉴2012年整理，http://www.ha.stats.gov.cn/hntj/lib/tjnj/2012/indexch.htm，年鉴显示，2010年河南城市居民数量4052万人，河南农村居民数量6385万人；2011年河南城市居民数量4255万人，农村居民数量6234万人；2010年河南城市化率38.8%，2011年河南城市化率40.6%。

② 广西土地资源概况［OL］［2019-06-10］. 广西壮族自治区人民政府门户网站，www.gxzf.gov.cn.

③ 广西土地资源概况［OL］［2019-06-10］. 广西农业信息网，http://www.gxny.gov.cn/web/2008-11/228935.htm.

④ 同上。

⑤ 唐正芳. 自治区统计局发布2010年第六次全国人口普查主要数据，广西总人口5159.46万人［N/OL］［2019-06-10］. 南国早报，http://ngzb.gxnews.com.cn/html/2011-07/01/content_559606.htm.

顷，低于全国人均占有土地0.74公顷的水平，人均耕地面积居全国第22位，人多地少，是广西土地资源的显著特点。广西的城市化水平远低于全国平均水平，在西部地区处于中下水平，有些地区的城市化水平仅达5.13%，桂林市也仅达到24.13%①，并且滞后于工业化和非农化水平。但近几年，广西的城市化水平正以年均1.2个百分点左右的速度增长②，广西的城市化运动刚开启，正方兴未艾，失地农民数量较多且较有代表性。故选择广西的桂林市作为本研究西部城市的代表。

本调查中桂林市GX区从2006年起开始了轰轰烈烈的征地。本次调查所涉及的五个村庄征地，无一例外都与大学城中各大高校征地相关。

大学城的征地共分两期，2006—2008年为第一期征地，第一期征地相对比较规范，各村村民普遍反映召开了村民代表会议，公布征地方案及补偿价格，当时是按旱地1.3万元/亩，果园3.6万元/亩，养鸡场、养猪场等按170元/平方米来补偿。虽然补偿的钱比较少，但是由于做到了相对公开，所以老百姓的意见不是很大，普遍能够接受。总体上来说没有什么意见。

从2009年开始第二期征地，旱地按4.28万元/亩、果园按5.7万元/亩、水田按4.9万元/亩进行补偿，这是第二期征地的补偿价格。但是在征养殖户的养殖棚时，工作组没有公示征地面积和补偿价格，只是跟养殖户说，先配合征地的养殖户可以得到双倍的补偿金，但具体是多少钱，却没有公示。养殖户们最后发现仅按100元/平方米进行补偿，多数养殖户无法接受此价格，征地矛盾由此产生，养殖户拒绝搬迁，地方政府进行强行征地，养殖户维权无门，选择上访，地方政府将上访者拘留扣压，继而又带来更多人、更大规模的上访，征地双方矛盾恶化。直至目前，很多矛盾尚未解决。

---

① 2008年广西各县（市）人口城市化水平［OL］［2019-06-10］. 百度文库，http://wenku.baidu.com/view/f7494ddd6f1aff00bed51e64.html.

② 曾艳华，刘光柱，黄映昕. 广西城市化水平与速度数量分析及预测［J］. 广西社会科学，2012（5）.

二、调查方法

本研究主要采取了问卷调查法和深度访谈法。访谈调查共访谈对象61人，其中上海35人（29名失地农民、3名居委会成员、3名城市市民），河南14人（10名失地农民、1名村委会成员、1名基层政府代表、1名开发商代表、1名城市市民），广西12人（9名失地农民、1名居委会成员、2名城市市民）。

第四节　失地农民市民化问题访谈调查提纲

一、征地、拆迁及补偿情况

（1）村里哪一年开始征地？征了多少亩地，都是什么性质的土地（基本农田、荒地、果园、菜园、沙滩地等）？征地的用途是什么？村里有多少人家的地被征用了？

（2）你家有几口人？征地前你家有多少亩地？现在你家有多少亩地？你现在是什么性质的户口（农业户口、非农业户口）？哪年农转非的？你是什么时候知道要征用集体土地这件事的（政府决定征地之前还是已经开始征地的时候）？你是通过什么途径知道征地这件事的？从你们接到征地通知（不再耕种开始）到实际项目建设开发，中间隔了多长时间？

（3）在征地过程中，村委会是否就“征地方案”和“补偿安置方案”召开过全村村民大会或征求过村民的意见（征求过多少人的意见）？村民们是否主动去找村委会了解征地方案和补偿安置方案？村民们关于征地和补偿有什么具体的想法和意见？村民的想法和政府的征地方案和补偿安置方案不一致时，你们怎么办？

（4）在你们村，所征用的土地有哪几类？各类土地的补偿标准有什么差别（如农田、林地、菜地以及宅基地）？你家征用的是什么类型的地？每亩地补偿多少钱？这些补偿费是怎么计算的，包括哪几项？

（5）如果你家的宅基地也被征用了，你认为宅基地应该怎样补偿？地上的房屋应该怎样补偿？你觉得宅基地和房屋的补偿应该分开进行吗，为什么？村里对这些补偿有没有统一的标准？对你家房屋拆迁的价格是村里统一找人估价的还是以其他方式估价的？估价书上有明细吗？补偿费过了多长时间下发的？补偿费够你去重新购买住房或造房吗？从你家房子开始拆迁到你有自己的房子住这一段时间里，你是怎样解决住宿问题的？政府一直都给相应的过渡安置费吗？如果有的话，这个费用是什么标准？每个月每个人多少钱？都能够按时发放到手吗？

（6）根据上一个问题的回答情况，对下面问题有选择的进行发问。

如果拆迁后，对你家的安置是易地建房，那么旧房拆除后，村里以每平方米多少元的价格将新宅基地使用权转让给你？新宅基地面积多大？被拆掉的原有宅基地面积多大？如果拆迁后，对你家的安置是村里统一建公房（安置小区），那么所换公房有产权证吗？产权证需要另行购买吗？你家新换公房面积有多大？原来被拆迁的房屋面积有多大？在购置公房时，你们能够享受什么优惠价格和优惠政策？超出部分以什么价格购买？独生子女在购置公房上有什么优惠政策？出嫁的女儿、入赘的女婿如何分房？

（7）在征地中，村民和村民之间在征地补偿费分配上、在房屋补偿安置上有什么区别吗？为什么会有区别？发生过纠纷吗？村民和村干部在征地补偿分配上、在房屋补偿安置上有什么区别吗？发生过纠纷吗？

（8）你认为村干部在征地事件上是一切为村民着想，维护村民的利益，还是侵犯了村民的利益？村干部在征地中，是怎样做你们工作的？你了解村里的财务状况吗？你了解征地款的收支状况吗？你知道征地补偿费在乡镇政府、村集体和农民之间是怎样分配的吗？在征地过程中，除了村干部外，还有什么人和你们接触过（开发商、乡政府、镇政府等）？他们和你们打了哪些交道？

（9）你了解整个征地过程吗？对于国家的征地政策和补偿政策你清楚吗？你是通过什么途径了解部分或全部的？你对于目前村里的这种补偿方法和标准满意吗？如果不满意，你期望的补偿办法和补偿标准是什么？（从集体土地征用补偿、房屋拆迁补偿两方面引导对方回答。）

二、保障、就业情况

（1）征地前，你除了土地保障外，还享受过什么保障或参加过什么保险？征地后，你享受什么保障？

（2）征地后，你想过自己的养老靠什么解决吗？你有顾虑吗？如果有养老保障，不同年龄段的人，他们享受的养老待遇和标准有什么不同？

如果没有养老保障，你愿意自己出一部分钱去参加社会养老保险吗？

如果不愿意，为什么不愿意？

如果愿意，假如一份养老保险需每年交纳3000元，那么你愿意出多少比例的钱去购买这份养老保险？

（3）征地后，你看病有保障吗？你一般去什么地方看病（大医院还是私人小诊所）？为什么？

如果有医疗保障，门诊能够报销多少？大病能够报销多少？住院能够报销多少？急诊能够报销多少？什么能报，什么不能报？你哪些满意，哪些不满意？

如果没有医疗保障，你生病了会怎么办？你愿意自己出一部分钱去参加社会医疗保险吗？

如果不愿意，为什么不愿意？

如果愿意，例如一份医疗保险需每年交纳3000元，那么你愿意出多少比例的钱去购买这份医疗保险？

（4）征地后，如果你的家庭生活有困难，你可以向政府申请低保吗？享受低保要具备什么条件？低保费每人每月多少钱？能够享受多长时间？

（5）征地后，你们周围的人（失地农民）有人享受失业保险吗（有的话，是如何享受的？每月多少钱？享受多长时间？有什么标准？没有的话，为什么不能享受）？

征地后，若有人（失地农民）生育小孩，能够享受生育保险吗（有的话，是如何享受的）？

（6）征地前，你家的主要经济来源有哪些（你有工作吗？每年大概收入多少？开支多少）？

征地后，你家主要的经济来源是什么？现在每年大概年收入有多少？开支多少？

与征地前相比，征地后使你家年收入减少的项目有哪些？使你家年收入增加的项目有哪些？使你家年开支增加的项目有哪些？使你家年开支减少的项目有哪些？

你有工作吗？你有技能和手艺吗？若有工作，在工作中，和原市民（或正式工人）比，你在工资、福利、加班等方面受到过不公正的待遇吗？

政府对你的安置补助费是一次性下发的吗？如果是，发了多少？如果不是一次性下发的，那么每人每月多少钱，享受几年？

政府（村里）会帮你们介绍工作吗？一般都是什么工作？每月大概多少钱？政府（村里）在介绍工作过程中，你认为有哪些不够合理或不切实际的地方吗？

政府（村里）对你们组织过就业培训吗（有的话，有哪些培训）？你自己出钱参加过就业培训吗？参加过哪些培训？为什么不去参加就业培训？

（7）你对征地后，农民的保障问题、就业问题有什么看法和建议？

三、市民化情况

（1）你以前羡慕城里人吗？现在呢？为什么？

你现在没有了土地，应该不算是农民了，你认为你是真正的城里人吗？（若不认为，为什么？）

你怀念以前有地当农民的日子吗，为什么？

你是否习惯城市的生活？征地前后生活习惯上有什么不同？你是否有过因为生活习惯不同而与城市市民或者居委会或者物业等发生摩擦冲突？如果有，是如何解决的？

征地前后，在居住条件、居住方式上有什么不同？征地前，你家人均住房面积有多大？现在，你家人均住房面积有多大？现在的住房中，你最满意的地方是什么？你不满意的地方是什么？

你觉得现在小区环境、小区卫生、物业费用等情况怎么样？大家是怎样配合维护小区管理的？有了意见，去向谁反映？

你现在的生活（失去土地以后）与以前相比，有哪些改进的地方？有哪些不适应（或不习惯）的地方？你认为要怎样做，才能逐渐适应现在的生活？

你们村被征地以后，邻里之间的关系与征地以前相比，有什么变化？能举个例子吗？还会经常和老邻居来往吗？和现在的邻居熟悉吗？为什么会有这些变化？

征地以后，你家和亲戚之间的关系有变化吗？更亲密了还是疏远了？为什么会有这种变化？能举个例子吗？

征地以后，你与同学、同事的联系与以前相比，有什么变化？为什么？能举个例子吗？

你现在的生活与被征地前相比，在文化生活、休闲娱乐、幸福程度方面还有哪些变化？

你现在是怎么打发空闲时间的？以前是怎么样？你现在觉得比征地前幸福还是没有征地前幸福？为什么？

你经常和原来的市民（不是亲戚或同事）交往吗？有哪些交往？（或为什么不交往？）原市民对你友好吗？（若不友好，怎样不友好？）你对原市民的印象如何？你觉得他们又是怎么看你们的？你觉得你现在和他们一样吗？

（2）你有困难的时候，找谁帮忙，居委会、村委会、乡镇政府、法院还是自己的亲戚、朋友，为什么？能举个例子吗？

你认为居委会能满足你的一些要求吗？居委会经常有些活动吗？你认为居委会在对待失地农民和对待原市民时，有什么不同吗？

小区有居民自发的活动组织吗？你参加吗？小区中是否组织过大型的居民活动，你参加吗？为什么？

你认为居委会作用大吗？你会有事找居委会吗？你认为他们能够解决问题吗？能举个例子吗？居委会有专门针对失地农民的一些特别帮助活动吗？

你对小区中的公共事务和集体事务（如维修基金的使用、小区基础设施的建设）的态度如何？经常关心吗？有了建议或意见如何反映？

你参加过当地自发的民间组织、团体或集体活动吗？如迎世博志愿活动之类。为什么？你愿意参与社会或社区活动吗？

（3）你觉得城市消费方式和农村消费方式有什么不同？

你家每月开销状况怎样？每月中花钱最多的是什么？其次是什么？你会有些新潮的消费吗？如网络购物、信用卡消费等。为什么？

你认为在吃、穿、住、用、教育等方面，你们和城市人都一样吗？为什么？

（4）你习惯怎样称呼城市人和农村人？

城市人如何称呼你？你有怎样的感受？

你对于城市里的一些习惯或规则（如不能乱扔垃圾、不能随地吐痰、不能闯红灯）有什么看法？

你对于孩子的教育问题如何看待？你家人或周围的人会每天辅导孩子做功课吗？会给孩子上辅导班吗？会为了孩子的教育不太考虑成本吗？对于孩子的将来，你认为他们将来能挣钱就行，学历无所谓，还是一定要上大学甚至研究生或出国，要高学历才有用？

（5）你现在觉得比征地前幸福还是没有征地前幸福，为什么？

四、总的期望、建议

（1）你对自己和家庭的未来有什么忧虑吗？你有什么打算？

（2）你对于征地事件怎么看待？有什么期望和要求？

（3）如果让你自由选择被征地或不被征地，你会怎么做？为什么？

（4）有些地方的农民出去打工，把地全都撂荒了，甚至主动要求征地，认为可以减轻负担，你们这里有没有这种现象？你对这种现象，有什么看法？

第五节　对上海某地失地农民访谈调查

一、对失地农民进行市民化问题访谈调查

1. 访谈调查3—1

时间：2012 年 1 月 19 日下午 6:00

地点：王大爷家中

对象：王大爷，男，68 岁

简介：王大爷，中共党员，对于征地拆迁、农民转为市民等变化基本

能够适应，虽认为自己还比不上城市原市民，与城市原市民不一样，但其行为、思想已能够较好地适应城市生活，其代表了征地拆迁时已退休养老人群的主要看法。

内容：

（1）基本情况

我1963年当兵，1968年复员，复员后先在大队里做粮油干事，后来做了宣传干事。1970年，我当选为村支书。1973年，我到镇建筑队工作。1976年，我到了镇技术学校，在后勤人事部门干了23年，但我的户口当时一直没有转为城镇户口，所以我干了那么长时间也一直没有正式编制，到1999年我就退休了，因为没有正式编制，所以没有退休金，只有生活费，每个月250元。

我们大队原来共有2863亩地，而我们大队的人口只有2100人左右，所以我们村的土地还是很充足的。像我家原来四口人，我、老伴、一儿一女，原来有5亩7分6的土地。后来，大队里不断有外面来的种地大户到我们村承包土地，我考虑到我和老婆都在技校工作（当时她在技校烧饭），种地种不过来。我们当时都是晚上、早上种地，晚上干到月亮出来的时候，把沟搞好，早上再接着做，很苦的，所以后来我就向大队退了一些地，只要了3亩6分地。在征地补偿时，就是按照这3亩6分地来补偿的。我们一亩地补偿800元，共补偿了不到3000元钱。但听说嘉定那里，都是按照第一次分地时的土地数目来补偿的。

（2）征地、拆迁情况

我们这里是2003年开始征地的，半年后就进行了房屋拆迁，征地补偿费是一亩地补偿800元，帮你一次性交够15年的镇保，这个也基本上算没有什么补偿费吧。而房屋拆迁时老房子是按800元/平方米算，再加上装修费、树、水井之类的东西。房屋拆迁的钱是不发的，要折进新房子中去，新房子是按1400元/平方米算的。像我的老房子本来是2层2间，后面还有2间，共有148平方米，当时把装修、树、井等全部加起来共折价16万元。而我现在这个新房子共134平方米，要19万元多了，我当时自己贴了2万多元。当时贴的这个钱我实在是拿不出来啊，但后来我们拆迁后有3年的过渡安置费发了，过渡安置费是按8元/月/平方米算的，3年正好3万块，算把房子买下来了。但是当时我家已经一分钱都没有了，我家连“煤气费”都开不动了，全家人的生活都成问题，我就去找了当时的镇党委书记吴某某，我问他：“我家生活成问题，煤气费开不动了，你看怎么办?”他说：“老王，这种情况不是你一个人，如果是你一个人的话，就好办了，这是一大批人，解决不了，这样吧，我以个人的名义借给你4000块，让你把煤气费开了。明天我要出国考察了，明天你直接去找办公室主任，写个借条，我个人借给你4000块，好吧?”后来我想了想，还是没有去借他这个钱，因为借了4000块还是解决不了我生活的大问题。后来有人告诉我，去村里算一下账，就是总的拆迁该补多少，买新房要用多少，现在还缺多少，有了这个清单后，煤气公司就可以先给你开煤气了。后来，我就去村里算了一下账，煤气公司总算是先给我们开了煤气。

然而，我们搬到这里来之前，进行了装修，装修费5万块，这个是我儿子出的。为啥，你看我们的这个房子其实是不合标准的，我们这里的房子高度要比外面低，而房子里面地平又比外面低30厘米，所以一下雨，就会雨水倒灌。2005年夏天，台风很大，房子里面全是水，根本不能住。为什么会这样?听老百姓传言说，我们附近造高速公路，造房子的人就把我们房子地面的土掘走，去卖给了修高速公路的，我考虑有这种情况。我们外面的马路都搞了3次，开始时更高，在小区里就像在坑里，一下雨就了不得了。所以，没办法，基本上家家都是自己在房子里再垫高30多厘米。

我们房子的事情，村里的人还上访了两次，第一次大概在2005年年底，当时村民不满拆迁补偿费，还有房子都是自己垫高了，要求再补偿些钱，村里有30多个人自己掏钱找了辆大巴车去市里信访办上访，第一次市信访办接待了，说你们这个事情我们知道了，会通知区政府、镇政府来帮助你们解决。但根本没有解决。一年后，因为房子不能办理产权证，大家都很不放心，再加上第一次上访的事情又没有解决，于是进行了第二次上访。这次市里不接待了，说这是你们地方政府自己乱开发导致的，应该由地方政府自己解决这个事情。村民上访了两次也没有什么结果，后来大家又到镇里吵了几次，也是不了了之了。

（3）保障、就业、家庭开支情况

2003年，拆迁时，我是农保，每月350元。2005年，转为镇保，370元/月。现在，镇保、农保差得多了，镇保今年是960元/月，农保才470元/月，差了一半。其实，我是吃亏的，我的城市养老保险（城保）1994年就开始交了，一直到退休，但后来退休时，城保与镇保不能连接，我只能退了自己个人交的一部分，这个都有1400元，单位交的那部分就享受不到了。如果像现在镇保和城保能连起来，我的退休金要多一些，这些都是不合理的。我现在的退休金是镇保960元/月再加上我当兵时5年工龄，一共1100元/月。除了镇保外，我还买了人寿保险，买的不多，每月500多元，买了10年。

我俩（我和老伴）在征地拆迁时都享受了镇保，所以不存在安置工作问题，但是我不想闲着，我从技校退休后，经他人介绍，我在AX镇的钢材厂工作了3年，现在我又去了AX镇别墅小区里种树，一天40元，饭自己带，一个月1000多元，我今年就挣了一万多块。有人问我何必现在还这么辛苦，我说不去做事在家实在没事干，你看我又不喜欢搓麻将，我挣的钱都来之不易，若打麻将输了，我不开心的，我也不喜欢看电视，居委会里的电视室中，大家看电视时抽烟，我也不喜欢。

镇里是有一些免费培训的，比如教你如何养殖、种梨、养鱼，但这个需要自己申请，大队推荐，培训考试合格后，会发个证。

现在我家的经济来源主要是我打工收入和镇保（退休金），这些钱对我们平日生活是足够了，像我们一个月有2000多元收入，光吃肯定是吃不掉的，用于吃喝方面的花费，每个月也就600—700元。就是怕生病，我们的这个镇保，住院报销还可以，自己只出20%，直接出自己该出的一部分就好了。但是门诊15年一共报销4500元，我老婆的门诊钱已经花光了，我的还没怎么用。

对于有没有低保，我不清楚，但是如果家庭有困难或是生了大病，是有照顾的，每月大概500—600元吧，比如残疾人，每月给500—600元。

还有一项家庭支出太高了，那就是随礼钱。现在的行情，亲戚结婚都要1000元，你说厉害不厉害，我们一个月收入才2000多元。另外，我们生产队要是哪家死了人，我们都要随礼的，这个最起码要100元。现在开支还增加了电视费、电话费、水电煤费等，一个月也要100多元，光电话费月租就要25元/月，一般都会花费30多元。

现在有了镇保，我们这里的家庭关系也好了很多，老人们不需要孩子养了，要买什么东西，老人们也方便多了。像以前有的家庭老人生了病，叫儿子拿钱看病，这个儿媳妇眼一瞪，那个儿媳妇眼一瞪。现在老人潇洒地把镇保卡往桌上一放，说“去看病”。家庭关系特别是老人和儿女的关系都好了很多，矛盾少多了。甚至我们这里还有年轻人“啃老”，要依靠老人的，这在以前都是没有的事情。

（4）对于农民转为市民的看法

对于征地、拆迁，我大部分满意（只有一点不满意，就是我们的房子没有产权），其实我们上海大多数都不是靠土地生活的，我们在征地前都有工作或在做工，所以不像其他地方那样，地没有了很舍不得，我们没有太多这种感觉。在上海，只要你肯做，就可以去挣钱。像我们都快70岁了，还在挣钱呢，不过我们做的是苦力。

现在若让我回到农村去务农，我肯定不愿意了，身体也不行了，我们镇保总归要比农民好。对于农民转为市民，我还是相当满意的，感觉住在这样的城市小区里方便多了，比如去菜场买菜，现在骑自行车十几分钟就到了，以前在农村，家里来了客人去买个肉、买个佐料的，都要走6里路，很不方便。

现在，我没有什么不适应的，这个房子与农村老房子相比，肯定是好的，虽然有一点小，但是干净，水、电、煤都方便，比以前用沼气好用多了。并且我们这里每栋楼前都自己打了水井，我们洗刷、洗衣服用井水，吃的用自来水。自来水用多了要费钱的，像这个饮水机我们只是夏天用，冬天不用，冬天用太费钱、费电，冬天自己烧水喝。电用得也很省，我们一般晚上8:30—9:00就睡觉了，早上5点就起床了。

有空时我就和几个老邻居去逛逛街，看看新闻。我们邻里关系都很好，住在这里有归属感。我这里的邻居以前都是不认识的，是搬来后才认识的，我们平时都互相帮助，如下雨时会帮助邻居们收收衣服。

我要是生活中有问题、对小区有意见，就会向居委会反映，虽然我们的户口还在村里（因为村里还有些生产队没有拆，所以村委会还有），但我们也就是在每年一次选举时，回村里一下，其他的与村委会基本没有联系。我们有事都找居委会，我也经常参加小区里的活动，我们党员带头，比如值班、搞卫生，对于居委会的工作，我挺满意的。

我们现在对于小孩（孙子）的教育也非常重视，像寒假时，我孙子过来，我对他进行军事化管理，每天必须学习几个小时。我孙子上初三了，我不能辅导他了，只能在思想上对他教育。他以后读书能读到哪一步，我就供他读上去。

我家庭现在没有什么忧虑了，我儿子参加了镇保，我儿媳妇已经有社保了（她原来是个小服装厂的经理），我女儿在另一个村的村委会工作，我们的生活越来越好。

（5）对于征地、拆迁的看法

对于征地、拆迁、农民转变为市民这个事情，我认为这是不可避免的，土地不开发是不行的。我们国家提出了西部大开发，这是个大趋势。当然，有的地征了没有开发，荒在那里也是不好的。像我们这里的土地，原来都是耕地，有的房子拆了以后却没有开发，这个国家是不允许的。我认为国家的政策、方向是对的、好的，但落实时出了问题。我认为中央管乱开发这个事光派工作组是不够的，还需亲自到下面看看。

2. 访谈调查3—2

时间：2012 年 1 月 19 日下午 4：00

地点：乔某家中

对象：乔某，女，61 岁

简介：乔某，在 2003 年征地拆迁时 53 岁，有工作需求，但征地拆迁未能很好地满足其工作需求。其对于征地后的镇保比较满意，对于市民生活也比较适应，此次访谈获取信息量一般，其主要诉说了对于房子质量及房子无房产证的不满。

内容：

（1）基本情况

2003 年征地时，我 53 岁，正在工作。我家有两个女儿，都已经成家，现在都在 Y 厂（加工拉链的工厂）里做工。我高中毕业，先在生产队做了 8 年的会计。后来，我被安排到 BX 镇漂染厂，在仓库里做称原料的工作，做了 3 年，那个厂就倒闭了。漂染厂倒闭后，我又到闵行开发区的玩具厂做玩具，后来这个厂又倒闭了。我在家闲了段时间后就开始征地了。我老公当过 6 年兵，回来后，我们大队开始安排他到大队的棉纺厂工作，那个棉纺厂刚开业，没有钱，所以辛苦做一年，一分钱也没有，等到第二年才发了 70 元钱，当时我生了两个孩子，我们靠什么生活啊？于是，我老公就每天骑自行车去海湾那边的工厂去找活干。

（2）征地、拆迁情况

我家原来共有5亩地，2003年上半年征地后，下半年房子就拆迁了。征地补偿费用是800元/亩，一次性给了4000元，其他就什么都没有了。拆迁后我们没有地方住，就借住在我姐姐家，住了两年多，我也是要给我姐姐交房租的。当时，补给我们的安置过渡费总共9000多元。我们原来的老房子有179平方米，拆迁前我们的房子花了2万多元刚装修好，我们的拆迁补偿费是按800元/平方米补的，加上装修、后院的两间小屋、树、水井，全部都算进去，总共补偿20万元。新建的房子总共134平方米，是按1400元/平方米卖给我们的，光毛坯就花了18.7万元。再加上装修费用，又花了七八万块。房子的估价，是镇里派人来评估的，反正他们说多少就是多少。其实我们这样补偿是不合理的，人家有的地方，是按人口数补的，连小孩都算进去的，一个人按45平方米算，这样就比较合理了。

我们这里的房子质量很差。房子共分三期建造，房子建造过程中都没有打桩，你看两三年后，地基下沉了，房子都开裂了，到处都渗水，我们的厨房到现在还是这样，不管下大雨、下小雨，厨房里都会渗水，都要刮水。房子质量根本不合格，检查通不过，所以根本办不出房产证。第一期就是马路对面那边斜的房子，我们这里是第二期，小区那条河后面是第三期。第一期和第二期房屋质量都很差。第一期那边的房子全是斜的，太阳晒不到，到了下午1点太阳就没有了。我们第二期的每家每户1楼、2楼的，都要自己掏钱垫高30多厘米，为什么？这个房子本来是里面比外面低两个楼梯，进房子要先下两个楼梯，到厨房再上两个楼梯。到了下雨，雨水都倒灌进来了，我们自己又买了土，买了楼板，重新铺地。之所以会出现这个问题，听说是造房子的把我们每家挖出来的土卖掉了，这么大的质量问题没有给我们任何的补偿，全部都是自己掏钱修复。还有我们这里3楼、4楼也有问题，3楼还能住，4楼根本是不能住人的，它只有半层高，进去都会碰头的。所以这个小区里3楼、4楼很少有人住。此外，房子隔音效果也差得很，上面有什么动静，我们都听得一清二楚。

最主要的是，房子没有房产证，我们心里一直担心。以前我们的老房子还有宅基地证，但换房交钥匙时，要求将原来的宅基地证上交，现在什么也没有了。我们现在还在，知道这房子是我的，等我们不在了，我孙女这一代，要是再碰上拆迁，无凭无据，可能什么也没有了。为这个房产证的事，我们也去市里上访过三次，第一次市里还接待了，但后面两次市里就不接待了，市里说这是你们镇里自己乱开发的，市里不知情，要镇里自己负责。后来我们又到镇里去问，镇里说，现在干部已经换了，我们是后来来的不知道你们这回事，就这样不了了之了。这个房子没有房产证，是不能卖的。因为没有房产证，所以我们的物业费也不交，他们根本也不来要，现在的物业公司等于是政府在养着他们。

（3）就业、保障、家庭开支情况

征地后，我和老公都无工作。当时政策规定，女的45岁以上的，每月发290元，一直到退休；不到45岁的，每月也发290元，但只能拿两年，我就一直拿了这290元到退休。男的55岁以上的，每月发290元，一直到退休；不到55岁的，每月也发290元，但只能拿两年。我老公当时51岁，所以290元只拿了两年。

征地后，我要求镇上帮我安排工作，他们说你已经拿了290元，就不安排工作了。但我生了30多年的皮肤病，这290元微乎其微，我还是想要工作。之后我又到镇里寻求帮助，他们说如果生活困难，可以写申请，我当时想我写个申请，你只照顾我100元、200元，还是解决不了我的生活问题，我就是想要份工作，就没有写申请，他们也拖着不帮我安排工作。

后来，我托人找镇里的一个老同学介绍工作，我同学托人把我安排到BX镇医院里做清洁工，当时一个月工资为900元。我在那里干了3年，他们又把我辞掉了，理由是我有皮肤病。

之后，我自己找到了一个汽车配件厂，去生产汽车配件，现在还在做；我老公也去了一个小工厂，去做无极灯，也干到了现在。我们虽然拿的都是上海最低工资，每人每月1280元，但我们毕竟有份工作了，生活来源问题解决了。

在镇保方面，我们还是很满意的，有了镇保，就解决了我们的后顾之忧，所以我们觉得镇保政策是为老百姓考虑的。今年有了新政策，镇保可以转为社保了，我老公15年镇保折合成7.5年社保，加上他当了6年零3个月的兵，也算进社保了，等于已经交了13年多的社保，再补交1年多，共15个月，社保就满15年了，那样他就能享受社保了，退休金要比镇保高一些。但我们打工的工厂都不帮我们交社保金，我老公差社保交费的这15个月，我们是自己掏钱交的，每个月交1028.8元，总共要交1万多元，他今年3月就达到退休年龄了，就可以享受社保的退休金了。

除了镇保外，我们在镇保前就购买了平安意外保险，害怕有啥风险，家里扛不住。

我们现在的家庭经济状况好多了，最苦的时候是2003—2005年那3年，当时我俩都没有工作，每个月就是每人290元，而且两年中我俩还动了三次手术，没有地了，吃的、用的什么都要买，苦得我真是天天掉眼泪。现在我和我老公每月打工收入都是1280元，再加上我的镇保退休金800多元，今年又提高到960元了，我们每月的家庭收入就是3000多元。但是我们的开支也差不多要这些，我们两个人身体不好都要吃药，每个月药费要花1000多元。另外，每个月还要交水、电、煤、电话、电视费，这个每个月也要100多元。

（4）对于农民转为市民的看法

现在的生活，比以前种地时要轻松多了，现在拿的镇保退休金要比以前种地的收入高多了，种地挣不到钱，还很苦，我们认为征地拆迁，农民转变成市民，这是政府为我们办的好事。现在你让我再回去种地，当农民，我肯定是不愿意的，我们大队里没有被征地拆迁的农民都羡慕我们，他们种地还是很苦的。但是前几年，没有钱、没有工作的时候，特别是2003—2005年3年最困难的时候，当时想着还是住在乡下好，粮食、小菜都自己种的，没钱也能过。现在我们日子好过了，三代同堂，觉得还是征地拆迁好，没有后顾之忧，有保障了。我们是比上不足，比下有余，我们挺知足的。

现在我们在吃、穿、住、用等方面跟原市民都差不太多。但我感觉自己与原市民还是有差距的，我们还比不上原市民。我们退休了，与城市市民在退休工资方面还差得远，在住的环境方面也差得远，但自己现在也不是农民了。我们处在市民和农民中间。

我的空闲时间主要就是看电视、做家务，还有和邻居们聊天。我们的邻里关系都很好，我们都是拆迁户，能说到一块去。平时基本不会和城市原市民有接触。

我们对于小孩的教育还是很重视的，如果小孩成绩不好了，我们会掏钱让她上辅导班。

我们在消费上是很节俭的，家里用电、用水都很节省，洗东西都是用井水。家里没有什么贷款消费、新潮消费，我们很怕贷款消费，毕竟我们收入低，贷了款是还不出的。

我们对住在现在的小区里是基本满意的，不满意的是我们现在的房子质量太差，给我们的拆迁补偿太低，没有房产证。其他的都还好，住在这里干净多了，有天然气也方便了，以前在老房子时用煤气罐，每次还要跑到镇上去换气，而现在方便多了。我们小区现在也文明多了，乱扔垃圾的现象基本没有了。小区里也经常有活动，如唱歌、跳舞，我们都乐于参加。

我们的户口现在还在村里，我们大队中，只有我们一个小队拆迁了，还有很多人的房子没有拆，所以我们还有村委会，而且到外面办事，填的地址还是村中老房子的地址。我们现在基本不和村里联系了，村干部也整天看不到的，只有每年一次的选举，村干部会联系我们。

（5）对于征地、拆迁的看法

我们认为征地、拆迁是政府为我们办的好事。但我们这里荒的地也很多，这个总归是不好的。我们老房子那里很多地，包括我们的老宅基地，征掉后都没有被使用，现在还荒在那里，很多人，特别是没有工作的人，他们都在上面种了蔬菜，而且听说，我们这些地征了以后，根本就没有找到开发的人，这个是不好的。但是现在要让我们回去再当农民，再种地，我们也不愿意了。

3. 访谈调查3—3

时间：2012 年 1 月 20 日上午 9:00

地点：张某家中

对象：张某，女，35 岁

简介：张某为中青年失地农民的代表，从对其访谈中发现，由于她从未干过农活，因而对土地的感情不深厚，其生活方式、消费方式已完全市民化。但她不太健谈，访谈获得信息量较少。

内容：

（1）基本情况

我家共五口人，我父母、老公、女儿和我。女儿今年 10 岁。我今年 35 岁，中专毕业，现在是电工，在一家私营企业中工作，爱人是司机，开卡车跑运输的。

我们家 2003 年被征地，2005 年转为非农户口。征地前家里有 5.5 亩地，每亩补偿 800 元。

我们家老房子有 288 平方米，现在居住的房子有 140 平方米。拆迁后我们共置换了两套房子，这一套我们自己住，另一套空在那里，没有租出去。至于拆迁怎么补偿的各种细节，我不清楚，我只是知道最后的结果。

（2）就业、保障、家庭开支情况

我在征地前就有工作，我的工作是自己找的。我参加过社会上的电工培训，现在从事电工工作，为电工四级，属于中级。居委会里虽有培训，但技能要求低，如插花，高级、复杂一点的培训是没有的，所以我会自己掏钱到社会上参加培训。

我认为，现在社会上如果有一门技术，像我一样，找个工作应该不是很难。我的工作不太累，工作环境一般，工作地点离家骑电瓶车半小时左右就能到达。我同事主要是外地人，管理层中上海人多一些。我单位招人，基本是看能力、工种是否符合需求，不会考虑户籍。我们的工资、福利还算可以，工资大概4000多元/月，跟同事没有太大差别，福利待遇上我们都一样。

我现在虽然是工人，但我有更高的目标与追求，以后想在电工等级上更上一层，达到六级，就是取得电工高级证书。为达到这个目标，自己在不断地学习，做准备。

征地时，征地方为我们一次性交了15年的镇保，现在镇保可以转社保了，镇保折合为社保7.5年，现在我工作单位为我也交了社保。感觉有了镇保，就没有后顾之忧了，这要比原来在乡下好多了。我们镇保主要包括养老、医疗、生育，具体我也不太清楚。现在觉得比征地前幸福度提高了，对于工作、生活基本是满意的。

我们家庭收入来源基本是工资收入，我们收入在小区里算是中等，年收入大概八九万元，年支出大概三四万元。

（3）征地后，与亲戚、邻居、同事关系

现在已挺习惯这种集中居住的方式。征地后，与亲戚关系基本没有变化。邻里关系征地前后都比较好，我们会参与邻里之间的一些活动，比如邻居中有丧事的，我们都是要去的，要随礼的。邻居中有喜事的，我们一般不去，邻居会来发喜糖，但我们不去喝喜酒，不用随礼。平时交往最多的人，主要是同学、同事，因为平时与同事接触多，所以交往多。生活中遇到了烦恼，主要是找年龄相仿的同事、朋友倾诉一下。现在与朋友联系主要是通过网络QQ或邮件等电子通信方式。

（4）业余时间如何安排

平时较忙，业余时间不多，我们每周休息一天，休息时除了做做家务外，就是和朋友一起去逛逛街、上网、看电视和看书。平时的兴趣爱好就是上网、逛街，在生活中离不开网络。

（5）消费情况

我在消费上是比较理性的，不会盲目追求新潮消费。买衣服时会考虑价格与实用，还要考虑自己的经济承受能力。平时购物，主要是通过实体店购物，很少网上购物，平时上网主要是看电影、聊天等。在家庭消费上，我们挺节俭的，若家中来了客人，一般都是在家里招待，不去饭店。若碰到“红白”大事，一般也是租个场地，请人来做饭，不去饭店，这种方式比较省钱。但家庭消费也并不是以省钱为主，像早餐中我们牛奶、面包、粥等都是搭配着吃的，我女儿每天都要喝牛奶，她把牛奶当水喝。

（6）子女教育情况

对于小孩的教育，我非常重视。我每天都会辅导她功课，还要供她上补习班。小孩的幼儿园上的是市重点幼儿园，现在上小学了，我们把她送到AX镇的学校去上，小区里大部分人都把孩子送到AX镇去读书，AX镇的教学质量要比BX镇好。我希望孩子长大后能够出国留学，能上到多好，就让她上到多好。

（7）参与社区活动情况

我对于现在的住房条件、居住环境等都挺满意的。对于小区里的事情，比如维修基金的使用，我都不太清楚，没有关心过，也没有参加过小区里的各种活动，同时没有参加过任何党派或社团，我下了班就是管女儿。即使我对小区里有意见，我也不反映，因为没有时间反映，双休日有点时间，居委会又休息了，比如小区里的杂草比较多，我看不惯，有时就自己把家门口的杂草割掉。自己基本没有去过居委会。

（8）对于市民身份的认同度

我认为自己本来就是城市市民。对于城市里的习惯、规则是完全赞同的。我的时间观念很强，连我家宝宝的时间观念也很强。

（9）对于征地拆迁、农民转为市民的看法

我认为征地拆迁、农民转为市民是利大于弊的，这是政府为农民考虑办的好事。像我们这一代，如果不征地，我们根本就不会种地。但是对于征地后有些地荒在那里，感觉还是很可惜的，像我妈就在我们老的宅基地上（征地拆迁后仍然荒在那里）种了不少菜，她并不是为了省钱去种菜的，主要还是觉得地荒在那里太可惜了。

4. 访谈调查3—4

时间：2012年1月18日下午3:40

地点：陈先生家中

对象：陈先生，男，36岁

简介：陈先生居住在奉贤区BX镇，2003年土地被征用，2004年户籍转为市民。目前离异，在派出所工作。他认为政府对失地农民补偿很不公平，曾多次找相关部门讨说法未果，对土地征用政策有点了解但不透彻，主要是听取各方意见所得到的信息。他态度偏激但安于现状，所述问题也能反映多数青年人的想法。

内容：

（1）基本情况

我们最近一次征地是2003年的时候，2004年转成市民，2005年住到这里，今年是第七年。我们是2003年拆迁以后，在外面租房子住了两年，然后才搬到这里的。

我们村里，既没有“钉子户”，也没有人主动要求征地。征地吗，肯定是为国家考虑喽。国家自己也有考虑的。农民是服从国家利益的。不过，也没有觉得国家亏欠我们，我们很爱国的。村里面来做了几次思想工作，我们都挺配合的。但是，我最不满意的就是没有发房产证。之后还收了5000元的采光费。这个费用和物业费，我都愿意交，但房产证是最起码的，应该给办出来。

宅基地的补偿哪里有啊？什么都没有，就只有现在住的房子。如果有什么不满，那肯定也是自己发发牢骚，找村干部不行的，上访不行的，找法院，这是不可能的。土地征掉以后，在外面租房子的时候，每个月有点补贴的。补贴好像是按地算的，具体一个月多少钱我不是很清楚，我爸爸清楚，说是后来加到房屋拆迁费用里的，就像工资条，一项一项列出来的。房款的话，我们一个平方换一个平方，一个平方拿一个平方，但是像我们，200多个平方，到后来才只有20几万元，拿两套房子还不够，就是拿两套房子，还倒贴钱进去。我们倒贴了好像要超过10万元了。

（2）征地前后保障情况

现在的补贴标准，根本不能满足我们的生活所需。现在住的房子是没有房产证的，谈不上什么保障不保障，肯定是不保障的。这块地是镇政府搞的，但他们大产证都没办出来，还谈什么小产证呢？（被访者此时很愤怒，盯着我看了很久。）我们在乡下的时候还有土地可以种，但现在土地也没有，什么都没有，这是不对的呀！

征地之前，新农合、新农保都没有，什么都没有的，现在有镇保，现在医疗保障方面该有的都有了。

征地之前我们家的年收入就两万元多点，现在的保障肯定比以前好。至于花费，一个月一千元，一年要一万元多点。现在有失业保险，不过交的是最低档的。现在也有社会保险，但是社会保险里面最低档的。现在有病会去大医院，幸亏有这个医保卡，没有医保卡，大医院去不了的。现在医保门诊能报销75%，住院能报多少就不知道了。同时，我希望能报销的范围能再扩大一点。

我们现在也有第三代了，对孩子的教育也是看重的，不过很无奈，想要培养，但是不会不惜成本的，因为没钱。孩子学习时有问题，也都是让他们自己去问老师，因为现在的题目都比较难，我们也都不会。当然，总归希望他们以后学历越高越好啦！

（3）征地前后工作情况

我现在在派出所里面工作，派出所工作要轻松点。征地前是驾驶员。但不管征地之前还是现在，工作都是很累的，工作环境很不舒服。以前去工作，路上要花超过两个小时。我们这里的人找工作，大部分都是靠自己找的，有的通过亲戚朋友，熟人关系。现在要办事情，靠关系那是必须的。到职业介绍所没什么用，贴在外面的都是没用的，真正好一点的工作，他们都留着介绍给熟人。

对自己未来唯一的忧虑就是工作，想多学一门技术。

（4）城市化水平及对于城市市民的看法

现在还是很怀念以前当农民的日子，睡觉的时候也会想以前的老家。

但是，相比较而言，总是在城市里工作比较好。节奏是快了点，但是适应城市工作。不过，年龄不同看法不同，我妈这一代人可能更愿意回农村，我不愿意回农村。因为我初中毕业后就在外面工作，如果早点出来的话可能学历还会再高一点。

生活习惯上和以前相比还是相差很多的。我妈他们一开始搬过来的时候还想在院子里种点东西，现在不种了。我爸妈那一辈人是有点不习惯的。我还是很习惯的。对于新潮的消费观念，如银行贷款、网上消费，这些我还是都可以接受的。老人可能就不太会接受了。平时不太去关心社区里的活动。现在村委会和居委会两头管我们，主要办的事情也都差不多。基本上还是习惯于和以前熟悉的人交往，和亲戚朋友的关系也和以前差不多，但是没有以前那么热闹，相对有点疏远。我们搬到了两个小区，一个在这个小区，一个在另一个小区，不过也还是在这附近。也有亲戚这里房子不要，然后拿了钱到AX镇去买房。

现在要和市民接触也是没办法。我们这里风气很好，和市民没有发生过冲突。要说他们有没有高傲的态度，那倒不一定。不过老百姓都还可以。平时工作的时候，也不会觉得有人因为我们是失地农民而歧视我们。

5. 访谈调查3—5

时间：2012年1月18日下午5:15

地点：王阿姨家中

对象：王阿姨，女，63岁

简介：王阿姨居住在奉贤区BX镇，2004年土地被征用，2005年户籍转为市民。现在退休后依然在居委会中活动，担任楼长，生活艰苦朴素，心态乐观，虽然对土地政策不太熟悉，但对生活总体很满意，这种情况在已退休人员中很具有代表性。

内容：

（1）基本情况

我是2004年被征地的，被征的地用来造房子。不过，房子拆掉3年后才开始建房。我们有8亩地，补偿费是200元/亩，但没有给钞票，兑换到安置房费里了。

我们对征地政策一点都不了解。村干部只有到拆房子的时候，上门来做过工作，告诉我们你这些房子要拆掉，如果我们不想拆，那么他们来做工作，也就来一次两次。商量只是形式上的，根本不由我们做主，都是他们决定的。

（2）征地前后保障情况

征地之后没给我们钱，补偿的就是我们现在住的房子。以前在农村收入多的时候一个月不过千把块，那个时候不比现在。用钱方面亲戚来往、办事情、看病会用些钱。此外，有将近一半的钱用在子女教育上。现在的生活还可以，钱够用。省吃俭用还是可以生活的。以前靠种地生活，现在由于没有技术，地也没了，每个月的收入两个人 1600 元镇保。征地前我没参加什么保障，新农保什么的，一点都没参加的。现在生病的话是会去大医院看病的。

（3）征地前后生活情况

我在征地之前就退休了，现在已退休 13 年了。家里和我同吃同住的就两个人，其他人在 AX 镇。我不大愿意自己土地被征用掉的，当时我们年纪还小，还想自己种地，粮也不用买，菜也不用买，现在样样要买的。所以那个时候不大愿意，不过也没办法。现在的生活还好，不过买菜、水费、电费，开支蛮大的。不想自己的小孩再种地，有地的时候，也只有我们老两口在种地，他们一直工作，不会再种地了，也不希望他们种地。他们工作忙，一个是没时间。他们上班早，下班晚，我们也不好意思开口叫他们来干活。当然是上班好，他们种地也种不来。我们现在地没了，开心是开心的，就是钱不够用。

征地前住的地方比现在大，有 250 平方米。女儿 15 年前，就是征地之前一年，还是跟我们住在一起的。现在在 AX 镇住了 15 年了。现在就我们两个人住，160 平方米，也蛮大的。对现在住的地方最满意的就是不用烧柴火。听说我们镇保又要加了，只要钱多点就可以了。家电什么的该有的都有的，不过电脑、照相机还没有，摩托车、小汽车也没有。平时消费也还好，电费还好，水费花得多。买东西主要看是否实用，看到自己喜欢的东西会买的。家里有客人自己做饭请客。平时还是和邻居交往更多。

（4）城市化水平

不觉得城市就一定代表先进的生活方式。小区里交往都很随意，虽然小区里有上海人，但与我们很少交流，不过他们也没什么歧视性语言。我们愿意和市民打交道，要是他们举办活动，我们都愿意参加。我们希望能够和城市市民享受一样的待遇。

我思想观念倒还好，和以前没什么大变化，还是比较像个农民。我已经很适应在城市生活，也没有特别想住回农村。和其他农民一样，我们对小区里的事情很关心，但有意见不会说。我认为物业费不应该交。平时主要靠看电视打发时间，打牌、打麻将、健身都不会，也都不去。

生活习惯上和在乡下变化还是很多的，刚来的时候不习惯，现在慢慢习惯了，平时吃饭很准时，一天三顿饭，一顿也不漏掉。以前在农村的时候，吃了早饭就干活，吃了午饭就干活，现在不用干活了，也开心啊。生活收入也满意，蛮好的！总体来说还是征地好。

6. 访谈调查3—6

时间：2012年1月19日上午9:20

地点：沈某家中

对象：沈某，男，55岁

简介：沈某居住在奉贤区BX镇，2004年土地被征用，2005年户籍转为市民。他担任生产队队长25年，转为市民后，现在在所居住的小区做保安。他对土地征用政策比较熟悉，征地过程中的许多动员活动都是由其经手的。他的心态调整比较到位，对生活也很满意，其态度在该年龄中有一定的代表性。

内容：

（1）基本情况

我来自CX村，是动迁户，我以前担任生产队队长。我家同吃同住的有四口人，除了我，还有老婆、儿子、儿媳妇。我们没有钱，买不起房子，所以没有住到AX镇。

我觉得村委会和居委会是一样的，在村里我听村委会的，在这里我听居委会的，反正他们都是属于政府的，我们都是要听的。

（2）村子及家庭征地情况

我们CX村大概征了有36亩地吧。征地的时候主要是靠村干部做动员工作，家家户户要动员，我是生产队长，也要去动员。关于征地的大事情，村干部会和村民商量。先主要和生产队队长商量，老百姓由生产队队长去做思想工作。商量的内容基本一样。比如你种的什么作物，地征了，要给多少青苗费。每家每户都给钱的。按照政策，这个钱由政府拿过来，由生产队发放，每家每户有田的，200 元/亩。

我们当时没有人抗议说不愿意征地的。这是按照上面的精神，因为政府要开发，没有办法的。我是生产队队长要服从命令的，基本上老百姓都签了，也没有说不愿意征的。因为这个政策好，对老人有好处，有退休费。现在，一般其他地方的农村老百姓要比我们这里差得远。以前农保的只有 100 元/月，现在镇保 840 多元/月。补偿费 800 元/亩，是一次性货币补偿，没有其他的。我们也不会觉得这些补偿费低。2003 年的时候，土地收入还没有 800 元呢，自己干最多也才 1000 元，但那个要付出很多辛劳，还要去管理，很辛苦的!

动迁之后我的房子他们有给我补过差价，每平方米多少钱的过渡费，供我租房子、找工作用。拿到房子钥匙之后过渡费就没有了。但是现在房子没有房产证，这点我比较担心。以前我们的宅基地有证的，但拆迁之后他们就把证收掉了。我们这里大家都担心房产证的问题，但又找不到解决办法。

我住到这个小区有 3 年了，2008 年年底住过来的。我们转成城市户口，好像是 2006 年或是 2005 年。

（3）征地前工作和保障情况

2006 年，我们收入大概 700 元/月，当时稻谷价钱低，只有几毛钱，还亏本呢。以前种棉花、西瓜还能赚点钱，水稻赚不到钱的。其他也没有考虑过，我们老百姓总归只想钱，变成城市人自然好，家家户户都高兴。

但是我们总共只有五亩三分地，买房子哪里买得起。当时我女儿还在我这里住，根本买不起房子，赚的钱主要花的吃上，教育也根本就不够用。

土地征掉之后也没什么担心的，毕竟享受镇保了，每月给我290元，给了两年，之后不给了。我现在做保安，没退休不做就没钱了。我也不担心没工作，我没征地之前就有工作，我自己找的。现在还是很开心的。

当时农转非的时候，政府给我提供过培训的，也给我们钱的。主要还是要靠政府的，不靠政府也拿不到钱的。就希望政府再把房产证下发了。

我以前除了种地还在奉贤钢轨厂做工5年，现在镇保了，我在这里做保安。以前都是体力劳动，现在不是体力劳动了，坐在门口吃茶嘞。但是也不算正式员工，是临时工，拿的是最低工资。以前地没有征的时候既要到厂子里干，又要回地里干。现在什么活也没有了，就轻松了、不累的。但是再轻松，做保安总是要有点责任心的。做保安一个月差不多工作176—180个小时。现在的工作环境是好很多了。并且工作地点就在家门口，开心了！这个是我们自己报名然后录取的工作，也不能说政府不提供机会，但也不完全算是政府给我们找的工作，因为我们这种普通老百姓也没什么技术，很多都不会。我们岁数大了，现在找工作不容易，到厂子里去都不要的，毕竟没有技术，所以也只能做做保安了。

征地之前我们收入不多的，我老婆收入没多少的，基本上就是我的收入，我女儿嫁出去了，我儿子还在读书。儿子读专科，现在也毕业工作了。当时没征地的时候我家的收入就只有我打工的钱，而且是临时工。天天都没有空闲时间，干活起码要干满8个小时的。但一年到头最多赚1万元，支出也大，儿子要读书，吃上面我们花的也很多的，基本上30%—40%用在吃上面。我们吃上面很省的，从来不铺张浪费。

（4）征地后工作和保障情况

现在的收入每个月是起底工资，全年加起来还不到两万元。和正式工人相比我们的工资差别很大。他们一个月收入三千多。相差近三倍了。福利待遇上面倒差不多，都一样的。也不会比我们多放假什么的。公平肯定是有不公平的，但是感觉也没办法，又不是我一个人。

我们有镇保，但没有城保，就没有失业险、生育险。因为我们这个镇保是政府给的，但是政府没钱我们就没有社保了。

现在动迁了，住了新房子，总归是满意的。我的住房是自己装修的，只是简单装修一下。现在住的地方最让我满意的就是比以前舒服了，空气好，治安、卫生环境都搞得很好，比以前好多了。最不满意的地方就是没房产证，其他都很好的。

（5）城市化水平及对于城市市民的看法

要做城市人，肯定想要城市户口和稳定的住房，但是我们买不起房子。而且我们是镇保，和市民差太多了。如果现在让我再回到农村，我是不愿意的，因为现在岁数大了，干活太累了。

电脑学了也没用，都要退休了你说学来干什么。但是新信息、新观念我当然还是愿意接受的。城市里的一些新的生活方式还是能够接受的，但是像男女关系太开放这种我还是不能接受的。其他像各种规范我还是遵守得很好的。

平时如果家里来客人了还是自己做饭，平时交往最多的还是亲戚，现在比以前更加融洽了。我们这里一共是搬来了七个村，有的认识，有的不认识。邻居关系很好，比以前融洽。同事关系相处得挺好，到人家家里做客的次数也比以前多了。我们这个年龄和别人交往主要就是谈谈工作、谈谈生活。要是找人帮忙还是会找同事的，一般不找亲戚，也不找邻居。

7. 访谈调查3—7

时间： 2012 年 1 月 18 日上午 10：00

地点： 黄某家中

对象： 黄某，男，45 岁

简介： 黄某，初中文化程度，为中年失地农民的代表，其对征地政策和拆迁安置有所不满，但也只是发发牢骚。其工作状况、人际交往等在征地前后变化不大，对于征地也慢慢地接受了。

内容：

(1) 基本情况

土地被征用后，小孩和未到退休年龄的中年人没有得到很好的社会保障，并且我们普遍没有拿到征地补偿费。但我们听说其他地方的农民被征地后，每亩地都有几万的补偿金，感到非常的不公平，我们也都去过上级部门进行了上访，但并没有得到什么解决。同时，我们还觉得，征地搬迁后，我们的房屋质量实在太差了，这个问题也反映了多次，但到现在每逢大雨屋子里还是会倒灌水，房屋现在也没有办下来房产证。

我觉得补偿费应该是要按照国家政策来给，你让我自己说每亩地该补偿多少，我也说不上来，反正只要按政策来办，我就没有意见。再说了，现在的生活水平与被征地的2003年也不能比，最好国家能多补一点，拿到补偿金的话，我会把钱存起来用于小孩的教育。我最希望的补偿方式是，能够给我们提供一个长效的养老保险的保障。

我现在的房产状况是国家先来对我原来的宅基地进行估价，我们再到新建的小区进行选房补差价，原来我自己家的房子估出来是20多万元，换公房拿不到200多平方米，现在的房子有127平方米，同一层房间一户大一户小。由于房子没有产权证，我觉得自己的基本权益得不到保障，房子拿到以后我们上访过两次，集体开了大巴士过去，但结果还是不了了之。

(2) 就业、保障情况

我在征地前的工作是打零工，有什么活就做什么活；现在做的也是打零工，基本做机械加工类的工作，没有很大的差别，每个月工作25天以上，做一天赚一天钱。工作非常的劳累。工作远近也没有变化。我的工作是自己去找的，因为自己有些技能，找工作也不是很难。周围的人找不到工作的主要原因是没有技术、没有文化和年龄偏大，有些人根本也没有参加过工作。对于工作，最好政府能安排解决。

征地前，我家的年收入几千块钱，差不多刚够花，主要花在吃的方面。征地后，现在的年收入是3.5万元左右，花销也增加了，一年大概3万元，吃的方面要花2万多元，当然吃的东西也比以前好了。征地前后的收入来源没有变化，但是在花销上，征地后多了水、电、煤气的费用，并且自己没有地了，吃的全部都需要买了。

我们征地后有了养老保险，镇保里面有养老保险和医疗保险，没有失业保险，现在觉得最需要的保障是养老保障。生病后也会去大医院去治疗，但是对于医疗保险我觉得还是太少了，一年只有400元，共给10年，就像我的父母看一次病就把10年的4000元都用完了，以后老人再看病都要自己掏钱。实际上，征地后需要政府帮忙解决的也就是大家普遍都需要的养老保险和医疗保险。

（3）对于农民转为市民的看法

虽然我现在已经基本习惯了城市的生活，但我觉得住的房子的质量还是比以前差了，人均面积也小了，不过和征地前比不需要烧柴、烧煤了，这是我们觉得最满意的一点。虽然现在居住环境和治安状况跟以前相比，稍有改善，但也不是很好，像我的电瓶车放在车库里，就被盗了，实在令人气愤。虽说家里现在电子产品几乎都有了，但我买东西时，还是更看重实用性。家里来客人了，我们还是在家里做饭吃的比较多。现在交往的人主要还是邻居，亲戚也是偶尔来一下，都忙的不得了，难得来的。和亲戚邻居关系都更加融洽了，同时与朋友的关系没有很大的变化。我觉得与他人交往主要是为了获得信息。在新建社区里因为住得近，人与人的交往比征地前更好了，不过家里需要帮忙时一般会找亲戚。

至于说是市民好还是农民好，我也讲不清楚。我感觉在征地后自己的身份与真正的市民还有差距，我认为是否是市民最主要的标准是有没有养老保险。和原市民比，我们只有镇保，同时也不了解其他人的社会保障政策，我觉得我们的生活水平肯定是赶不上原市民的。外出办事时，一些服务性部门对待自己的态度还是相同的，工作时接触的原市民大多还是可靠友善的。

面对一些新的技能，特别是自己觉得需要学习的新技能，我很愿意接受和学习。我的孩子现在已经读到高中毕业了，我觉得已经可以了，不用再深造了。进入城市后，我最不能接受的就是城市里开放的男女关系，实在是看不习惯。我们现在的生活习惯已经像城里人了。但在消费方面，我们是不会去贷款消费的。

(4) 期望建议

现在对于自己和家庭的未来，我主要担心的是自己小孩结婚后的问题。对于征地来说，既然征了也没有办法，只能让国家征地，征地前后的工作等也没有变化，只是居住环境和生活方式有变化，但也是能够接受的。

8. 访谈调查3—8

时间：2012年1月19日下午7:00

地点：居委会会议室

对象：胡某，男，45岁

简介：胡某，高中文化程度，在征地前一直种植草莓，头脑灵活，经济状况良好，征地后导致其经济收益下降很多，故情绪有些激动。胡某比较健谈，认为征地老人受益比较大，中年人利益损失却最大。

内容：

(1) 基本情况

我认为政策是好的，但是下面政策的执行者出了问题，他们为了自己的利益而不是为了农民的利益。

征地前，我做的是工程管理，生活水平在村里也是可以的。原来家里一共有七亩地，由父母两人种，忙的时候小辈也去帮忙，家里只种一季的农产品和收入高点的经济作物，比如草莓、西瓜。我上班时间空余比较多，我本身是做技术的，所以种植技术方面也是由我来把关，要打虫了、施肥了我就请假来做。

土地征用后，没有获得补偿费，只给了安置费，房子拆迁了给了一点补贴。根据我自己的情况，我失地前比失地后的收入高，但是总体来说，根据政府补贴，征地对老年人养老是有一定好处的，不过对于没有退休还在工作的，自己如果不去找工作加上土地又没有了，怎么来生活？怎么吃饭？技能培训配套设施也不完善，当地农民得不到信息，信息不公开、不透明、不及时，培训岗位少，机制不够，这个是政府的缺陷。土地征用前的土地使用权是属于我们自己的，土地升值了怎么办？最好是土地入股来进行分红，政府现在“一刀切”全部都没有了！有土地可以有很多的方法来生活，但现在我的子孙后代都没有土地了。

我们是农村户口，现在是非农户口，不是城镇户口，家里的老人和孩子都是非农户口。家里的老人去务农也不是为了养家糊口，只是习惯了难以改变，况且老人一直待在家里也对身体不利。

（2）就业、保障情况

虽然没征地之前我是有工作的，但是像我们这个年龄的，代表的是一个群体，比如以前是农民的，每天钓钓鱼、种种地，你现在把地给收掉了，只给了两年的过渡费。一个男的三十几岁，地没了只给了两年过渡费，要活到六十几岁退休的年纪才能拿到退休工资，这当中二十几年的时间政府就什么都不管了。

政府虽然提供了就业培训，但非常不完善，就在门口贴一张纸（《就业报》），有的一些培训岗位也只是报纸上写的要自己过去找的。说白了像我们这个小区里的人，95% 以上的失地农民找工作都是靠亲戚朋友的。我是自己掏钱去参加培训，去积极就业的。那些 40—50 岁的男人就是去做做门卫、打打零工，妇女主要是到超市里做做收银员、理理货。他们的土地被收掉了，现在还没有一个合理的配套机制。

关于补偿，土地要征用时村干部就下来说一下，同意签字也就一点补偿，完全没有账目公开等一些财政支出的公示，比如土地是多少亩怎么处理，给多少钱都不和农民说的。

（3）对于农民转为市民的看法

在我看来，我更愿做农民！因为做农民，至少有土地，并且对我找工作没有任何影响，同时我土地上产生的利益都是归我的。但是，土地被没收后，只是给了镇保，和社会保险也是差了等次，我在单位参加的是社会保险，享受的待遇都是不一样的。

如果没有土地，再加上没有技能，就算找个工作，一个月能拿到2500元，大米要买，水、电、煤气、物业费都要交，生活也好不到哪里去。但是，如果有土地，自己种、自己吃的话，也能产生效益，再在外面有一份工作，这个生活水平就上去了。我来算一个账：我家里有7亩土地，一季草莓可以收入2万元/亩，一年10多万收入。但现在7亩土地全部被征去了，没有土地了，政府仅给了2万多元补偿安置费，但是这些钱要用二十几年，这个账大家自己来比比看，当然我会选继续做农民。我现在要提升自己的技能，在自己行业里做到最高峰来保障自己以后的生活，希望一年平均有20万元年薪，来弥补现在土地被征用后缺少的收入。

（4）对于征地、拆迁的看法

对于征地我是有看法的，但自己一个人去上访也达不到效果，你去阻挠这个也没有用，因为是大势所趋，一个人肯定是顶不住的。你若和干部争论，不愿意征地的话，领导干部会一轮一轮地找你谈、找你吃饭。土地被征用后他们的财政不公开也是我比较不满意的事情。他们把地征用后也不告诉我们一共卖了多少钱。

9. 访谈调查3—9

时间：2012年1月19日下午2:00

地点： 居委会会议室

对象： 李奶奶，女，65 岁

简介： 这位老奶奶在做问卷时，对于问卷中有关征地前后生活方式的问题，表现出一种不平静，所以就这一方面对她进行了一次短暂的访谈。

内容：

说到有什么不适应，那就多了。我想找点活干，老人是很喜欢有点事情做的，现在我没事情做了，不养家禽，没有地种，又不会搓麻将，每天都过得很闷。我现在属于尴尬时期，退休是退休了，但是拿这点退休工资根本不够用，家里水、电、煤，走亲访友，开销都是很大的，如果能另外有一份小收入就好了，我希望社区能帮我介绍一份工作。

以前有田的时候收入倒是不错的，田里面就几个忙季需要顾一下，平时我都在外面跑东跑西打零工。

现在虽然退休了，但是活还是干得动的。另外，搬到这里以后，家里没有粮食，没有蔬菜，想吃鸡蛋没有鸡蛋。并且，这里交通也不方便，以前我住的地方靠近 AX 镇，走几步路就可以坐到公交车了，这里坐车不方便，还得骑小三轮车才能到车站。

当初我不同意搬到这里，向上面反映，跑到乡里没有用，跑到县里也没有用，就结队，自己掏钱租了两辆大巴士去市里上访。第一次去的时候，招待得很好，市里的人说，你们先回去，我们会解决的。第二次去的时候，市里面的人说，你们回去吧，我们已经和乡里、县里沟通过了，会帮你们解决的，老百姓不要再来了。我当时的目的就只是不想搬到这里来，我们本来就住在 AX 镇那里，应该是朝东的方向，现在偏要朝西，往远了，当然不同意。他们这样做根本没有征求老百姓的意见，当时拆迁我们也没同意，但是他们上面命令下来，我们只好搬走了。

对于房子的赔偿，我也不满意，虽然说钱是拨齐了，但是估价估得低，这么好的房子，估价师只是过来大致看看，随便给个很低的数字。拆房子的时候我哭天哭地不让他们拆，这么好的房子只赔这么点钱。老房子3层楼，进深9米，只陪了20万元多一点。我造这个房子都花掉不止20万元了。现在换了两套80平方米的，之前赔的钱差不多都用在这两套房子上了，并且房子没有产权，还要自己出装修费。目前还只装修了一套，另外一套出租了，也没有钱装修。

10. 访谈调查3—10

时间：2012年1月19日上午9:00

地点：刘阿姨家中

对象：刘阿姨，女，48岁

简介：刘阿姨住在上海市奉贤区BX镇，2005年搬迁至此，虽然对征地事件有所看法，但是能够大部分认同。

内容：

（1）基本情况

我今年48岁，初中学历，在一所学校里当宿管阿姨。我家一共四口人，我和我老公、儿子、媳妇住在一起。我家2003年拆迁，2004年由农业户口转为非农业户口，2005年入住这个小区。一共被征地3亩，当时种了麦子和油菜，只补贴了一点青苗费，大约200—300元/亩，当时每亩收成的话也没有多少，几百块而已。转了非农后有了镇保。我们的老房子被拆了，只给了一次性的房屋补贴，其他什么也没有。我们现在住的房子没有房产证。

（2）就业、保障情况

我一直自力更生自己找工作，征地前和征地后的工作一直都是我自己找的，月收入一直维持在最低水平线，从原来的530元、690元、730元、840元到现在的1280元。虽然居委会也愿意帮忙介绍工作，但是哪里来的好工作给你？种地工你去吗？我们这里是有就业培训的，以前有过种植的培训，像种植葡萄、苹果，但是农村参加培训的人凑不够，培训也只是走个流程。自己岁数大了，懒散了，所以也不想自己花钱去参加培训。当然，如果居委会有好的培训我也很愿意去的。找工作也不容易，现在找工作不知道哪里找，像我们这个年龄更加不容易了，自己也没有什么特长。

我目前也算是在镇上工作，工作环境还不错。但是我和原市民的区别还是很大的，他们有城保，我们就没有，我们只有镇保，就是交“小三金”，有的单位好，单位帮你转，像我们就是什么都没有。

征地前我们家主要以打零工为主要经济来源，虽然有田，但是也不能光以它维生。当时老公还算能干，到处做泥水匠的活，一个月有 1000 元左右的收入，但那时的开支也少，自己吃的东西大部分是自己种的，一个月开支也就 500 元左右。现在一家人都在赚钱，我和我老公每人每年都能赚上一两万，儿子和媳妇月薪都 2000 元左右，不过现在开支也大了许多，至少要 2000 元/月。买米、买菜、天然气，有时候去喝喜酒，送人情也要花不少。和征地前相比，吃的费用肯定上去了，以前蔬菜大米都是自己种的，另外还有水、电、煤的费用，以前在乡下烧饭都用灶头，烧的是柴火，水用的是井水。

征地前我们夫妻俩自己买了商业养老保险，一年交一次，大概每次每人交 500 多元，买商业保险的时候也不知道自己会被征地。征地后交了镇保，虽然保障力度不大，但是总比以前在农村什么保障也没有好。现在我们这里的老人退休后拿镇保的 800 元/月，比起农村的 400 元/月好一点。一般情况下得病是去 AX 镇的大医院，小毛病的时候会去 BX 镇的小医院。虽然有医保，但这么点钱是不经看的，我们镇保门诊的报销比例是 70%，如果是城保就能报销 90%。原先生产队的赤脚医生和我们住在一个小区，现在要是发个烧什么的，有时候还是会去找他。去医院的话还要验血什么的，样样做到家，又要花掉好多钱，他看不好的时候才会去医院。我们就这三百多元一年的医疗补贴，禁不起大医院的折腾。以前在农村的时候我们看完病，拿好发票就可以到村委会去报销了，现在想报销要到这到那跑几次。我父亲做手术，报销跑了很多次，如果居委会能有地方让我们报销就好了。

我对政府的征地政策还算满意，但是，当初政府把我安排在BX镇住，我的确不满意，我原先是住在靠近AX镇那里的，隔开一条河浜就到县城AX镇了，按理应该把我分到AX镇那边。

(3) 对于农民转为市民的看法

我对于自己从农民转为市民没有什么看法。现在不用种田了，生活却比以前开心了，生活也习惯了。当然，以前也开心，只是忙季会很忙。

以前在农村我家的房子有240平方米，现在大概有173平方米。我最不满意的是目前没有发房产证，所以我们现在在房子周围种种东西、搭个小棚，他们都没制止，如果有了房产证，这些都是不可以的。

现在的小区很卫生、很安全，没有人家会莫名其妙缺东西。有时候也会怀念在农村的时候，每当逢年过节邻居、亲戚一同聚在一起搓搓麻将、唠唠家常，总能欢腾到半夜。

总的来说，现在的生活还是比以前幸福。田不种了，工资总归比以前高了，以前虽然用得省，但是钱终归是少，而且得卖掉粮食才有钱。而现在，每个月都能有一笔固定的收入。

11. 访谈调查3—11

时间：2012年1月19日上午10:30

地点：张大爷家中

对象：张大爷，男，65岁

简介：张大爷住在上海市奉贤区BX镇，2007年入住现在这个小区，他当过兵，思路比较清晰，认为征地拆迁所涉及的资金不够透明。

内容：

(1) 基本情况

我目前已退休了，退休前是农民，初中毕业。家里一共五口人。我和我老伴，儿子和媳妇，还有孙女。我2004年转为城市户口，2007年入住这个小区，当时被征五亩地，每亩补偿金是800元。当初我们家主要种粮食作物，就是水稻和油菜，每年每亩的收入大概1000多元。征地的补偿主要包括两个方面，一个是土地本身，每年每亩是800元；另一个是青苗费，青苗费是补当年的，大概两三百元。除了这点土地补偿以外，其他就没有了。后来转了镇保之后，这土地的每年每亩800元的补偿就没有了。现在住的房子是没有房产证的。

（2）就业、保障情况

征地前，我四处打工，每个月大概有千把块收入。现在偶尔也会去打零工，养老金870元/月，我比别人稍微多一点，因为以前当过兵。现在找工作也不容易，找工作都是凭关系的，你有关系，找工作就方便得很，你没有关系的话，实事求是地说，找工作是十分困难的。为什么？因为大部分企业都转制了，国有企业又不可能进去，所有制企业又都是个体的，个体的就要看关系。

征地前工作比较辛苦，还要种地。现在不种地了，稍微舒服一点，打打零工，打完回家就没什么事情了。像我们住在这里或在这里工作和乡下是一样的。这里本来就是郊县，和农村差不多的。虽然我们现在和城市人是一模一样了，家里不养东西、不种地，但是现在和原市民有着相当大的差别，比如退休的人加养老金，镇保就加130元，但城保加300元，在同样的环境下，我吃一斤米，他们不可能需要吃两斤三斤，为什么我们就加的少？但是，我也不想回去种地了，如果政府硬要你回去种地，没有办法，你总归要听政府的。如果不是硬性规定，我肯定不会回去种地了，因为我们岁数大了，种不动了。

（3）家庭开支情况

征地前我们生活来源主要是种地还有副业（家禽），有时打打零工，一年有三四万元的收入，开支也很大的，基本就只能维持生活。主要开销是亲戚往来，维持人情关系，这个占了一大块。

现在我们夫妻俩就是拿退休工资，儿子媳妇年收入大概四五万元，孙女还在上学。与以前相比副业收入没有了，不过空闲的时间多了，所以打工的时间也多了。在开支方面，与以前相比只有增加没有减少，增加了蔬菜、水电煤、交通等费用，日常开支基本上差不多，没什么结余。

征地前，我和老伴买了商业保险，每年两个人交2000多元，所以我现在没有什么忧虑，够用。对于我们老人来说，已经没有什么劳动能力了，拿了镇保，维持基本生活，说句心里话，还是可以的。如果生病我们还是选择去大医院看病，我们的医保卡每年打入400多元，这些是门诊和急诊。大病是另外的，住院费好像每年最多可以报8万元，超出的得自己付钱。报销还是很方便的，因为有一张卡。

我家当初是住在AX镇附近，搬迁的时候也想往AX镇方向搬，但是不允许。我农村的老房子有270多平方米，现在是167平方米，乡下的房子是大，但是相对这里的要差一些，这里住的小但是条件好。农村里的东西多，到了这里杂物都没了，比较干净。

但是我对拆迁的政策不是很满意，拆迁政策不公开，户与户之间补偿费有差别，有关系的拿到的补偿就多，没有关系的拿到的补偿就少。

这里的小区是不交物业费的，因为第一我们没有产权证，第二小区管理本来就有问题。你看看我们这里的绿化，比较一般，上边不肯拨钱，如果绿化做得好一点，那我们宁愿出点钱。我们的房子，里面地势低，外面地势高，一下雨，水就往里面进。2007年，下了一场大雨，我们的房子都被淹了，插座遇水都坏掉了，我们已经向居委会反映多次，去年终于弄好了，地下的阴沟本来排水管道就小，现在才把它换成大的，终于解决了这个问题。从我反映到真正解决问题，最起码隔了两年。而且这是普遍存在的问题，不只是我们一家人。如果就我们一家人，估计还解决不了。

（4）对于农民转为市民的看法

我认为我们和城市人相差很远，他们的生活肯定比我们好。说起生活条件，像我们镇保只能维持基本生活，我们要两三个人才抵得上原市民一个人的保障。他们退休以后最多的一个月能拿六七千元，而我们只有几百元，你想想看，这怎么比。所以我认为我还是农民，是一个不种地的农民。

12. 访谈调查3—12

时间：2012年1月19日下午6:00

地点：陈某娘家

对象：陈某，女，34岁

简介：陈某，大专毕业，娘家在BX镇，现在自己购房在AX镇，每个礼拜回娘家一次。她的观点比较能代表年轻人对征地的看法。

内容：

（1）基本情况

我今年34岁，工人，大专毕业。家中一共五口人，2004年转为非农业户口，2005年入住此小区。我们这边是2003年拆迁的，我们的地没有被征掉，现在是给外地人种了，他们种水稻和西瓜。宅基地和房屋一共赔了约20万元。搬到这里换成了两套房子，自己贴了约25万元，其他什么都没有，就还有一个镇保，现在单位里面已经帮我交城保了。

（2）就业、保障情况

征地前我的工作是自己找的，月收入大概一千多一点。征地后我换工作了，也是自己找的，月收入2500元左右。换工作的原因是生孩子了，生完孩子就换了份工作。一般政府不会给介绍工作，但是倒是有培训。针对男的，以前好像有如何做业务员的培训；针对女的，有过种蔬菜的培训。培训费用好像是自己先出一点，通过考试后费用可以报销，一般都是通过的，所以其实是免费的。我自己也出钱参加过会计培训，但是没考出来。

征地前，我家买过商业保险。买的是人寿保险，是疾病方面的保险，交 15 年还是 20 年我忘记了。

（3）对于征地、拆迁的看法

我对政府的征地安置政策不满意，我们 BX 镇的拆迁都是私拆的，没有保障的，像我们现在住的房子，到现在都没有产权，而且没有安置费，就只给镇保，然后置换房子，其他补偿费一分钱都没有的。虽然种种不满意，但是我没有采取任何行动。据我所知，有些人去上访了，但是没有解决，而且还被制止。就镇保来说还是不错的，这里退休的老人他们拿到的养老金，自己管吃管住是够用了，不需要子女养了。如果在农村，肯定是不够的，需要子女来养老。

（4）城市化水平

居住环境上有所改善，以前我们要烧柴和液化气，每个月要去换气，现在用天然气，还装了分时的电表，好处还是很多的。以前我们家有 230 平方米，现在也差不多。但是现在这个房子质量很差，如果下暴雨，房子可能进水。此外，房子没有打地基，有的人家墙面开裂，有的房子还有沉降的现象。我们的产权办不下来，是因为这里没有交土地税。所以我们也不同意交物业管理费。

就消费方式来说，我觉得住在城市，开销肯定大一点，现在他们“月光族”比较多。像我们这种农村出来的，思想还是比较保守，总归想要留一点，不可能每个月用完的。我觉得我家每个月还是吃和穿的开销最大，然后走亲访友也是一大笔，并且现在包红包都比以前包得大了。我有时候也会网上购物，因为比较方便，并且有时候还会比较便宜。信用卡也会用，可以透支。

城市人在教育方面比较重视，所以花销会多一点。我的孩子，她有什么喜欢的就让她学一两样，不可能让她什么都学。我小孩现在 11 岁了，教育费用大概占家庭开支的20%，她现在还没有上辅导班。我总归还是希望她自己成才，不要靠辅导班。现在大学生太多了，最起码要研究生。并且是要有方向的，我女儿美术和体育都很好，我希望以后她可以考设计类的专业或是上警校。

13. 访谈调查3—13

时间：2008年7月19日上午9:00

地点：李某家中

对象：李某，女，52岁

简介：李某，平时热心居委会对失地农民的管理工作，被选为楼组长，工作积极，健谈，对征地政策满意度较高，对于目前的生活状态也比较满意，十分适应征地后的居民生活。

内容：

（1）征地、拆迁情况

我们是2003年7月征地的，搬过来已经是2005年了，中间隔了一年。刚开始不是整个村子都迁掉，只有我们五家，后来全都征完了。

我们家共四口人，地不多，土地证上写的有三亩多，但后来按照实际种多少算多少，我家收入不靠土地，种的主要是口粮，我们就报了半亩，现在是一点地也没有了。我们以前是农业户口，现在是非农户口。

我们是2003年知道征地的消息的，之前一年就听到传音。正式公布征地之后当年就完成了征地，2004年我们就搬出来了，其他队的事情我们不是很清楚。

听说，我们被征的地起初要造电子城，但现在还没有造起来。不过，现在有的地被外地人承包了，有的在种，有的没有在种。

在征地动员方面，开发商起主导作用，村干部是跟着开发商过来开动员大会的。动员是肯定要动员的，老百姓突然间没地了，房子又没有造好，老百姓肯定是有些想法的。实事求是说，我对划地类别有点不满意，我们BX镇这块地应该算是三类，但结算的时候都照着四类的标准算，这一点大家都是有意见的，有人说地是有差别的，不一样的，那我们BX镇的地也应该分一下呀，有四类也有三类，但现在都是按照四类地算的。除了划地的类别上有点不满意，在征地过程中，村委会的工作还是可以的。不过，评估的尺度相差蛮大的，有些“钉子户”，就是不迁，最后补偿还是多一些的。我们之后的拆迁评估的政策有所变动了，他们的价格就比较高。

据我所知，地的性质不同，补偿的费用就不同，宅基地和农地的补偿是不一样的。

补偿的方案有两种。如果是要一套房子，就给房子，如果是要钱，也是可以的。如果是拿钱的话，要考虑是不是够再买一套房子，不过当时是可以的。当时我们五户人家拆迁的时候是很急的，其实意见很大，不过也没办法，不能不搬，当时说如果不搬就把水电都停掉，没办法住。正好五户人家田和房都近，一起征掉了，我们家是住在亲戚家的，有的是搬到乡下，也有的借房子住。其间有过渡安置费，按人头算，一个月一个月算，但钱不是按月发的。

现在的房子有130平方米，住得还可以的。我们之前的房子有250平方米，补偿的费用是按照新房的平米数进行折扣的，因为我们之前的房子大，所以还剩下来一部分钱可以拿到手。当时这里的房子的结算价是1400元/平方米，当时旧房子评估的价钱低，所以这里房子的价格也低一些。独生子女在拆迁购房上没有优惠。

说句良心话，村干部肯定也是为我们着想的，上级的开发商的标准，他们也不好违反。

（2）保障情况

有个别人家之前买了保险，大家都不太主动买保险的。征地之后享受镇保，镇保涵盖了好些项目，如养老、医疗。

现在养老这一块，退休金在涨，那些老人很高兴的，每个月可以拿600多元。镇保与城市保障之间的差别，我不太了解。我们这代人，养老以后就要靠镇保了。不同年龄段的养老保障基本上是一样的，退休后都是一个标准。退休前是没有的。

医疗保险的优越性可大了。现在挂号好像不用出钱了。医保卡里好像每年一个人400多元，用完了自己要掏钱，用不完钱就在卡里。退休的是一次性打进卡里10年的医疗费，共4000元。

如果有人家征地后收入减少，造成生活困难的，可以申请低保，不过这种情况很少并且是需要调查的，每个月好像是给300元。

（3）消费情况

现在的开支多了，以前还种点蔬菜，现在每餐都要买了。特别是女儿结婚了，和女婿基本上住在这里，菜也不能太差。一般光是吃，每个月要花销200元。征地之前，我是上班的，现在在小区里工作。我丈夫以前在私人公司，现在也是。征地之后收入减少的项目不太明显，因为以前我们家种地也只是种个口粮，收入都是靠上班的，与现在差不多。开支也没有太大变化。

（4）就业情况

政府有帮农民安排工作，一般是一些服务性的工作。农民刚刚从种地转过来，也没有特别的工作技能，有时政府也会提供一些就业培训，比如教种果树、剪纸花。种果树可以去大学城那边工作。培训班是办的，自己感兴趣的可以去听，免费的。对找工作还是有一些帮助的。征地对年轻人影响不大的，虽然年轻人如果一直找不到工作是没有失业补贴的，但是年轻人本来种地的就少，很多都在工厂或单位上班，我们认识的人中没有找不到工作而生活困难的年轻人。总体上说，现在农民征地后情况都还是可以的，对于征地结果非常不满意的还是少的。不满意的主要是将近50岁的人，退休时间还早，找工作又困难，是有一些问题的。

（5）城市化水平

我感觉自己已经不是农民了，住在城里了，过得不错，也不用种地了。比起以前农民的日子，肯定觉得现在好，我们一些人一起聊天就会聊到以前的日子多苦多苦，比如夏天天气再热以前也得去干活，现在觉得热了就在家里待着。

刚来的时候有点想法，我们总希望离南桥近一些。不过，虽然以前这里比较荒，但现在慢慢好一些了，店铺多一些了。在生活习惯、生活节奏上没什么不习惯的，完全习惯了。

现在的生活与征地前相比，在文化娱乐、生活休闲这方面有很大提高，比如每天晚上经常去广场跳舞。

我们现在有困难肯定先找居委会，村委会不太接触了，但也不能说没关系，我老公的档案在那里，户口本是各家管的，但户籍关系上，我们的名字还在村里。居委会平时会开展健康讲座，找老师来教做花之类的，安排一些活动。居委会在对待原住民和搬来的失地农民上没什么差别，现在大家都习惯了有事去找居委会，居委会是平等对待的。

（6）征地后，与亲戚、邻居的关系

与亲戚的关系和以前差不多。我隔壁还是以前的邻居，并且原来从同个村搬出来的五家人也在这个小区。与以前老邻居的来往主要看时间，远一点的，如果有时间，又想了就去看看。

14. 访谈调查3—14

时间：2008年7月19日下午3:00

地点：王某家中

对象：王某，男，63岁

简介：王某，已退休，每月有镇保发放的养老金。他觉得和市民比养老金少了一点，但还是很满意。对于征地政策很满意，对于目前的居住状况、生活习惯、人际交往总体来说还比较满意。

内容：

（1）征地、拆迁及补偿情况

我们村子里2002年就开始征地，但只是一小部分，2003年以后就征得比较多了。到现在为止，全村原有的2866亩地全部都征了。但还有三个小队住在村里，他们的镇保也是和我们一样的，主要是我们镇里的经济实力不够，拆房子都是分批分期拆的，征的土地也不是一下子用掉的，现在我们大队真的用掉盖厂房的还不到一半，其他的地荒了有两三年。这三个小队也都和我们一批征地的，起先根据经济发展是想由大队搞经济开发区，后来不行，就由公社搞，后来一下子到了镇一级，整个大队统统都征地。

征地前我们家共五亩七分地，到2004年，当时大队统一放掉一些地给外地人种了，我们自己种三亩六分地。之后征地就全征了。

当说要征地的时候，有一部分人还想不通，因为承包土地政策改过几次，1990年后有一次说承包政策30年不变，说了没多久又说要征地了。征地的待遇也比较低，有些人就闹情绪了。在农村里消息是不太灵通的，开发区的工作人员来通知不要种地了，如果已经种了，就赔种子成本。征地的大会是肯定开的，但是宣传工作不一定做得细。大家基本上在征地上是没有什么意见的，主要是拆掉房子的时候大家有意见，工作人员不公正，也不是怪村干部不好或工作人员不好，主要是镇里面的指导思想的问题。评估房子的时候是专门有嘉定那边的评估人员来的，评估了以后，由开发区的工作人员结算，但结算时开发区工作人员并没有将评估时的文件原稿拿过来，拿过来的都是复印件。虽然一样的房子、一样的高低、一样的样式、一样的面积，但是评估价格就是不一样。这跟村里面没有关系，都是开发区工作人员做的，所以人家有意见要闹，最后也还是那样子，讲了也白讲，不签字也不行。

土地是没有补偿的，人家都说土地不种了应该有土地费，可惜一点也没有。分到的房子是抵扣原来拆迁的房子的，还给办了镇保。当时每家有一分地用来种蔬菜，这一分土地的补偿就是一次性给我们150元，实际上按政策不止150元的，应该每年给150元，他们都不按照政策办事，这些都是开发区说了算的。

现在我们大队党支部还是在的，村里的党支部只是个空架子了，只管没搬走的几户人家，其他人都不管了。村干部也不会因为拆迁征地的事情替村民去和开发区沟通。

在我们拆房子的时候，对新房子的面积户型、每平方米多少钱都登记好了。拆迁了之后统一造房子，老房子评估得多少钱，用这个钱再来买新分的房子。新分的房子比商品房肯定要便宜，1400元/平方米，老房子评估的价格不到1000元/平方米，评估的钱是拿不到的，抵扣新房子的钱，我们家是拿了新房子还要贴钱。

房子是没有产权证的，我们这个开发区不是市里面安排的，是乡镇搞的，没有经过市里面批准，所以还有人到市里面告状。

房子是有过渡费的，因为拆掉了还住不到新房，要租房子，过渡费是8元/平方米，是一次性发的。我们家是住在亲戚家里。

征地是由镇里面组织开发的，我们就是一次性补偿800元/亩，接着就不给钱了，只给一个镇保。

（2）保障、就业情况

我们家没有买保险，看每家的经济状况，经济可以的话就去买一些，经济不可以就不买了。

我们已经退休了，607元/月，像我们两个人，每月有一千元多一点，光我们两个人吃肯定够了，哪怕物价再涨一些，现在物价涨镇保也在涨，基本生活够了。

医疗保障是给一张卡，基本所有医院都能用。门诊费有规定的，10年4500元，退休的人是一次性把10年的钱都打到医保卡里。我够用，我老婆不够用，小病是够用的，大病是不够用的。住院每年要交1200元，一年住几次都可以的，住院押金2000元，如果没有镇保要押5000元。医保的政策肯定是满意的，没有医保全要自己出的，如果是农村合作医疗自己要先交钱，报的也没有镇保多。

低保我们没有听到过，经济实在困难的可以申请补助，农村叫困难户，保证有饭吃，基本生活费是保障的。征地后要低保的，我还没听说。

镇保以后生活水平肯定是高了，征地前我是在乡办厂工作的。现在的收入比过去高了，种土地挣不到多少钱的，去掉农药、种子、机耕费、打水费等成本，听人家讲一亩地挣不到300元，要规模化种才能挣到钱。

开支方面，像我们两个人平均每天用30元，米的话1斤就够了，1.5元左右。

收入减少的地方就是种地的收入没有了，但一年种地收入很少的，现在养老金一年有一万多元，今年开始我们都不工作了。

政府的安置补助费是一次性发放的，按老房子的平米数给我们发的就是拆迁的安置费，8元/平方米。

政府会帮忙安排工作，一般是服务性工作，如果是正规的厂、正规的岗位，最低收入是960元。

政府有组织就业培训的，我们镇专门有成人培训基地，比如有种果树讲座、养殖讲座。征完地的人大部分都在打工。

（3）对于农民转为市民的看法

城里肯定是好的，工资多，生活有保障。现在我们不是农民了，但也不是真正的市民，待遇不一样呀。

（4）征地后，与邻居、亲戚的关系

跟以前的邻里关系肯定是两样的，一个村庄大部分都是一个姓的，老根都是一个的，姓黄的都是姓黄的，姓李的都是姓李的，大部分都是这样的。现在，我们这里一大幢房子，我们村就只有我们一家，以前的老邻居虽说都在这个小区，但远一些了。我这个人吃了晚饭不出去的，老邻居也来往少了。跟现在的邻居就是同一排的熟一些，像前后的邻居其他很少走动。

跟亲戚的关系变化不大，虽然他们还在种地，但差别不大。

15. 访谈调查3—15

时间：2008年7月20日上午9:00

地点：李某家中

对象：李某，女，48岁

简介：该访谈对象征地前就在工厂上班，征地后继续在工厂上班，做工厂的手套加工员，较为健谈，得到信息量较多。

内容：

(1) 征地、拆迁及补偿情况

我们村大概是2002年开始征地的，我们全村的地不是一次性征的，也没有全部征掉。村里有好几百户人家，被征地的占一半。

在征地之前是开过动员会的，动员大会是镇里的领导组织的，村里的干部一起参加，村委会配合镇里工作。动员会开了好几次。镇里的征地方案在动员大会上会让大家提一些意见，有的人开始不同意，后来说要上镇保，也就同意了。还有些老人想不通，喜欢住在老房子里面，动员好几次后也就签协议了。从动员到征地不到一年，征完的地就马上建造房子了，过了一年半我们就又搬回来了。

拆迁的时候镇里面的领导来的蛮多的，他们怕大家不愿意，他们的项目没有办法做下去，肯定是抓得特别紧的。

征地补偿的费用很少，一次性补偿800元/亩。一些年纪大的，60岁以上的，可能一个人补了1000多元/亩。还有就是安置新房。宅基地的补偿比地面上的房子更贵一些，是按地价每平米算的，房屋是按新旧程度，这些都由评估公司评估的。

我家的老房子评估完之后定一个价格，再把我们报的新房子的价格也算好。我们老房子估价低，新房子折算的价格是1400元/平方米。很多人家老房子面积就小，又比新房子便宜，他们拿新房子就要补很多差价，有些还拿不出这么多钱，所以还是有很多意见的，后面有些人家确实有困难的，还是让他们先住进来了。我们家老房子面积大，有260平方米，现在新房子175平方米，还能拿一个小一点的房子，很快就可以拿到了。

拆迁完我们是住在亲戚家的，过渡的安置费是按照老房子的面积给的，每月每个平方给8元，半年发放一次，不是一次性发的。

我们安置的新房子是分三批入住的，我们家是第一批的，搬过来有五年了。

我们这个房算是公房的，当时说三年后才知道是不是有产权证，现在是没有房产证的，不能买卖。

拆迁后，能找工作的就自己找工作了。此外还有镇保，290元/月，给两年，两年后就没有了，要到退休后才能拿养老金。45岁以上的妇女，可以每月拿290元，一直拿到退休，退休后就可以拿养老金了；男的每月拿290元，但只能拿两年，两年后就没有了，要到60岁退休才有养老金。我觉得这290元属于就业过渡费，和房子拆迁的过渡安置费是不一样的。

子女结婚与分新房子没有关系，分房是根据老房子的面积，否则就要贴钱。如果家里人多，新房的面积可以要大些，按照1400元/平方米购买。无房户是另外给一部分钱的，像出嫁的女儿离婚了，户口又回来娘家的，是没有房子的，拆迁时会给一笔钱，好像是三万。

我们家的补偿我不太满意，我们家五亩多地，赔偿才几千元，太少了，并且290元/月拿两年就没了，而找工作也不好找。房屋补偿方面，房屋估价低，不过新房的价钱也低，所以还过得去。

（2）保障、就业情况

我们以前是没有保险的，就是村里面的一个合作医疗，每年交一些钱买医保，万一生病报销50%。体检费报不了，医疗费可以报。征地后就有镇保了。老年人觉得镇保挺好的，养老金每个月有600多元，老年人是欢迎的。养老标准都是一样的，退休后都一样，六十岁和七八十岁都一样。没退休的，要等退休了才可以领。

一般生病了会去医院。小毛病就去镇医院，门诊发了一张卡，每年卡里会打入400元。退休的是一次性发10年的钱，一共4000元。不管是大病小病，门诊费直接从卡里出，花完了自己出。住院费是另行报销的，报销比例是80%。医药费是按比例报销的，从卡里面扣。小孩是没有镇保的，18岁以上才有，如果18岁以上还在读书也没有镇保，但学校里有保险。

特别困难的人是有补助的，像家里有残疾人的，会有补贴的，不过这些与征地无关，就是一般的福利。一般年终时给一点，平时好像没有，具体给多少我们也不知道。

政府是安排了一些工作，但是收入都不太高，像扫地的、值勤的，以前是每月三四百元，现在有最低收入保障了，960元/月。如果是正规单位就是960元/月，不是正规单位的，还更少。

政府组织的培训是有的，专门有一个学校，并且可以领两年的就业过渡费，这个时间就是让大家找工作的。

收入方面，征地前我们年轻人也出去工作，所以减少的收入就是种地的收入，增加的就是养老金。我们是去镇上的乡办单位工作，不同户口的工资待遇是不一样的，退休后的工资也是不一样的。像我们镇上乡办单位的退休工资，农业户口的一个月只有几十元，镇上户口的一个月是几百元，像我们农转非之后，以后拿到退休金，单位里的退休金就没有了。

我们的儿子和儿媳妇虽然是农村出身，但征地前就是非农户口，所以征地这个事情，他们一点好处都享受不到。镇保、养老金与他们一点关系都没有。

征地前的开支少，物价也便宜，那时候羊肉几块钱一斤，现在几十块钱一斤，那时候吃得起，现在反而觉得吃不起。以前种地一年有几千元收入，相当于现在几万元收入了。征地后，主要的收入来自打工，我们家除了我婆婆和我老公没上班，其他都上班，孙女在上学。生活水平肯定比以前好多了，以前像空调是不会有的。现在镇保政策对老年人有利，以前是干不动了，就没有收入了，现在每个月有养老金。

（3）城市化水平

我们没了地，不是农民了，但肯定不是真正的城里人，只是脱离了土地而已，我们和城里人退休了拿的钱显然是不一样的。但是总的来说，情况比以前好多了。

乡邻之间接触少一点了。以前是一起种地，种得很累，就谈谈笑笑。以前的邻居现在都在这个小区，原来都住在这一带的，但挑房子的时候没挑在一起，都是各自挑选的，但还是时不时在一起的。

亲戚有还在种地的，他们很羡慕我们，说怎么轮不到他们呀。对没有镇保的人来说，肯定是羡慕我们的，但这并不影响我们之间的关系。

文化方面提高很多，以前只管种地是没有业余生活的，现在文化活动很多，如做丝网花、打腰鼓、剪纸，晚上还可以出去跳跳舞。像我上班时间只有半天，也有活动时间。

遇到困难时，我们一般是去找自己的亲戚，不去找居委会。不过，也有人去找居委会，居委会也会给解决的。

16. 访谈调查3—16

时间：2008年7月20日下午2:00

地点：张某家中

对象：张某，女，38岁

简介：张某，有正式工作，认为以前种地也就是随便种种，现在没有土地了，对自己也没有什么影响。已经较好地融入城市生活，习惯市民身份和生活方式了。

内容：

（1）征地、拆迁及补偿情况

我们这里是2003年征地的，大概是2005年搬到新房子的。我们新房子的地方就是我们以前住的地方。我们生产队农田多，菜园果园少，多数都种水稻。现在地全征掉了。

征地前我们家有六亩地，平均每人一亩半，加上我们承包种蔬菜的地，一共三十多亩地。

征地之前我们就知道了，征地的时候我们还种蔬菜呢，拆迁的人说这个地方要造房子，叫我们不要再种蔬菜了，我们开始是不同意的，但是没有办法，他们是有点强制性的。我们这个地方是我弟弟承包的，我以前在土地管理所上班，他们就对我施加压力，让我把家里的事情办好了再来上班。我跟弟弟商量了一下，就算了。

我对征地的补偿不满意，因为1999年我们签了承包协议，协议规定承包期限是10年，后来种了还不到5年就不让我们种了，但并未给我们补偿。并且，开始承包土地时，不懂种植技术，收成很低，我们赔了很多，政府应该给我们一点补偿，但什么也没补。我们的大棚蔬菜好像是赔1000元/亩，一次性的，地上的东西也来不及收的，还没搬完就开始造房子了，四五月跟我们说搬，七月施工队就进来了。当时，种地是我们主要的生活来源。本来我的丈夫、弟弟、妹夫、爸爸、妈妈都在这里种地的，他们说叫你们不要种了就不种了，但也没有安排工作的，我丈夫、妹夫半年内都没有找到工作。镇保了之后，就给了两年的过渡费。其他什么补贴都没有。

房子是2004年开始拆的，我们在外面住了一年，是租房子的。过渡费是按照老房子的面积，每月每平方米8元给的。我们家老房子有200平方米，不算大。

宅基地和农地补偿是不一样的，宅基地有平方补贴。宅基地和房屋价格算法也不一样，宅基地是按平米数计算，房子是找人估价。有好有差，有的装修有的不装修，像我们拆房时算的很便宜的，拿新房是要贴钱的，现在新房是174平方米，我们还贴了一部分钱。估价是政府找人来评估的，如果是公开的，我想应当是合理的，但是是不公开的。一样的房子，有的赔的多，有的赔的少，具体差多少他们是不公开的。估价是很详细的，什么都看的，一项一项都列出来的，这个评估公司很清楚的，但却没有公开。我这个房子要补多少钱还没有结算好，大概要补五六万，我们还没算好，因为还有一块宅基地征掉之后，我们家还可以拿一套房子，到时一起结算。

我认为，我们的房子很难拿到产权证，因为政府没有交土地费，是自己开发的，如果要有产权证是政府要交一部分钱到房土局的，政府肯定拿不出来的。

独生子女在配置新房子时是不享受优惠的，造老房子的时候是有优惠的，就是一个人算两个人的面积，所以优惠在老房子造的时候就享受了，拆迁时候就没有的。

现在对出嫁女有相应政策了，我们家的地是最早一批征的，那时还没有出嫁女的政策。现在就是叫无房户吧，出嫁了户口还在这里，虽然没有房子，但拆迁时要补给她3万元。

村民和村干部的征地标准都一样，房屋补偿上也应该是一样的，这个我们也不清楚。村干部在征地过程中会协助镇里人来做工作，如果村民有意见，村干部也会去帮忙反映。村干部肯定是帮农户说话的，侵犯农户的利益是不可能的。

我以前是在村里做财务的，征地赔偿农户的钱是先打到村里，最后也是要分给农户的。以前征地主要是给镇里造厂房，征地后给农户补偿一部分，余下来就留在村里做收入了。现在规范得多了。我们这一批征地跟村里面没关系的，都是镇里面的，不是开发商造房，一般只接触镇里面的拆迁办。

我们对征地的整个过程和国家征地政策都只知道一点，人家说怎么样就怎么样。我们家是最早一批拆迁的，过渡安置费是1000元/人，一次性的，我们家四口人就是4000元。后来，有人看到了区里面的文件，是按平米数补偿的，每平方米每月8元，像我们家200平方米，一年有1.6万元，还少算两个月呢，这和给我们的安置费差别太多了，后来人家去镇里集体上访了。我们是等到上访了才知道，后来政府同意在结算的时候加上这个钱，这个安置费现在还没有发到手。

我们是2006年农转非的，是搬到新房之后转的。我女儿还是农业户口，办镇保时，她还没满18岁，如果以后不给办镇保，读完书又找不到工作的话，也没有保障了。

（2）保障、就业情况

保险方面，我没有买其他保险，原来在村里的时候有城保，政府是有规定的，自己出一部分钱，村里有补贴，但补贴得很少，自己出得多。现在一般是农保，上班的是单位给买，不上班的自己买，一年交120元，退休了退休金一个月几十块钱，很少的。

医疗方面，如果没有什么大病是可以的，如果有大病，门诊的钱是不够用的。退休的老人是一次性打到卡里4000元，年轻的是每年400元。门诊和医疗费是直接刷卡的，医院里怎么算我不知道，药店里是自己出10%，我们家还没怎么用。

养老方面，我们现在没有退休，所以享受不到，据我所知，享受镇保的老人，607元/月。现在退休老人肯定比以前好了，医疗、养老保险都有了，以前农民看病没有保险，现在有医疗保险了，自己出得总会少一些。

就业方面，我们有两年的就业过渡费，290元/月，社保中心每个月发到社保卡上的。此外，现在每个村设专人负责就业，专门统计现在就业情况，对没有工作的，会帮助介绍工作的，一般介绍的工作是服务性的，比如种树、拔草，还有些正规一点的，最低工资960元/月。有的工作不是每天都去的，一个月多少钱他们是有规定的。现在失地了，上面关心还是很多的。镇保没有失业保险，因为他没有上班，要在企业上班后，企业帮你交了保险的，才有失业保险。农民以前都没交过失业保险，没保险金领的。

支出方面，我们现在的支出多了，什么都要买，现在每个月基本开销在五六百元，家里基本上中饭没人吃的，开支少一点，只是买菜的开支。收入上，现在也没有比以前多，以前种菜的时候我也在上班。

(3) 城市化水平

我们现在还不算真正的城里人，毕竟还住在农村，就是不种地了。环境和以前不一样了，以前在老房子都自己养鸡、鸭，现在卫生条件好很多。生活都和城里人差不多了，上完班，做点家务，但因为还是和以前住在同一个地方，觉得还是农民。

改进的地方有很多，比如在消费方面，由于收入多了点，生活水平提高了，现在消费也多了，舍得用钱了。比如以前都舍不得喝牛奶，现在舍得买了。

不适应的地方，我没感觉到，退休的老人可能没有地感觉不习惯，我爸妈看到荒地还是要种点东西。

邻里关系是有变化的，征地前隔壁一点小事都要争吵的，种地的时候种过来一点都要不开心的，现在无所谓了，都是公共的地，现在很少有人争吵了。以前一起住的邻居，现在不住一起了，但还是会经常过来玩的。亲戚之间的关系，主要是弟弟妹妹那里，以前要密切一些，现在平时都上班，逢年过节才来往。

以前满脑子就是种地，现在空余时间多了，娱乐活动就多起来了，有空了去城里玩的机会也多了。

我们在这里生活，有事找居委会多一些，不过我们的户口还在村委会，我们村原来就在这里，村委会也很近。居委会有很多活动的，尤其是文娱活动，跳舞、打腰鼓都有，与征地前相比生活变化是很大的。

17. 访谈调查3—17

时间：2008年7月20日上午9:00

地点：王某家中

对象：王某，女，55岁

简介：王某，担认小区的楼组长，平时帮助居委会管理自己楼组的失地农民，对于征地政策十分满意，在失地农民市民化过渡中起到引领和模范带头作用。

内容：

（1）征地、拆迁及补偿情况

我们原来是在DX村的，离这里有三里路，2005年5月搬到这里。我们村是2003年开始征地的，我们村是镇里最大的村，整个村子征掉了4000亩地，全村的地都征掉了。当时说征地是要造厂房，厂房造了一部分，还有一部分没造，开始是空在那里，后来政府不允许了，就给外地人种，具体有多少亩还在种我不是很清楚。

征地前，村里农田、菜园、果园都是有的，种西瓜的很多，果树也是有的。我们全村有四五百户人家，所有人家的地都征掉了，村里现在还有三个生产队的房子没有拆，村里人都搬到了这个小区。

我们家有五口人，现在只有我们老两口有地，共四亩。孩子出去读书，已是非农户口，所以一点地也没有。

来跟我们说征地这个事的是开发商，让我们不要种地了，房子要拆了。开始是村里要开发，后来是乡政府要开发。村里开发征的地少，乡政府开发征了大部分地。我家被征地时，补偿费是600元/亩，我家有4亩地，共2400元，我已领取。后来征地的，补偿费涨到800元/亩。

地征完后，就开始建造厂房，之间没隔多久。

征地是没有开会的，要拆房子了是开会的，我们征地和拆房子都是2003年，开会是由宅基地的宅长召集，我们生产队有两个宅基地，相当于要分两次开会。

征地的政策我们没有主动去了解，开动员会时告诉我们要征地、要拆房，告诉我们是怎么回事，就让我们签字，我们就签字了。以前也没有人家有意见，后来就有人不同意，去提意见了。

农田、菜地的补偿费都是一样的，果树的补偿费是不一样的，一棵果树补偿15元，很少的。宅基地的补偿与农田不一样，宅基地征用是在拆掉房子的时候，与房子一起算钱。我们的房子拆掉之后这块地就变马路了。

房屋是由专门人来评估的，按面积计算。另外，房屋还有8元/月/平方米的过渡安置费，像我们家的房子评估之后，连过渡费4000元也算进去，共19万元，原来是183平方米，现在是147平方米，新房子的价格是1400元/平方米，还贴了2万元。如果要买200平方米，剩下的50多个平方米的价格，就要在原来单价上再加1000元，就是2400元/平方米。

房子是2003年拆的，搬进来是2005年，将近两年，我们是住在儿子家里的，过渡费是最后房子结算的时候一起算的，算在老房子的价格里面了，没有单独发给农户。当时我们家房子要的是130平方米，这个是不用补钱了，后来房子给大了，就贴了2万元。

村民之间房屋安置的政策都是一样的，村民之间基本上没有什么纠纷。村民和干部之间应该也是一样的。村干部是为村民着想的，村民一直种地，他们也想让大家不用那么辛苦。

我们对征地和拆迁政策是很满意的，不用种地了，不用那么辛苦了，是很开心的。

（2）保障、就业情况

征地前，我们买了养老保险，到退休以后每个月拿30元，是我们个人出钱的，村里也没有出钱，不过我们是村里集体办的。

现在养老靠镇保，607 元/月，现在这个政策好，不过不知道将来政策会不会变。

没有镇保之前就医一点也不报销，2004 年有了镇保之后，开始时报销比例是 60%，发了镇保卡，要到劳动服务中心报销。到了 2006 年 8 月发了医疗卡，就可以直接刷卡，门诊可以用医保卡，10 年给发 4000 元，一次性打入卡里，有的人早就用完。门诊的报销比例是 70%，自己出 30%。有些药是不能报的，比如价格贵的进口药是要自费的。

我们的生活来源，征地前靠种地，以前是卖西瓜，挣得很少，要供两个小孩读书。那时花费也少，蔬菜一般都不买。现在我们老两口的收入就是镇保，子女都成家了，孙子都 14 岁了，我们现在可以靠自己生活。

征地后，原来村委会负责帮着推荐工作，但需要主动去报名。

(3) 对于农民转为市民的看法

征地前，当然羡慕城里人了，他们四五点就下班可以休息了，我们还在地里干活呢，我们都很羡慕他们。现在我们不是农民了，跟城里人差不多了，吃饭的时间也与城里人一样。不过心里总认为自己还是乡下人，时不时会惦记着什么时候拔秧的农活，不过还是不种地比较好。我们的子女从小一直读书，没有种过地，他们现在可以说是城里人了。

现在的生活比以前方便多了，以前家里有客人来，买点菜要走三里路呢，现在近了，就在旁边，鸡鸭鱼肉都很多。

现在邻居关系也挺好的，我们住的地方有来自四面八方村子的人，刚开始不太熟，现在都挺熟悉的，跟以前的邻居关系一样了。以前的老邻居现在都离我们家远，只有三家稍微近点，现在跟原来的邻居接触不多了。

亲戚关系与以前没有什么变化，都差不多。

现在退休了，白天空闲时间多，看到有废地，就想种些菜，不过，我还是楼层小组长，还要巡逻。

生活中遇到问题肯定找居委会帮忙，他们服务都很好。

18. 访谈调查3—18

时间：2008 年 7 月 24 日下午 2：00

地点：刘某家中

对象：刘某，男，67 岁

简介：刘某，当过生产队长，对于征地政策有所了解，对于征地利弊分析得较为客观，支持合理的征地政策，对于征地拆迁补偿整体上较为满意。

内容：

（1）征地、拆迁及补偿情况

我们村是 2002 年开始征地的，征的基本都是农田，起初征了 103 亩地，有五六个小队的地，后来把所有土地一道征掉了。征的地主要是用来盖厂房。

当时我们生产队有一方土地，我们村书记一看没有人家种就铺了条路，路造好之后，厂房在路两边就造起来了，后来县里面也来开发。这样一来，我们村就有两种开发方式，一种是村里面的开发，另一种是县里面的开发，村里面开发就由村里来通知，县里面开发就由县里来通知，我们家是由村里开发的。

征地前，村里没有开大会，只是生产队里派两三位代表，一般就是生产队队长参会，老百姓是不参会的，正好我在队里的职务是生产队队长，会议就是商量要怎样做宣传工作，怎么给老百姓补偿等事情，商量的结果就是第一年拆迁的补偿费是 600 元/亩，第二年拆迁的补偿费是 700 元/亩，第三年拆迁的补偿费是 800 元/亩。

农民种地很辛苦，但征地后我们吃过晚饭就没什么事了，可以到处走动走动。工资 600 元/月，以前忙来忙去一年也挣不了多少钱。不过，当时征地时还是有些老百姓想不通，通过做思想工作，告诉他们征地后是有生活保障的，大多数人还是愿意征地的。当时，县里也征地，补偿费用是800元/亩，村里的补偿费用是600元/亩，是有些农民有想法的，我们给他们解释，一般都是不计较了，大部分都是拥护的。因为大部分农民都是在厂里打工的，下班后还要种地很辛苦，所以要征地了他们也都很愿意的。

关于征地补偿费用，是有区别的，如果这批地是石地、荒地，补的钱少，每亩只补偿两三百元，种庄稼的地每亩补偿600元。我们那一批103亩的征地补偿是600元/亩，不过现在的政策是，第一年600元/亩，第二年700元/亩，第三年800元/亩，第三期补偿费与县里开发的补偿费用相同。我们村本来共有2800亩地，最后就剩下350亩地了，到2004—2005年，我们小队的土地都征完了，村子里房子拆掉，镇保全部有了，厂房都造好了，征地到开发隔的时候不长。小队里面是138亩田，老百姓签字是103亩，还有三十几亩是大队里面签字，允许村里征用的，这部分钱是老百姓不享受的，村里把这个承包给外地人种了，这个征用的钱是村里享受的。后来用于老人的退休费，还有比如老人节，村里买点东西给老人，详细的账目我们也不知道的。

我家共五口人，最初有六亩八分地，但要征地的时候是四亩八分地，因为孩子户口迁出去了，家里的一部分地就让人家种了，征地的时候只有四亩多了，现在全部被征掉了。我们现在是城镇户口，就是农转非户口，是2003年转的。我们家有不到四分的地是按照300元/亩补偿的，剩余的是按照600元/亩补偿的。

拆迁的老房子是按照1050元/平方米补偿，买新房1400元/平方米，相差350元/平方米。到后期，老房子补偿费和新房子的价格都有所上涨。实际上，老房和新房的钱差不多，当然，如果房子拆掉了，不要新房的话，是吃亏的，如果是换成新房子，吃亏倒也不大。不要新房子的话，把钥匙送还乡里面的拆迁办后，最快一个礼拜，最慢一个月就会将钱打到账户里。

我们的房子是由一家上海评估公司专门来估价的，有一张单子列明了项目，有房屋的高度、建造年代、平米数，估价之后，会说明价格，如果同意就签字。据开发商说，评估公司是由乡拆迁办统一安排的，一直是这家估的价。

评估后，少数村民认为自己家的评估费用比别人家少了，比如差不多的房子，一个是20万元，另一个是18万元，相差了2万元。这种情况还是很少的，但也有人想不通，不肯拆。这个就要做思想工作，大队做不通的，乡拆迁办去家里做思想工作，现在没有拆的也还有，旧房子没有拆，镇保都办了，这房子周围都是工厂了。我们村共426户人家，有两三户人家有意见。他们还住在原来的房子里，享受了镇保。我们当时有两个镇保政策，可以选332元/月，也可以选290元/月，男的只要满57岁就享受，女的满47岁就享受，可以拿多的，也可以拿少的。结果一年多后，332元/月不允许了，都是290元/月，到60岁退休后就拿507元/月。如果男的不满52岁，女的不满47岁，290元/月享受两年后就无法再享受了。

享受镇保，男的需要超过60岁，女的需要超过49岁，600元/月，但三十几岁就不能享受这个，不过两年内，给290元/月。

老房拆后还没建起新房的时候，正好我儿子有房子，我和老伴就搬到儿子那里，等到房子建好并装修好才搬回来，差不多是拆迁后的第三年了。对此，拆迁办给了过渡费，签了三年过渡费的合同。过渡费有的乡是第一年8元/平方米/月，第二年16元/平方米/月，翻倍的，但我们乡都是8元/平方米/月，如果是100平方米，就是800元/月，这个钱是拿房子的时候一起结算的，不是一个月一个月地给。

我们的新房都没有办产权证，当时拆迁办说要办产权证的，我们被拆掉的房子都是有产权的，但现在的房子住了三年，还没有产权证，我们也没有去催过，因为当时乡里面说要五年后才能办下来的，不过现在啥时候能办下来也难讲。

独生子女是没有优惠政策的。

村干部和村民的补偿标准都是一样的，老百姓是600元/亩，干部也是600元/亩，包括房子拆迁也是一样的，都是统一的标准。

村里的账目是公布的，今年收入多少，开支多少，一项一项列出来的，每个季度都统计，具体项目的收支都有列明。

总的来说，大家对拆迁都算满意。

(2) 保障、就业情况

村里是有农村合作医疗保险的，报销80%，比如花了2万元会报销1.6万元。一般我们都到中心医院或BX镇医院看病。镇保一次性给我们4500元，是10年的门诊费，看一点少一点。大病和住院，镇保是不报销的，并且4500元不够用。像我去年到中心医院住院，花了7000元。有些药也不给报销。其他部分中80%由国家负担，20%由自己负担。

如果没有镇保，肯定要自己买个商业保险的，保险总能补贴一部分，否则全要自己出。

之前没有镇保时，我自己买了太平洋保险，一年缴1260元，缴完十年，十年后，每年给一点钱。

养老方面是没有问题了，每个月都有工资可以领，每月14号发，15号就可以领了，不用的话，就放在银行里面。60岁和70岁的额度都是一样的。农转非之后，户口都转了，因为有镇保了，我把太平洋保险退掉了，退时还损失了一千多元。因为太平洋保险中有五六百元是交在医保里的，而在镇保报完之后，发票复印件不能再去太平洋保险报了，所以最后还是不划算的，于是就退了。据我所知，我们生产队有了镇保之后还参加其他保险的很少的。

我们生产队对于没有劳动能力或干不动活的，如残疾人、老人，是有低保的，此外村里每年也会上门慰问。低保费300元/月。不过有了镇保之后这个低保就没有了。不能生产的，还是有福利的，一年也有3000元左右。

征地之前我家的收入每年不到1万元。我在大队里有工资，每年不到3000元，同时也种地，老婆在厂里工作，农忙的时候就不去厂里了，我们就种水稻，其他东西不种的。种地1亩收1000斤谷子，如果1斤1块钱，就是1000块，去掉化肥、农药的费用，每亩收入只有四五百块钱，种地很苦也不高兴种。现在不种地了，老年人就看看电视、玩玩牌，比种地的时候开心多了。

征地前，家里开支很少，蔬菜是自己家种的，鸡、蛋之类自己有，就买鱼、猪肉，所以花得很少，过年时才多买点。现在与征地前相比，生活条件上去了，我们现在两个人每月有1200多块，以前种地的时候肯定是没有的。生活条件改善花钱也多，空调、冰箱以前都没有，现在都有了。

政府是有介绍工作的，是自己去土地服务中心报名，报名后政府会介绍三次工作，如果第一次介绍的工作不愿意去，就下次再介绍，如果三次都不愿意去，就没办法了。这是人的思想转变，不能什么工作都不适应。有些工作要技术，没有技术也没办法。

培训是有的，如协管、保洁，一般培训一个星期就上岗了，其他岗位是没有培训的。如果经三次介绍工作都没有成功，那么是没有失业保险的。一般他们会考虑工作的适应性，觉得适应了就上岗了。失业在家的还是不多的，实际上如果一个人现在不工作，肯定是以前也不工作，没有290元/月的时候，很多人也是工作的，去闵行中外合资工厂打工。农转非之后，不种地了还是继续在工厂里打工，影响不大。

（3）对于农民转为市民的看法

征地时，我们没想到自己的户口能农转非，现在虽然都是城市户口了，但还是和城里人不完全一样。不过，要慢慢来，不能一下子变好很多。生活有很多改进的地方。老年人都可以免费享受一些娱乐活动。吃好玩好，都无忧无虑了。邻居关系还是和以前一样，现在的邻居都是以前其他大队的，我和老邻居也经常走动，与以前差不多，和新邻居也熟悉起来了。和亲戚的关系与以前也是一样的。

现在空闲的时候也不干活了，看看电视、逛逛街、小区里面散散步，很开心的。

如果有事也可以找居委会，但一般不找，自己能解决最好。不过，居委会也会上门来的，并且会经常组织一些活动，比如，请医院的医生到小区里给老年人量血压，开电视讲座。

(4) 期望、建议

总的来说，对以后没什么担心。看病政府报80%，同时还有镇保。如果自由选择，肯定是选征地。

19. 访谈调查3—19

时间： 2008年7月25日上午10:00

地点： 陈某家中

对象： 陈某，女，62岁

简介： 陈某，征地前在工厂里做工，征地后有了养老保险，对于征地补偿政策基本满意。

内容：

(1) 征地、拆迁及补偿情况

我们大队是2003年征地的，种的地和宅基地都征了，用来造厂房。

我们家共四口人，征地的时候有六口人，大儿子和小儿子户口都出去了，现在只有我们老夫妻两个人。征地前有四亩多地，现在完全没有地了。征地后隔了一年办理的镇保，现在有四年了，户口也转为非农业户口了。

征地这件事由大队组织开会，乡里和开发商都不来的，每家每户由一名代表参会，不可以不出席，如果不参加，就是自己放弃。把征地政策印在纸上发给大家，让我们自己看，有的老人不识字，就拿回家让小孩看。起初说要征地了，后来又通知说房子要拆掉了。从征地到厂房建起来，隔的时间不长。

补偿费用，通知说是800元/亩，一般他们给多少就是多少。后来再征地，有的老百姓有意见，还去上访了。第二批补偿的费用就高，我们不开心了，就去找上面的，但最终也没有增加补偿费。

我们那一批征地的，各种地补偿的费用差不多，果树是按照颗数补偿的，宅基地是不补偿的，房子是按照平米数补偿的。房子是由专人来评估的，有一个估价书，一项一项列清楚，造得迟的价格贵，造得早的价格便宜。

拆迁后，新房子还没有造好时，我们住在别的地方，是有过渡费的，8元/平方米/月，但不是每个月发的，是拿房子的时候统一结算的。

现在房子已住了三年，但没有拿到产权证，他们说要办的，可至今没拿到产权证。这个新房子是1400元/平方米。新旧房子抵扣后，即使算上过渡费，自己还是要贴钱的。

有的村民不满意，认为自己家的估价比别人家低。像有些贫苦的人家，以前房子小，现在如果新房子面积一样的话，要给好多钱，这些人有想不通的地方，有跟干部说的，也有跟评估的人说的，闹起事来的也有，觉得吃亏了。

村民之间是不吵架的，如果觉得自己家的评估跟别人家相比少了的话，村民之间不闹的，都是到上面去闹的。

村民和村干部之间是差不多的，毕竟大家都在看着的。

我们村民只关心自己种的地，不关心村里的事，给村集体的补偿费，我们也拿不到的。我们家的自留地没算在承包的四亩地里，征地的时候，也是一样的补偿方法，也是800元/亩，本以为自留地永远是自己的，现在征了就没有了，有的人认为自留地应该每年都给补偿的。

说实话，我们对征地的政策是不清楚的，他们说怎么样就怎么样，不过我们也知道这个标准都是一样的，如果不一样是要吵起来的。

对宅基地的补偿标准，我们这一批拆的时候，是650元/平方米，当时我们是满意的，但下一批拆的时候，是1300元/平方米，我们就不满意了，差一倍呢，可我们拆的时间就只差一年多。我们家那时候有两楼两间加一个小屋，补了18万元，但后来两楼两间加一个小屋，有30万元，差12万元呢，这要是自己赚钱要多少年啊。他们有的人到现在都还没拿到房子，镇政府就一直给着过渡费。

（2）保障、就业情况

征地前，我们没有参加保险，我们家养两个儿子，他们工作之后还要买房子，花费很多。征地之后就有镇保了，现在我已经退休，600元/月。对养老问题没有顾虑了，一切放心。

医疗方面，生病一般去BX镇卫生院，如果看不好就去AX镇。现在看门诊、买药都是用医保卡的，少部分的钱是自己掏，比如看了80元，自己只要掏8元，其余都是由医保卡付的。如果住院，就去社保中心办医保，看病钱就少交一些。去年我老公去上海第二医院看骨折，我自己出两万元，因为用的是高科技，不能报销，如果是普通的，医保付得多一些。我对医保挺满意的。

镇保之后都没有低保了，镇保之前申请低保的也少得很。

征地前，我们的主要收入来源是厂里的工资，我们两个人都在厂里，种地收入不多，还要买化肥、农药，当时每个人600元/月，收了谷子是不卖的，自己家人吃。征地之后收入比原来多了，我老公现在59岁，镇保还没有，上班每个月有九百多元的收入，我的镇保是六百多元，拿了镇保退休工资就没有了。

开支方面，总归是要多一点的，现在条件好了，物价也上涨，不过比乡下的时候不知好多少了，小孩也大了，小孩也有自己的小孩了，我们也不用操心了，以前小孩小的时候，都要我们掏钱的，现在我们两个人开心了，要吃什么买什么。

征地的第一年，我还没有退休，后来厂里效益不好，我就不干了，在家里干点活。

那些年轻一点的，征地后没工作的，政府会帮忙的，他们去社保中心报名，社保中心会根据年龄安排工作。

此外，政府还组织了培训，比如绿化培训、蔬菜种植培训。年轻的没有工作的很少。我两个儿子，考中学的时候户口就出去了，一个考到师范院校、另一个考到技术学校。

现在都挺好的，我现在走出去，看有些老人没有镇保，种地辛苦得很，我们现在是开心了。

(3) 对于农民转为市民的看法

以前，我很羡慕城里人。城里人上班就是上班，上班回家后就是烧饭、洗衣服、睡觉，我们呢上班后回家不能睡觉，洗完衣服还要去地里干活。我们工厂是三班倒，有时早上8点钟回家，还要去地里打药水、拔草，所以现在挺满意的。

现在，我们还不是城市人，算是小城镇的人。城里人工资高，不过他们工作忙，我们现在是待在家里的，每个月可以拿六百多块钱。现在没有征地的人都羡慕我们，我们去买菜的时候，他们会说，你们开心了，不用工作也有六百多块钱。

现在的生活比以前改进多了，房子是新的，小区环境也好，收入也多了，过得开心，没有什么不适应的。

我们都是农村出来的，如果一家有困难，多家都去帮忙的。这里多数是老人，相互照顾，大家都很和睦。以前的邻居很多都住在这个小区，以前不认识的邻居现在也都认识了。

闲下来的时候，自己会去找点事做。有时候周末没事的话就去外面干活，去绿化地拔草，30 元/天。自己身体还是蛮好的，不太参加社区的活动，因为要看孙子和孙女。

我们家亲戚都是一个村子的，他们的地也都被征了，现在都住在一个小区，与以前一样，我们时不时会走动走动。

现在家里没有什么负担，也没什么困难，媳妇都像女儿一样，蛮开心的。

居委会都能满足我们的要求，如果有困难找他们也会坐下来解决，有时候邻居吵架，他们会过来调解，此外，他们也组织一些活动，比如卫生知识讲座。

20. 访谈调查3—20

时间：2008 年 7 月 25 日上午 10:00

地点：陈某家中

对象：王某，女，52 岁

简介：王某，尚没有到退休年龄，在一所学校里做临时工，并不靠土地为生，种地对她来说只是附带做下，有个口粮而已，对于征地拆迁比较满意，希望成为市民。

内容：

（1）征地、拆迁及补偿情况

征地是很早的事情了，好像是 2002 年或是 2003 年吧，记不得了。一共征了多少不晓得，征地是为了造厂房，基本上所有人家的地都被征光了。

我们家共三口人，征地前地也不多，共四亩半。征地后一年，户口就转为非农业户口了。

征地前，村里干部通知要开会，每家派一个代表参会，我们才知道要征地了，否则我们都不知道的。我们这块地被征后，很快就造厂房了，有的地方是过了两年才造的。

征地的补偿方案，是上面通知下来的，不是我们商量出来的，800 元/亩，还有些早一点征地的是 600 元/亩。由于平时我们上班很忙，不太知道具体情况，也没有主动去了解补偿的情况，就是他们通知下来是多少就是多少。

各种土地的征地补偿是有区别的，果树是按照每棵多少钱来补，农田、宅基地是根据面积来补，具体补偿标准我也不是很清楚。

房屋是由专门的评估公司来评估的，统一的评估标准是有的，有一个估价单子，一项一项都列好的。但是碰到不好说话的，还是要加一些的。一样的平方面积，两个房子，可能就会相差一些钱，这个都是不公开的。

房屋的补偿费不是一下子拿到手的，是我选好了新房子后，根据老房和新房的差价，我的老房子评估了 10 万元，新房子选了个 9 万元的，那 1 万元就是新房子盖好后给我们的。老房子拆掉后，再换成新房子，老房子的一平方米是换不到新房子的一平方米的，新房子的价格是 1400 元/平方米，还是要自己贴钱的，这个我不太满意。

老房子拆掉后到入住新房子的这段时间，是有过渡费的，刚开始时是 2000 元/人，不晓得算了多长时间，因为后来就不照这个标准了，后来是 8 元/平方米/月。

独生子女是没有优惠政策的。

村民之间是没有纠纷的，村民一般是和拆房子的动迁办有点矛盾。

因为每天要上班，要动迁的时候，就是村里面的村民相互问一问，我们在征地时和村干部不大接触的。村里的财务我们都是不晓得的，我们也不大关心。村集体有没有拿到补偿费，拿多少，我们也都不晓得。

（2）保障、就业情况

以前上班的时候，养老保险和医疗保险都没有，虽然单位里面是有的，但是单位没有给我上保险。大队里面有让自己出钱的保险，是公共医疗保险，养老保险好像大队里面也有。现在都有镇保了。

看病是用镇保卡，镇保一年给540元，打到医保卡里，我们还没有看过病，不晓得怎么用。

申请低保的应该是有的，这个都要自己申请的。

征地之前主要的经济来源就是打工，种地是没多少收入的，就是顾个自己的口粮。我征地前就在上班，在学校食堂里上班，我们的工资比镇里的人要低，我们没有加班费。现在我还在学校里面工作，现在的工资960元/月，还是最低收入。

与征地前相比，收入算起来是涨了，但跟目前的物价一比，其实是降了，增加的收入还抵不上物价上涨。

征地后有一批人没工作了，需要自己跑到劳务中心去报名，报名后，有工作了他们会打电话过来的。

培训也是有的，我也参加过，参加的是保洁、绿化之类的，是不收费的，还要给一些钱，好像是15元/天。

失业保险是没有的，不过听说可以申请转业金，但是只有一两个月，是需要自己去申请的，不申请是没有的。

(3) 对于农民转为市民的看法

征地前，肯定是羡慕城市里人的，种地多苦呀，不种地就开心了。

现在我们虽然都农转非了，但还是感觉与城里人不一样。和城里人的差距主要还是收入差距。像我们学校里面，其他几个干活的城里人，他们以后退休工资每月有几千元，我们以后退休工资就镇保里面六百多元。

想起以前种地的日子，就觉得苦、忙，只是吃的东西，蔬菜等要新鲜一点，现在退休了有镇保，很开心呀。征地后年轻人，290元/月，拿两年。

与邻居的关系跟乡下时差不多，大家也都会走动走动，以前的邻居现在也有住在附近的，就是要远一点了。一般都是吃过晚饭，在小区里走走。

和亲戚的关系跟以前一样近。

有困难的时候，会去找居委会，他们会给我们解决。他们也经常组织一些活动的。

（4）期望、建议

与以前没保障的时候比，现在肯定是好的，到退休的时候养老和医疗都有，并且孩子也都工作了，没有什么负担。所以还是愿意选择征地的。

其他大队还是有没被征地的，他们当然想被征地，毕竟年纪大了，干不动了，最希望把地征掉了。

我们觉得他们征地的工作做得比较好，对补偿的标准也没什么意见。

21. 访谈调查3—21

时间：2008 年 7 月 25 日下午 2：00

地点：庄某家中

对象：庄某，女，62 岁

简介：庄某，已退休，享受着征地后的养老保险，对于不用种地，每个月还有几百元的养老金，非常满意。

内容：

（1）征地、拆迁及补偿情况

我们大队是 2003 年征地的，也是在 2003 年拆掉房子的，2004 年开始享受镇保，现在征地有四年多了。我们大队有十六个组，五百多户人，大概有一千多人，我们大队是镇里最大的大队了，大队的地都征掉了，其中有两个生产队，在 AX 镇那边，地也一起被征了。征的地是用来造厂房的，现在已经造好了。估计村里还剩几百亩地，一般一个生产队有三百来亩地，具体不是很清楚。

征地前我家共有六亩多地，都是种稻子的，很苦的，现在开心了。

征地前一两年，好像是 2002 年，我们就知道这里的地要被用来建厂房。这个消息是挨家挨户告诉的，说要建设新农村，要大家住到一起，政府组织了一些动员活动。2004 年房子拆掉之后，就开始建厂房了，2005 年就有一些工厂开张了，从拆到建这个时间不长，没到两年。

征地补偿费用是 800 元/亩，是大队书记和干部商量好之后来跟我们说的。2004 年有了镇保，开始时镇保是 332 元/月，现在是 607 元/月。

我家没有专门向村里了解具体的征地政策，都是别人来告诉我们的。多数人都同意征地，以前种地都很辛苦、很吃力，现在大家都很开心，虽然物价涨了点，但也够用了。以前种地的时候，一年忙下来就挣一两千元，去掉化肥、农药，还没算上人工费，挣得很少的。现在退休了，一个月有六百多元，收入多了很多。大队里只有个别人不同意征地。

耕地是按照 800 元/亩补偿的，宅基地是按照 600 元/平方米补偿的，除这些外，还有走的石子路、一口井，也是算钱的。每家人的拆迁补偿费用，一条一条列得很清楚。多是不多的，但是还都蛮开心的。

房子是按照平米数补偿的，不过房子是否装修过，补偿费不同，装修过的房子价格高一点，我们家装修过，是按照 900 元/平方米补偿的，新房子是 1400 元/平方米。

房子拆迁后，如果要新房，补偿费不直接给，根据老房和新房的具体情况折算；如果不要，就直接领取补偿费。我是要了新房子，我们家老房子有 223 平方米，我要的新房是 215 平方米，老房子 900 元/平方米，新房子 1400 元/平方米，所以每平方米我要 500 元，我还要贴钱的，所以拆迁的补偿费我是没有拿到手的，不过我拿了房子了。

新房子还没有造起来的时候，我是租房子住的，当时是给过渡费的，8 元/平方米/月，我们家 223 平方米，每个月能拿 1700 多元，这个过渡费不是每个月发的，这是最后和新房子一起结算的，比如原来老房子评估下来二十多万元，这个钱和过渡费一起，就是我们家能拿的钱，算上利息，再抵扣新房子的钱，我们家是这个钱也没有的拿，最后还要贴钱的。

现在的房子还没有产权证，有些人会有意见，政府说也是要给我们办的，不过现在还没办下来，可能再过两年可以办吧。当时说好能办的，现在办不了，老百姓肯定有意见，所以最后他们肯定还得去办吧。

独生子女家庭拆迁是没有优惠的。

村干部拿到的补偿费用是不是和村民一样，我们不太清楚，因为都没有公开。

村干部是有考虑我们的利益的，村干部引资进来，然后开发，是村干部想的办法。

不愿意征地的人很少，大家都同意。只是房子拆迁时，有人有意见，觉得房子评估的价格低了，遇到这种情况，村干部是去做一些思想工作的。

征地过程中，我们就和村干部接触，开发商不跟我们接触的。只是在房子拆迁的时候，大队干部、镇政府、开发商，三方各有两三个人一起来动员。

（2）保障、就业情况

以前种地的时候，都不买保险的。以前种地要交农业税，后来反而国家给农民 47 元/亩，征了地就没有这个钱了。

现在退休了，享受镇保，607 元/月，这个钱是养老金，另外还有医疗保险。

年轻人就去厂里工作，政府会帮忙安排，有去新建的厂的，也有去老厂的。

按现在的物价看，每月的养老金差不多够用了。不同的年龄，养老金都一样，比如 60 岁和 70 岁，这个钱都是一样的。如果还没到退休年龄，女的 45 岁、男的 50 岁以后每月给 290 元，一直拿到退休，不满这个年龄的就只拿两年。

我们大队之前有养老保险，交 84 元/年，要交 15 年，退休后每个月给200多元，但办了镇保之后，我就退掉了，退了700多元。

我们现在有医保了，门诊一年给四百多元，十年是四千多元。今年我腰痛去看，花了三百多元，还有3600元。住院的话，报销比例80%。看病比较方便，BX镇的小医院、小区里的诊所小毛病都可以看。此外，小区里面一个月有两次测量血压。如果得大病，国家是要补贴几万的。

如果没有镇保，政府组织一年交140元，报销比例是60%。现在有的享受镇保的，4000元门诊费已用完了，也可以一年交140元，办理这个保险。

生活困难的人，比如生了重大疾病的，政府每年会给4万多元的补贴。但低保没听说过。

我们家里的经济来源，种地的时候主要靠稻子的收入，虽然也种了水果树，但都是自己吃的，现在征完地之后享受镇保，收入是增加了。

现在开支是多了一点，以前地里总归有一点东西，像蔬菜、谷子。现在小孩一天喝几包牛奶，开支都大了。征地的时候我已经57岁了，现在62岁了，当时正好退休可以拿钱，所以非常满意。

政府是有一些培训的，比如电脑操作培训、蔬菜种植培训，需要自己报名。

(3) 对于农民转为市民的看法

原来种地太苦了，就希望小孩读书读出去，起码不种地了，我儿子读完书后转了居民户，娶的媳妇也是，没想到现在我们农业户也转了，很开心。

我们现在享受镇保了，也算是居民了，与城里人差不多了。没有在工厂工作的老居民，一个月退休金也只有400多元。

现在生活水平比以前高了好几倍，没啥不适应的，现在穿得好、吃得好。

现在大家斤斤计较的少了，以前很苦恼，比谁家挣得多，现在国家政策都一样，没啥计较的。现在邻居之间走动得蛮多的，都在小区里面乘凉，以前认识的关系还和以前一样好，不认识的，现在住了三年也认识了。

和亲戚的关系与以前一样，现在都住在一个小区里面，走动还是蛮多的。

现在我们上岁数了，平时如果身体不好，会去找居委会，也会找自己的亲戚。如果居委干部知道我们生病了，会联系医院，现在住在这里很好。

平时居委会还会组织一些活动，比如打腰鼓、跳舞。

22. 访谈调查3—22

时间：2008 年 7 月 26 日下午 2 : 00

地点：孙某家中

对象：孙某，女，66 岁

简介：孙某，是村里的赤脚医生，自己有一份收入，加上征地后的养老金，觉得生活较为富裕，除了对于房屋没有房产证这一点有意见外，对于征地拆迁中的多数政策都能够接受。

内容：

(1) 征地、拆迁及补偿情况

我们村里一共有六百多户人家，总人口有两千多，我们有好几千亩农田。征地好像是 2004 年开始的，征了很多，剩下的不多了，一共有 16 个生产队拆迁了，还有 3 个生产队没有拆迁。具体征了多少亩地我也不是很清楚。

我们全村六百多户人家，两千多个人，都享受镇保了，土地都不种了，那些地有的造房子了，没造的就给外地人种了。

我们家共五口人，我们老夫妻、儿子和媳妇，还有一个 18 岁的孙女，没有征地的时候，最多的时候有 13 亩田，后来我去 AX 镇买了个房子，我儿子一家的户口就迁出去了，我们老夫妻就只有五亩六分地了。户口是2005年农转非的。

我是2003年听说要征地的，我担任生产队的妇女队长，了解一些信息。在开发前，乡里、村里、生产队、开发区出代表，到广东招商引资，准备建厂房。我们书记后来告诉我们，EX公路要放在我们大队，我们大队都要镇保了，EX公路南面是县里要开发，北面是公社里要开发，结果公路南边后开发，公路北面陆续开发。

从征地到厂房建起来时间蛮长的，有的资金足，引过来马上就造房子了；有的是给过钱后，过了挺久时间才开始建造厂房；有的只给了订金。现在好多厂房都造好了，但有的开工了，有的还没开工。各种情况都有。

补偿费用没有与我们讨论，800元/亩，我们家有五亩六分地，共4480元。我们村民没有主动去了解这个方案，都是按照他们说的，当时我们也都没有什么想法，BX镇好几个队拆迁的补偿费用都一样，当时只想着不用种地了，还是很高兴的，只是后来有些队补偿费用高一些，1200元/亩，现在虽然有镇保了，但物价上涨了，东西都挺贵的，要是每亩地补偿费高一点就好了。

地里种的农作物不同，补偿费不太一样。稻田、菜田、自留地的补偿费是一样的，800元/亩，宅基地是不一样的。菜园地给的补偿少，10元/人，5人就是50元；如果是承包田，种了蔬菜，这个补偿费要比800元高一些，还要加上肥料种子之类的费用。此外，种果树也是有补偿的，我家种了165棵桃树，一棵果树赔15元，补偿得太少了。

果树是由开发处来我们村清点的，房子是由上海的评估队来评估的，一项项列好、量好，最后合计总共多少钱。

宅基地和房子的价格是有区别的，我们的房子不仅有住的房子，还有养牲畜的房子。上海的评估队只评估住的房子，建造得越早价格越低，他们的评估单是不给我们看的，给我们看的是开发区自己写出来的，所以这个钱给的是灵活的。养牲畜的房子是由公社的开发处来评估的。各家补偿的费用都不一样，与他们关系好一点，他们就多给一点。我们家养羊，养牲畜的房子只给了材料费，土地费一点都没给，我觉得不公平。跟上面反映过，但也没有作用。我们的羊大都卖掉了，卖掉后才拆了房子。

补偿费要等房子拆了后统一计算，列出住宅房子的钱、养牲畜房子的钱、果树的钱，我们同意了就签字，但钱不是直接发的，因为要折抵新房子的费用，比如我家老房子评估50万元，但新房子需要45万元，等到拿新房子的钥匙的时候，再拿剩下的5万元。也可以不要这里的房子，不过不要这里的房子的人还是蛮少的。

老房子拆掉后，新房子没造好时，我们是租房子住的，是给发安置费的，8元/平方米，如果三四年一直不拿房子，就一直发放安置费。我觉得这样不太合理，比如有的人2004年房子被拆，但觉得房子不好，就一直没拿房子，每个月都按8元/平方米领取安置费，可是现在这里还有好多空房子，但他们就是不要，继续拿安置费，这样的话，公社会越来越穷，我觉得不要拿房子就不应该给安置费。

新房子现在还没有产权证，产权证应该给我们的，但没有说过什么时候办，这事我们没有去反映，反正大家都没有，就一天一天过去，拖着。

独生子女是没有优惠政策的，都一视同仁。

村里是有人对补偿款不满意，2005年，村里有几个老人，天天去反映，后来就给一两千元。之后，有的人见后面拆迁的补偿费越来越多，就去乡里反映，还有人去上海的信访办，他们说一个月后答复，后来也没有答复。

村里的干部补偿款我们是不知道的，不晓得是不是多一点。

当时，村子里还有“钉子户”的，拖了很久都不肯搬，后来多给一些就拆了。

村里的财务状况没有公告贴出来，村子里什么项目用了多少钱，有些代表是知道的，村民是不知道的。

（2）保障、就业情况

征地前，我参加了养老保险，在生产队干活时交1200元/年，后来在大队干活要交事业单位的保险，1600元/年，事业单位的保险保的多，自己交一部分，事业单位贴一部分，等退休了，也是事业单位的保险拿的钱多。

现在享受镇保了，最早350元/月，之后涨到370元/月，2008年1月加到了607元/月，不同的年龄领的都是一样的。

我们现在也享受医保了，门诊一年给四百多一点，如果是住院的话，生了大病，比如癌症，花了二十几万元，但最后只能拿4万元。此外，大病可以申请困难户，这可以补助一点。

我们看病一般去BX镇、AX镇，疑难的病会去市区。

如果没有医保，之前是合作医疗，不过只能报500元，多了也不报。

征地前，我们家的收入是靠种粮食、种棉花，有时也在工厂做些临时工，此外，我是村里的赤脚医生，挣的钱不多，看病的很少，每年少的时候挣一百多一点，最多的时候能挣一千多一点。开支肯定不够，要省吃俭用。

现在，我退休了，生活来源就是607元/月的镇保，现在的钱比以前多了，但开支也比以前多了，以前挣的钱少，但蔬菜、粮食都不用买，就买点荤菜，现在600元既要交水费、电费、电话费，还要买米、菜。

现在是有一些培训的，但有没有失业保险不是很清楚。

（3）对于农民转为市民的看法

征地前当然羡慕城里人了，我们以前晚上七八点还在地里干活，城里人太阳还没下山都已经吃完饭，逛马路了。

现在我们算是上海市民了，但与城里的居民还是有区别的，经济差别很大，他们经济宽裕。

我现在经常回想当农民的日子，当农民的时候苦，种地收入少，还要养猪、养鸡，供孩子读书。现在改进的地方有很多，所以没有什么不适应的。

在这里邻里关系也很好，亲戚关系也都和以前一样，没有差别的。

现在休闲的时间比以前多了，早上起来就烧饭、洗衣服、买菜，自己打打毛衣、做做鞋子、打扫打扫卫生。比起以前，当然是现在生活好了。

我没有和市里的人打过交道，我在市里没有亲戚。

遇到困难时，或者找亲戚，或者找邻居，也找居委会。居委会会解决一些实际困难。居委会还时常组织一些活动，像打腰鼓、跳舞。

二、对居(村)委会管理人员进行失地农民市民化问题访谈调查

1. 访谈调查3—23

时间：2012年1月18日下午2:00

地点：居委会办公室

对象：冯某，女，32岁

简介：冯某，现在居委会工作，其本身也为征地拆迁的失地农民。从对其访谈中，感觉其早已融入城市生活，她思想、行为、生活方式等各方面已完全地成为市民，她穿着时髦，用着最新款苹果手机，每天开车来上班，因访谈时其正在工作，故访谈不太充分。

内容：

（1）基本情况

我家现有五口人，父母与我们一家三口同住，我今年32岁，有一个7岁的儿子，老公是做生意的。对于家里征地补偿情况，我不太了解，我只记得征地前我家有4亩地，至于补偿了多少我不太清楚，我们是2007年征地的，征地前，我从来都没干过农活。拆迁前我家乡下的老房子有270多个平方米，所以安置房我们拿了两套，但现在我们都没有住在这里，我

们都住在 AX 镇。征地前，我父母和我们都分别在 AX 镇买了房子。虽然征地前我家户口本上是我父母、我和我儿子的名字，但我和我儿子都没有享受补偿待遇，因为我读书时在 1994 年就已转为非农户口了，我儿子也是非农户口，所以我们都没有享受拆迁补偿。

（2）就业、保障及家庭开支情况

征地前，我已经本科毕业，当时在园区工作，工作是我自己应聘找的，开始时每年 1 万多元，后来逐渐涨到每月四五千元。这个小区建好后，我被调到这里居委会工作了，工资也是每月四五千元。我在工作中经常参加社会上的一些培训的，如提高电脑操作水平的培训。

因为我在 1994 年时已转为城市户口，所以我一直享受社保。我父母在征地拆迁中享受了镇保，征地时，我爸妈都还没到 55 岁，所以还拿了两年的每月 290 元安置过渡费。现在我妈已到了镇保退休年龄（女性 55 岁以上），所以是拿镇保退休金的，今年这个退休金刚刚涨到每月 960 元。我爸还没有到镇保退休年龄（男性 60 岁以上），所以他还没有享受到这个镇保退休金。今年开始可以镇保转社保了，因为我父母是做生意的，不存在单位交费，所以要想转为社保，就要再交 7 年的社保费，要 6 万多元，我们感觉不划算，就没有转了。

原来的镇保主要包括养老、医疗、生育，现在如果镇保转为社保也主要包括这三种。像镇保中的医疗保险，我父母享受的，具体怎么样，我也搞不太清楚；但是遇到大病的话，不管你是农业户口和非农业户口，镇里都补贴的，像生了癌症，镇里补贴 5000 元，区里还有补贴。

征地前，我父母很早就买了商业保险，买了很多种，如人寿保险、财产保险。当时家庭经济条件挺好的，如我家装电话就是最早的一批，当时装一部电话要 5000 元！征地后，我父母还买了很多分红型的商业保险，他们主要是从投资角度去买的。

我们家现在年收入有 30 多万元，但支出每年也要 20 多万元，我们贷款买了房、买了车，我们家车有三辆呢，加上小孩上学、上各种辅导班，每年开销很大的。每月开销最多的就是还贷款，还有买衣服、旅游等。

（3）征地后，与亲戚、邻居、同事关系

我现在生活中交往的对象主要是朋友，包括现在的、原来的同事，还有同学，交往频率一个月有三四次，交往方式主要是串门，家庭间相互串门、聚会。之所以和同事、同学联系多，是因为共同话题多，我们可以交流工作、交流养育孩子等，这些事我不会同我的姑妈、姨妈之类交流的，同学、同事基本都是上海原市民。我交的朋友都是要热心的，不要太自私的，现在办事都要靠关系，所以要多交朋友的，但有时光靠关系也不行，你自己也要会做事的。

与亲戚之间的来往，远远少于和同事、同学的来往，亲戚间来往主要是逢年过节或谁家有了红白大事来往一下。

征地后，我感觉大部分失地农民邻里间来往更近了，以前在乡下，一个村子很大，一片宅基地上就住了六七家，大家住得远，来往不方便，现在都住在一起了，接触多了，感觉邻里关系更好了。像我们家庭遇到困难需要帮忙的时候，一般小忙像借个小东西，不涉及金钱的，会去找邻居帮忙。谈到借钱，一般会向自己或父母的直系亲属来借，或去银行办贷款。

（4）对于市民身份的看法及消费情况

我认为我就是标准的上海城市人。我们现在吃、穿、住、用等方面与原市民没有什么区别，甚至要好于他们。城市生活方式主要是消费，而农村生活方式主要是攒钱，刚好是相反的。我们家新潮消费普遍得很，我们贷款买了房、买了车，我们经常网络购物、信用卡消费，我每月的信用卡消费都高过自己的工资。

（5）兴趣爱好

我平时的兴趣爱好就是在家看书、看报、上网、看电影、玩游戏等，我的业余时间也挺多，每天下午4∶30就下班了，到晚上10∶00睡觉，每天都有五六个小时是业余时间，再加上周末，还有假期等。

（6）子女教育情况

我们现在对孩子的教育很重视，每天都会监督、辅导孩子做功课，还给他报了英语、写字等辅导班，对于孩子教育，我老公基本不太考虑成本，有时会一下子几万块都出去了，为了孩子的将来，只要他有一点能力，我有信心把他培养出来。

（7）参与社区活动情况

我们在BX镇这里的房子都空着。我现在居住在AX镇的高档商品房小区里，是绿地集团的，我刚换的房子有200多个平方米，每个月物业费都要三四百元，现在居住的小区环境很好。对于小区里的维修基金的使用等小区大事虽然我并不关心，但我感觉他们管理比较成熟，一般都会贴出来，万一我对于小区有什么意见，我就打物业（电话），一般会得到解决。在我居住的小区里，我也会参加一些社区活动，比如周六捡垃圾。我认为居委会的作用就是帮助老百姓提高民生，像我们现在正在做的，推行节能灯泡，都要去宣传一下的。

（8）对于所管理的失地农民小区的看法

虽然我工作的居委会管理的都是失地农民，但民风淳朴，这个小区很干净，不像其他小区有乱七八糟的一些事情。失地农民身上没有小市民的那种市侩，所以还是很好管理的。不过失地农民骨子里还有一种爱占小便宜的心理，是没有办法的。像我们举办个活动，发些小礼品，他们就会抢啊、挤啊的，这个没办法的。失地农民还是很节俭的，但是他们现在已经比以前很舍得用钱了。还有就是失地农民集中居住的小区里有很多人迷信，在我们居住的BX镇的社区就没有。这个小区里为提高失地农民的素质开展了很多培训，如关于食品安全、药品安全、孩子教育、青少年教育等培训，去年一年就举办了20多次。还有“宅基课堂”，就是搞专题讲座，让很多人来听，有时还会去农村给农民讲。小区里还有一些民间自发组织，如文艺团队。

（9）对于农民转为市民的看法

对于我的家庭，我没有什么可忧虑的。要是让我自己选择是否征地，我肯定选择征地，因为我公公婆婆现在还是农民，他们一旦生病，看病还是一个大问题，他们很怕生病。而我的父母征地了，有镇保了，在看病这一块负担就小很多。

对于中国到处在征地、农民变市民这个事情，还是要看具体情况的，像我公公婆婆还没有被征地，我觉得除了医疗这一块令人担忧外，其他都很好，如环境好，他们乡下的住房，自己造的房子，房前是河，还有钓鱼台，感觉很好，夏天风很凉，有很大的弄堂风，很多城市人假期都要往乡下走。如果农民都变成市民，我也不太担忧，虽然这样会使粮价上升，但我不会受影响，因为我公婆有自己种的稻米，他们会给我和我父母吃的。对于周围地有荒废的现象，我也没有太大的感觉，因为很多人都很勤劳，会在上面种些蔬菜。

2. 访谈调查3—24

时间：2012 年 1 月 18 日上午 9:00

地点：居委会办公室

对象：钱某，女，45 岁

简介：钱某，现为居委会管理人员，对于该居委会中失地农民各方面的情况较为了解，她从社区角度谈了如何帮助失地农民适应城市生活，如何帮助失地农民尽快融入城市社会。

内容：

（1）基本情况

我原来是在另一个村的村委会工作的，2005 年这个小区建好后，我就到这里来了。这个小区居住了原来 8 个村中分散来的居民，共 1263 户，有 2000 多人，这里的房屋质量、层高有点问题，所以空置率有 30%。这个小区表面上看起来已经跟城市小区差不多了，有运动健身器材、花草树木，从2005年到现在已经6年多了，失地农民也慢慢适应了城市生活。(据笔者观察，这个小区每栋楼前都打了一个水井，每栋楼前还砌有一个洗衣池，人们就在外面蹲着洗衣服，并在洗衣池上搓洗、捶打衣服。临近过年了，有些居民在小区里生几个煤球炉子，做一些熏烤肉食。小区里人们常带着个围裙，到处串门。还有不少家庭把楼前楼后的花草拔掉，种上了各种小菜和小葱。人们若找人或告知事情，只需在楼下高喊几声对方的名字，或高声把事情说清楚。)

(2) 居委会是如何帮助失地农民适应城市生活的

其实，管理这种动迁的小区与管理一般的市民小区相比，区别还是很大的，这里人的文化程度较低，生活习惯还保持乡下的生活习惯，特别是刚搬进来的那两年，他们到处乱扔垃圾，会把小区里刚种的花草全部拔掉，种上小菜、果树，如桔子树、梨树，以前用的农具杂乱地堆放在楼道里、小区里。

我们居委会就把开展宣讲会和个别指导结合起来对他们进行文明教育，开宣讲会时会发小礼品，吸引他们来参加，来听讲文明教育。个别指导是我们工作人员在小区里看到乱扔垃圾的，马上前去制止、教育，告诉他们丢入垃圾箱。

我们小区每年都会进行好几遍绿化整治，他们刚搬进小区时，把花草全部拔掉，种上小菜、果树，种得到处都是，不整治的话，现在小区里就没有花草了，全是蔬菜和果树了。我们就对他们说服教育，再给他们拔掉，经过说服教育，大部分人还是能够接受的，但个别人到现在还会偷偷地在楼前楼后挖掉花草、种上小菜，我们检查时，他们就拔掉，一不检查，就会再种上。

有些人的杂物也会乱堆，像以前种地时的各种农具有些人舍不得丢掉，会堆在楼道里，我们居委会也会每年整治好几次，但每次整治时，他们就拿进去，整治后就又拿出来了。

为了提高征地户的文明素质使他们融入城市，我们居委会每年都开展广场文化，还成立了老年团队，很不容易的，他们都是泥土中出来的，开始什么都不会，我们专门请了老师，一点点教。通过老年团队，一个老人参加了，我们再动员他的家人、他的邻居，参加的人多了，我们就常搞一些关于文明、卫生方面的知识问答活动，答对了还有小礼品送，在潜移默化中提高他们的素质，把教育融入活动。这些参加活动的人主要都是中老年人。

我们这里还有居家养老服务，老人只要每月出 150 元，镇上就派居家养老服务员上门，每天上门服务 1 小时，为老人提供买菜、烧饭、做卫生、洗头、洗脚等照顾服务。

青年人大部分要么在工作，要么在学校读书，很多年轻人都住在 AX 镇，加上他们读书多，素质相对好一些，所以他们是很能适应城市生活的。这里房屋空置率挺高的，有 30% 多，这个房子造的时候有点质量问题，并且层高不够，年轻人不满意，他们到 AX 镇去了，我们这里的房子就相当于乡下的房子，一般是给老人住的。

（3）失地农民的就业情况

社区里还有些没有工作，跑来找我们帮忙解决工作问题的。我们这里专门配备就业信息员，就业信息员要熟悉居民的情况，如有招工的信息，就业信息员会把他们推荐出去，当然来登记的是最需要工作的，会优先推荐出去。就业信息员推荐的工作一般都是拿最低工资的，如政府部门设置的居家养老服务员、绿化护绿员、河道保洁员，还有些企业要招工的，去做一些技术含量低的工作，通过社保中心，再通过就业信息员推荐过去。也有个别人对工作会有挑三拣四的现象，如嫌工厂里的活太累、工资太低、居家太远，但这种情况是个别的。特别是今年 1 月 1 日起实行镇保转社保后，这种现象更少了，因为像政府设置的“4050”工作就业岗位，现在对工作的失地农民也是交社保金的，以前镇保时是不交社保金的，所以他们现在做这种工作觉得还是很划算的，社保金交满15年，他们就可以享受社保待遇了，主要是帮他们交养老金、医疗保险金、失业金三金，退休金要比镇保高很多。

中青年人还要工作，要养家糊口，政府对他们是有些职业培训的，在我们这边的成人学校进行，像电焊工、电脑初级培训，这些培训都是免费的，每年都会搞几次，我们把这些信息告诉他们，他们有兴趣的会去的。

失地农民以前在镇保时，是很受附近的工厂老板欢迎的，因为不用帮他们交保险金，负担轻，但是本地人与外地人相比，总归有点吃不了苦。

(4) 失地农民的养老、物质与精神生活

原来征地拆迁时帮他们交的15年的镇保金在养老方面可以折算为8年，共96个月，如果现在还工作，只要再交满7年就可以享受社保金了。

他们现在享受社保金，自己也要交一点钱，一个月共交100多元，不到200元。

对于现在已经达到退休年龄的，就继续享受镇保待遇，年前他们享受的镇保退休金是843元/月，从今年1月1日起，镇保退休金调高到960元/月，所以女的55岁以上，男的60岁以上，他们对于镇保退休金挺满意的。以前种田的时候，种得很累，也挣不到钱，他们说："现在政府给我们钱了，自己养个儿子也不会每个月给钱的。"

他们（失地农民）特别是老年人，对于征地挺支持的，像周围没有被征到地的农民还是挺羡慕他们的，还盼着自己的地被征、房子被拆。一些老年人说："我们也想不到今天会这样，以前种田起早摸黑、累死累活的，现在我们也像市民一样了，没事干了，吃好晚饭后，在马路上东逛逛、西逛逛、东看看、西看看。"这里老年人的满意度是最高的。而年轻人现在还没到领保金的年龄，没有享受到镇保退休金待遇，所以满意度不如老年人高。

现在他们（失地农民）的生活水平与征地拆迁前相比，肯定是不一样的，以前在乡下老房子里环境不好，苍蝇、蚊子多，办事不方便，现在他们的居住环境要比以前好多了。

现在，若让他们再回去务农的话，他们肯定是不愿意的。

征地户家里装修还是不错的，他们家里也会像城市市民一样，大部分都要简单装修一上，家里空调、电视、木地板等都有。他们的精神文化也挺丰富，他们空闲时，有的看电视、有的健身，还有的参加老年活动团队，打打腰鼓、跳跳舞。市政府有配套的文艺下乡活动，到我们社区文化活动中心，我们那里有录像厅、有艺海剧场，一年演好几次，发票给每家每户。其中的配套设施都是与房子同步造起来的。

（5）失地农民的邻里关系

失地农民现在的邻里关系挺好的。他们房子在一起，有的时候会一起健身，经常聊聊，慢慢就熟悉了。当然，他们老宅中的一些老邻居因为现在居住分散，来往少一点，可能会疏远些。我们居委会为了融合他们新的邻里关系，还开展了每月一次的培训，如健康培训、婆媳关系培训、用气安全培训、用电安全培训，这些培训师有的是市、区、镇政府配套的，有的是我们自己去外面请的。

此外，每年的敬老节、中秋节、元宵节我们会专门开展一些游戏、联欢会，还会发长寿面、下汤圆给老人吃，希望通过一些活动，促进居民们相互交往，能够融入这个社区。我们居委会还有专门的电视室、棋牌室等，有些人每天像上班一样，早上 8 点不到就来这里玩了。

失地农民们相互交往主要是以串门为主，相互串串门、溜溜、聊聊。他们一般不通过电话聊天，他们还是心疼电话费的。

（6）失地农民对于教育的态度

失地农民对于子女的教育是很重视的，他们都希望孩子上大学，大多数每天都会督促小孩功课，还会为孩子报各种辅导班。

(7) 失地农民的开支与消费

大多数失地农民家庭每月的开支中，吃还是占主要的。他们的生活水平肯定是比原来在乡下时好了。他们在消费上，年轻人是很新潮的，像贷款买房、买车等都有，年轻人已经完全融入、适应市民生活了。而中年人的工资很多是拿上海市最低工资1280元/月，老年人就是拿镇保退休金，960元/月，这个钱你说多吧，也不多的，所以他们生活还是挺节俭的。此别，原来乡下的风俗有很多没有变，如参加亲戚、邻居的红白事、走亲访友，如果每个月有两三家的话，他们肯定也是吃不消的，所以有人还会在周边空地上种点小菜，这样他们小菜就不用买了。

失地农民若生病了，一般小病去镇上的卫生服务中心，这是BX镇上的医院，药更便宜些。生了重病的话，没办法，要去AX镇看的。他们都有医保的，所以对于看病并不是很怕。

我们小区配有保安、物业公司，所以小区治安还是可以的。小区居民现在是不交物业费的，他们的理由很多：一是他们认为房子还没有房产证，不应交物业费。二是他们说在乡下的时候，谁会让他们交钱，哪有什么物业费的，现在是我们要他们拆迁的，又不是他们自己拆迁的。物业公司反复做工作，都没有用。现在物业公司主要是靠政府养着的。失地农民对于自己的房子没有产权的事情，还是很有意见的，会经常跑去向镇政府或我们反映，镇政府给他们的答复是正在办理中，但真的不知道还能不能办下来。

关于失地农民的低保，我们社区这里不是太清楚，因为失地农民的户口还在村里，失地农民户口已经是非农户口了，但户口并没有迁过来，还在原来的村里，所以有多少人享受低保，低保具体标准是什么，应该是村委来管的。村委还管选举、发放福利。我们这里因为没有他们的户口，所以民政上、财政上是没有预算的。像我们的办公经费也是财政拨款的，我们如果办些活动，全都要向镇里申请经费。

（8）社区社团活动帮助失地农民融入城市社区

我们社区组建了一些社团活动，如平安志愿者组织、世博志愿者组织，经常搞搞活动。搞活动时，我们首先会动员老党员、老干部参与，如捡垃圾，到车站、码头站岗。在教育失地农民改变生活习惯、养成文明习惯方面，也是要发挥这些老党员、老干部的带头作用，让他们去影响、带动身边的人。

（9）市民、社区管理者、外地务工者对失地农民的印象

有些失地农民家庭在拆迁时分了好几套房子，自己住不完，他们有的卖掉、有的出租，一些城市原市民考虑到这里房子便宜，就会跑来买了自住，以前这里只要 1400 元/平方米左右。

在城市原市民眼里，他们还是觉得失地农民是农民，觉得他们素质差，有点不习惯，特别是前几年，他们很看不惯失地农民乱扔垃圾、乱拔花草种小菜的现象。

其实，在我们看来，失地农民也不完全算是真正的市民，他们的素质、习惯等要比市民差些，但又比农民和外来务工者要好。我们小区里也有不少的外地来的租房户，一般是外来务工者，他们住在这里会做做小生意、卖卖衣服、摆摆小摊，这些外地来的租房户素质比我们这里失地农民要差多了。比如乱扔垃圾、乱停车，说服教育后，根本没变化。像本地失地农民大多数都是会接受说服教育的，外地人就不理，所以我们小区里的失地农民甚至都看不起外来租房户。

（10）对于全国征地、拆迁的看法

对于全国范围内的征地、农民转为市民这个事情，我认为这是个好事情，特别对于老年人，他们有了保障了，生活水平提高了。但是对于一些找不到工作的中青年人来说，存在一些问题，以前他们有地，吃饭没问题，现在地都没有了，上有老、下有小，又没有工作，他们要养家糊口，

怎么办？这存在问题。虽然在我们的工作中，会开展对他们的培训，还有推荐岗位等，但说实话，培训了也不一定能找到工作，有时培训了，他们年龄较大，培训效果也不明显。一般推荐的岗位工资就1280元/月，这点钱如果养家糊口，上有老、下有小，怎么能够用啊？并且政府推荐的岗位很少，大部分还是要靠自己找的。

我们社区里，失地农民总体上对于征地拆迁还是满意的，最不满意的方面就是他们的房屋质量有点问题，还有就是没有房产证。这些失地农民与市民在一起，不会有自卑的感觉，在上海动迁出去的，都知道他们经济状况好，有房子。他们对于自己的将来也不担心，偶尔有点忧虑，就是怕政府的镇保政策会变，政策变了，他们担心镇保的钱将来发不出来。

3. 访谈调查3—25

时间：2009年1月8日上午9:00

地点：村委会办公室

对象：陈某，女，40岁

简介：陈某，村委会文教卫生干部，对于村里征地的概况比较了解，对于征地政策也比较赞成。对于征地、拆迁、市民化生活适应等方面能够给出比较客观的评价。

内容：

（1）基本情况

我们村子总共有六个生产队，其中两个队2003年工业动迁，这两个队2003年拆了之后是农民宅基地置换小区，是当时上海市实施工程，总共有六个，我们奉贤区有两个，我们是其中一个。我们是宅基地试点，三个村并成一个村，我们所在的小区有四个队，有两个队在另外的小区。我们家是2003年工业动迁的，住在这个小区，工作的地方在另外两个队所在的小区。管理方面，那两个队的管理是双向管理，管理的人还是和另外四个队一样。现在三个村并成一个村后，有六个村干部，我负责文教卫生和调解这一块。

村子总面积1500多亩，因为靠近镇区，搞工业动迁之前，我们村已经有镇的工业，在我们地上有工业动迁的厂房也比较多。两个队没有动迁的时候，土地有1200亩左右。2003年工业开发之后，我们两个队的有些地征了，有些地还没有征，两个队是搬出去的，后面拆迁的四个队是在原地造小区安置的，造的小区另外还安置了两个村。

我们村人口数动迁前高峰期是910人，后来镇保搞好之后，有的迁出了，办理镇保的有750多人。工业动迁2003年开始，造安置房就是宅基地置换是2005年了。现在我们村还剩下500多亩地，由农业园区管理，我们村南面四个队都有一部分地没有征掉，现在在农业园区了。去年区里组织了专门的资产评估小组，说我们村不像村、居不像居，说是村委会，没有地了；说是居委会还没有完全征地，只是老百姓的地都收到，一起由农业园区管了，农民还没土地了。征地前人均土地是一亩多，不到两亩。

征地的单位是工业园区，是政府专门成立的工业招商办，征地是由他们组织的。起初，他们要用一块地，当时的地是个人承包的，如果被征的地还没动迁，每亩补偿800元，后来办了镇保之后就没有这个钱了。开头只征地，后来房子也拆掉了，拆迁面积每家不同，我们当时拆迁的时候补偿费用少，比后来的低很多。

2003年开始，两个队有300多人实现了农转非，另外四个队是第二年2004年进行宅基地置换的，也办了镇保，这个时候18岁以上的都完成了农转非，总共办镇保的是750多人。

（2）征地过程

当时，宅基地置换项目区里设了两个点，其中一个设在AX镇，但后来村党委去争取，就取消了AX镇的点。征地是镇里的开发区负责的，也是由他们来通知的。

村委会没多少事情，就是做农民的思想工作，做一些协调工作，如果农民有意见，会代表村民去说一下。农民们主要对动迁时价格差异有意见。就拿我家来说，我家共两层，一楼三间房二楼三间房，还有两个厢房，以及有地上屋、田里的庄稼一起，评估下来才32万元，其他地方，与我们一样的面积，他们能拿到50几万元。如果折算为新房的面积，都差不多，但如果是拿钱差别就很多。因为差别大，很多村民去上访了，我们只能跟他们讲道理。此外征地之后，有一个政策，每人不足45平方米的要补足，但有些宅基地上有土地使用证，土地使用证上写着多少面积，才能享受1300元/平方米的补偿，如果超过土地证上的面积，就是违章建筑，只拿到房子的成本价，没有土地价，宅基地土地使用证上没有的面积补偿得很少，所以有些意见。如果农民态度强硬就是不想拆，开发商也会让一些步，多给一些。

(3) 土地、拆迁政策了解情况

拆迁是由政府动迁办负责的，村里主要负责协调。动迁的时候我们村干部是全力以赴做老百姓的工作的。

征地是要由政府审批的，没有批准是不能征地的。

拆迁的政策一个是按照宅基地的面积，另一个是根据家庭人口，人均要有45平方米。当初的房子已经超过45平方米了就已经享受了，如果宅基地本子上按照人口计算人均面积不足45平方米，政府给补贴，300元/平方米。

征地中的土地补偿。我们五队征地比较多，靠近镇区，当时田是分到各家各户了，还没有确定承包经营权，政府说要征地了，上面给了钱，村里是没有享受的，钱是直接给村民的，按800元/亩。后来实行镇保政策了，就没有800元了。

就业安置一般按照年龄。退休的享受镇保，没有退休的，女的45—55岁每月290元，拿到退休。45岁以下的，每月也给290元，但只给两年。一般，我们都是有工作的，很少没有工作的。18岁以下的每月没有

290 元。

我们和附近村的拆迁政策基本上是一样的，我们镇的镇保人口估计有 1/3 了。

征地之前，镇里不会跟村里商量，跟村民也不商量，商量也没用的，镇里说要征地的时候，大部分村民是支持的，种地钱是很少的，现在不种地了，退休的农民每个月不干活也拿 607 元，虽然物价也涨了一点，但是如果没有特殊情况他们是够用的，并且还有医疗保险。如果住院的话，第一次交 1000 多元，后面就不用交那么多了，报销的比例比农村合作医疗要好多了。

有关青苗补偿，如果 2003 年种了地还没有收，补偿 800 元/平方米，2004 年镇保办好就没有这个 800 元了，这个钱是与老房子的估价一起结算的，如果老房子加地是 30 万元，新房子是 20 万元，那你还可以再拿 10 万元。

征地时，孤儿、独生子女等都没有优惠，贫困户之类的救助是民政部门管的，跟征地拆迁没关系，有没有地是关键。出嫁的女儿和入赘的女婿都要看户口在不在这里，如果户口在这里，这个人也要算进去，如果平方数不足，政府就会补贴。如有一家共七口人，实际上女儿出嫁了，家里住户只有五口人，但女儿的户口未迁走，如果新房子面积不足，有补贴，3000 元/平方米，可以多拿几万元。

实际上，大部分生活都过得去，但也存在困难，主要存在两方面困难，一是经济条件差的可能小孩上学有些困难，现在小孩上学贵；二是我们小区有二十多个患癌老人，我们通过民政部门申请到了一些补贴，尽量多解决一些问题。

从经济发展上看，我们原来的土地由农业园区集中管理后，这片土地看上去很整齐，机械化操作。地由大农户承包，本地承包的也有，外地承包的也有，像有些是上海市农科院承包的。

三、对城市市民进行失地农民市民化问题访谈调查

1. 访谈调查3—26

时间：2012年1月18日上午8:00

地点：吴先生家中

对象：吴先生，男，65岁

简介：吴先生退休前从事艺术行业并一直居住在市区，2005年在奉贤区BX镇的失地农民小区买房，退休后便一直居住于此。可以说，在市民中他是和失地农民打交道比较多的，他所表述的看法很中肯，用其看法来了解市民对失地农民的态度具有一定参考价值。

内容：

（1）基本情况

我以前是从事艺术行业的，做过影视、国际教育。目前和我同吃同住的就两个人，小孩不住一起，都住在市区，在黄浦区原来的卢湾区FX路附近。

（2）生活情况

我搬到这里来，是出于几方面的原因。一来，我已经退休，觉得市区比较喧闹、嘈杂，从小出生在市区，住了这么多年，希望安静，那么郊区是一个选择。二来，就是房价问题。这里相对比较实惠一点。尽管远了点，但是距离市区在50公里范围内。我从原有的大木桥到这里的话也就48公里左右。这里交通还是比较方便的，公共交通还可以，公路条件也还不错。因为就上海的郊区来讲，有些地方的公路条件不怎么好，但是我觉得AX镇周边地区的公路条件还是不错的。这里整体比较符合我的愿望：安静、空气好、吃的东西比较新鲜。因为我考虑余生都在这里度过，所以房子自然是精心装修的。在没有退休以前就已经买到这里了。但是因为我是自己下海，所以无所谓退休啦。

房产证嘛，目前这边因为动迁户，当地政府经济还比较差。我们这里基本上1/3是本地动迁居住，2/3是外来人。包括本地人买本地的，动迁户买他人的，各种情况都有，也有周边地区的本地人。目前，由于土地变性费用没有付清，所以产权问题现在没有解决。对我而言，房产证有没有都觉得无所谓了，因为我是居住，拿到房产证和没拿到房产证是一样的。没打算买进卖出，所以对房产证不强求。

（3）和失地农民的交往情况

一般来讲，周边邻居能够互相帮助，邻居之间的关系本来就应该处好。不管年老年小，大家彼此都相处和睦，这是个和睦时代。在经济上，我会回避和这些人正面接触，因为他们觉得他们拿得不多，或者问你的收入多少，我不会正面回应，因为有时候人会让人产生一种自卑感。他会想，我年纪也比你大啊，我怎么拿的只有这些钱啊？从我的感觉来讲，他们自己也是丰衣足食的，他们小辈和长辈之间关系都很和睦，民风淳朴。

我和失地农民的交往，应该有几家。像刚才陪你的那家，她们也是失地农民，我边上的邻居也有一家是失地农民，这里也有几家失地农民。从我的内心来讲我们是平等的，不管你是富有还是贫穷。不管他们怎么认为，但是，起码我觉得要尊重他们。这是做人的道理、底线。你不能说他们贫穷、落后，你就看不起他们。人与人之间相互尊重，反而觉得彼此很开心。不然的话，他自己会觉得和市区的人有差别。我本人不会这样，我觉得他们很淳朴，我很赞美他们这种做人风格，这是上海郊区本地人给我的概念、印象，还是比较良好的。在这里居住的时候，没有和居民或者失地农民发生过冲突，软性冲突也没有。

说到是不是会区别对待农民工，这个问题就要看工种的需求。如果是我做老板，你做的东西技术含量低，那用农民工是无所谓的；你做的东西技术含量高，那用农民工就不行了。成本是和你要生产的产品挂钩的。如果你生产的产品都是低水准的，技术上含量不高，那你完全可以用农民工。选用人员，主要是根据工种的技术含量来定的。

（4）对失地农民城市化的看法

这里有些人是失地农民，有些人是本地人。这里可以这么说，几乎成了老年乐园。因为这里总的居住人数来讲，还是老年人偏多。这里本地人的愿望就是都希望自己的子女到 AX 镇，他们自己子女的读书问题等，都是希望通过住在 AX 镇来解决的。即便他们自己是 BX 镇人，他们也希望搬到 AX 镇去。以上是我的感觉。

他们会自然地跟随上海市区人的一些生活习性，但是根本上还是难以改变。他们都是农村出来的，从小到大，毕竟几十年下来，他们基本的一些生活习性，比如说简朴，或者说哪里有一些地，他马上就会去产生效益。所谓产生效益就是，他马上就会去撒点种子种出很多东西。即便他们失去了土地，但是他们还是会找到一些可利用的土地，而且他们也很习惯这样。因为我觉得，真正的本地人的话，一旦失去了土地，他们的消费肯定就上去了，即便是拿到镇保，但镇保其实不高，500 多元吧，现在大概加上去了一点所以他们的生活还是比较简朴，不能铺张浪费。原来只有生活习惯上，为了省电费，他们习惯早睡早起，用水尽量能挖井的地方就挖井。

这边因为年轻人不多，我觉得年轻人之间的差别在慢慢缩小，因为电脑、电视这些现代的通信设备传播的东西大家都能看到，他们所看到的和我们所看到的几乎没有差别。

现在这个社会是竞争的社会，现在的小青年也都知道怎么去竞争，怎么来把自己生活得更好一点。

政府要走向城市化道路，要把原来的生产方式进行脱胎换骨的改变，原来土地都是分散化的，不利于充分发挥土地的作用，所以动迁能解决一部分的问题。从这些先得到动迁的情况来看，总体还是可以的。从他们所得到的回报来讲，他们自然还是觉得可以的。因为这里像这样的一个住房，管道、天然气、通信等各方面基础条件都与城市没什么区别，该有的都有的，城市怎么样这里就怎么样。对于他们来讲，我觉得提高生活质量没什么坏处。国家把土地征集起来，也提高了效益。我觉得在国家有这个能力的情况下，逐步地把农村转变为城市，是个大方向，但是保有一定的农用土地是必需的。因为口粮问题要解决，如果没有口粮是不行的。粮食，拿以前来讲，粮食为纲啊，没有粮食就无法生存了。在保有粮食和其他副食品外，怎么更好地利用土地？我觉得这需要慢慢地改变。

现在，失地农民的生活是得到改善的，由一种传统的农村生活转变为城市生活。你要说一下子改变一代人，是不可能的，但是他们也不是说不改变，他们都在慢慢改变。但是他们的圈子都是本乡本土的圈子，你叫他们一下子大变样这也不现实，他们的下一代，也在改变。至于会不会危害社会安定，这个我觉得不会。一个社会要发展，就是要逐步缩小农村和城市的差别。高度发达的国家，你到他们的国家去看，农村和城市没有很大的区别。

2. 访谈调查 3—27

时间： 2012 年 1 月 19 日下午 2 : 30

地点： 胡某家中

对象： 胡某，男，71 岁

简介： 胡某，城市居民，能够较好地与失地农民相处，认为感觉不到市民与农民的差别，认为上海的失地农民和没有失地的农民都是很幸福的。

内容：

（1）基本信息

胡某，已退休，中专学历，家庭人数三口。从亲戚手中购得房子，2004 年入住。

（2）生活情况

我是 2003 年退休的，2004 年从亲戚手里以 1700 元/平方米的价格，共花了15万元买了这套房子。2003年以前我和老伴一直待在湖北，40年前我是教书的，因为工作需要把我调到湖北的东风公司，在那里搞生产计划工作，是机关干部。在湖北一住就是40年，湖北我们也是住在城市里的，那里不比这里差，还比这里好，吃的比这里好，生活也比这里好。唯一不同的是我们是吃山水的，上海是吃自来水的。我刚说的是湖北的城市里，当然综合起来肯定是上海好了。湖北那块也和这里差距很大，那里人都特别仗义，有困难第一想到的就是邻居了，我老婆坐月子都是邻居照顾的，你要换成这里肯定不行。我刚刚说的是市区的城里人，但是这个小区的居民，因为原来也是农民，相处的还是不错的。

这里的居民，我们搬过来就和他们处得很好了，主要是我老伴喜欢和他们走动，平时聊聊天，一起去菜市场，空下来打打牌，锻炼锻炼身体，还有这里主要也都是上了年纪的老人家，大家相互陪伴比较开心点。

我搬过来以后走动的基本上就是这里的邻居了，其他就是湖北的老朋友。但是我这个人还是比较喜欢安静的，喜欢看看书。因为我女儿已经去世，老两口带着小外孙女，每天要接她上学放学、买菜烧饭、打扫也挺忙的。

总的来说还是比较喜欢和这里的人交往的，城市里的人一般不交往。

上海的农民和西北的农民是不好比的，这里比那里好多了，那里穷，穷的地方两个人穿一条裤子的还有呢，上海失地农民没地了，但是自己找工作概率比较大，还有镇保，农民退休有退休工资啊。除去文化素质不一样，其他方面市民与农民也没有很大差别，像上海农民第二代和市民第二代基本上没有差别，一样读书上学，靠教育出人头地，咱们上海还是做得比较好的。你不要以为农民一定穷，上海城市里穷人也很多的，现在关键分配不合理，差距太大了。你说失地农民没地到城市工作会不会有竞争压力，现在不能这么说，关键是有没有技能，要看文化素质。当然如果我是老板在招工的时候，首先也要看能力，当基础能力相同时我肯定也会选工资要求低的，好管理、好讲话的对不对，这样子也肯定会选外地的农民工，其次是失地农民，然后才是市民。

最好失地农民在社会保障上能够享受和市民一样的待遇，具体还是看国家的政策安排的。我们一直讲平等，只有起跑线平等了才能更好的平等对不对，但是现在体制摆在那里，国家太看重公务员了。失地农民和农民工还是属于两个不同的群体的，毕竟其中一个是从外地过来的。从另一个角度看，他们为什么要过来，还不是因为这里就业机会多，那里发展落后，如果那里发展搞上去了，自然也就不会过来了。

上海的失地农民还是比较幸福的，就看我们这个小区，待在这里的大多数都是上了年纪的，年轻的都搬到 AX 镇去了。

3. 访谈调查 3—28

时间：2009 年 1 月 9 日上午 9:00

地点：关某家中

对象：关某，男，63 岁

简介：关某，退休前为教师，城市居民代表。现在已经退休，对于失地农民没有歧视，与失地农民友好相处，认为征地前失地农民收入低，较辛苦，征地后失地农民们的生活质量提高了，赞成征地政策。

内容：

（1）对失地农民的印象

失地农民年纪大的，每个月给生活费；年纪轻的，就给两年，290 元/月，两年后自己找工作解决。征地后没工作的，政府帮忙找工作，有些工作，像招工，失地农民会优先一点。我们小区里面大多数都是失地农民，我是失地农民的家属，也一起搬来住了。

我接触的都是上了年纪的失地农民，在社会上也不工作了，就是退休了，这些退休之后的老年人，对失地后在经济上、生活上都很满意，没有怨言。他们的生活方式跟城里也差不多，小区里的老年人平时也聚在一起，谈谈天。现在的人，不管是不是失地农民，对小孩的教育都是很重视的，条件好的，小孩都往区里面送的，教育上的投入蛮大的，现在小孩就是靠读书出路。年轻人工作就业，有工作的就自己工作，没工作的报个名，政府会优先安排的，像大学城的一些服务性工作，还有乡办企业的招工，一般失地农民，没有到退休年龄的，都能有个工作。这个小区住的多数是老年人，年轻人一般都在 AX 镇。

以前和市民的差别是有的，他们以前是农民，总归有农民习惯的，有的种点蔬菜，搞个家庭副业，现在没土地了就跟城里一样了，不得不像城里人一样生活，所以现在跟城里人生活基本上是类似的，只有少数人还去找点地开垦一下，种点蔬菜。

（2）失地农民和城市市民的关系

现在经过了四五年，慢慢适应了。刚开始的时候，他们老房子拆了，这里的房子还没造好，生活上有点不安定，现在房子有了，就有安家落户的感觉了，关键是有个安定的地方了。现在有文化娱乐中心、有图书馆，老年人有活动中心，都蛮好的，这些都是政府为他们做的。政府还给他们提供收入，主要是在镇保和就业两个方面。

失地农民自身的话，一般上了年纪的就不工作了，没退休的就自己去找工作，没有闲着的，中年人还上有老、下有小的，总归要有工作的。

失地农民进城跟我们关系不大的，一般的居民都有工作单位的，失地农民做的都是服务性行业，或者是在个体企业里面打工的，真正是由居民在做的一些工作，失地农民也是找不到这样的工作的。当然，如果是城镇的人在工厂里面打工的，失地农民进厂对他们是有竞争的。现在像闵行开发区有很多企业招工，也会到这里来招，这里有劳动服务公司，劳动服务公司是劳动力中介，中年人到这个地方去看的，很多的。现在劳动服务公司每年在农村要招很多人。招农民工或失地农民总归比招城镇居民工资要低一些，而且失地农民本身有了镇保了，企业不用再交三金、四金了，所以企业还是愿意招的。这个方面讲，对居民有些影响的，但应该威胁不会太大，失地农民去了，居民户口的人也不会被排除出去的，政府也不会允许吧。

现在失地农民是从农村出来的，他们的要求也不高，有个工作赚点钱，培养小孩够了就好了，他们自己本身文化程度、专业技能啊，总比城镇居民要低一点，所以他们也不会特别挑，也没有必要去规定他们工作的范围，他们能干什么就干什么好了。

(3) 与失地农民的交往

平时跟失地农民打交道很多的，我们这里还跟农村里面差不多的，不像城里一家一户的。我们这里一回生二回熟，关系都很融洽的，这是农村的习惯了，平常认识的人都是谈得拢的，现在没田了，吃饭时间也都差不多了。我现在也退休了，就跟他们住一起。

失地农民对工作要求不高的，服务性行业的工作实际上还挺辛苦的。这里老年人多，他们相当节约的，他们对退休金也满足的，他们的起点低，觉得有饭吃、有衣穿就好了，不像城里那样高消费，人家没有征地的都羡慕这里。

没有什么看不起失地农民的地方，我这个人喜欢关系尽量相处得好一些，不能因为我是居民，退休工资高一些，你们是农民，没有这样的想法的，我们还是比较亲近的。相处得好，心情也好，身体也好，为点小事争对身体也不好。

失地农民不可能对社会稳定构成威胁。虽然在房屋拆迁上有一些不合理，有的面积差不多的房子估价不一样，但大家不太交流，有点暗箱操作，大家会有一些小小的看法，规定上是有一个统一的尺度，但实际操作的时候是不统一的。2006 年的时候我们镇里的农民开了一个大会，就是对房屋拆迁有想法的。

土地失不失掉对生活影响不大的。现在农民如果种地，不出去工作，只种水稻，收入也不高的，也是不行的，所以实际上失地了对家里生活有影响这种情况不存在，因为有地的时候大家也是出去挣钱的。所以失不失地在经济上无所谓的。

应该说现在失地农民和市民在保障上的差距是比较大的，不过现在也没有办法，失地农民太多，他们的保障待遇是要靠镇政府拿出来的，如果提高待遇，镇里不一定吃得消。镇保除了医疗养老外，也没有失业保险。要跟市民的待遇一样也不太可能，一方面是财政的问题，另一方面我们国家的体制就是一级一级下去的。城市里面的保障待遇，是与自己上班的时候交的社保多少有关的，而镇保是条件一样的情况下待遇是相同的。

（4）对征地的看法

现在征地好像有限制了，没有以前多了，现在也没听说哪里在征地。

不征地的话，农民也没有因为土地增加多少收入。我们这里一般也不种赚钱多的那些经济作物，就种水稻，也不种小麦油菜，所以现在征地的反而觉得更优越，没有征地的羡慕征地的，因为养老上有保障了，平时也不用种地了。

第六节　对河南某地失地农民访谈调查

一、对失地农民进行市民化问题访谈调查

1. 访谈调查3—29

时间：2008年7月24日上午8:20

地点：陈某家中

对象：陈某，男，56岁

简介：陈某居住在HX县IX庄。从2004年开始就因土地征用问题不

断上访。访谈时，他刚从北京上访回家三天，此人对土地征用政策有一定的了解，说话有些偏激，但是较能反映出现实问题。

内容：

（1）村子及家庭征地情况

我们这个庄（村子）在县城东北三里，属于JX乡，前面邻KX市至LX市公路，后面与MX乡的NX村接着。我们村里共有良田350亩左右，大概70多户人家，人均土地不到1亩，我们庄的地都是国家基本农田，不仅我们这里，包括相邻的OX庄、PX庄，还有NX行政村中，OX庄、RX庄、SX庄等，这些全是国家基本农田，在20世纪七八十年代时全部是县里的样板田，当时亩产就能达到800斤。现在村里已不剩半寸土地了，我刚才说的那几个庄也都没有一点土地了。

我家现在只有我们老两口了，两个女儿已经出门（出嫁），两个儿子也成家了，就在我们后面住，有孙子、孙女三个。征地前我家共有2.5亩地，可以解决吃喝的问题，此外，我还开着三辆解放车，年收入有3万—5万元，当时生活很富裕，想吃啥买啥，想用啥买啥。现在可是啥都不舍得买了，没有地了，连粮食都得买，也没有柴火烧了，一块煤就要五角，一天光煤钱都好几块，加上这几年光顾着打官司，连生意也无心去做，只有花钱，没有进钱，哪还有闲钱买其他东西。去年村里也没有通知我们，就给我们办了“非农业户口”（拿出非农业户口本给笔者看），你说办这个有啥用，开始要我们每家交100元办非农业户口，我们庄的人都不交，也不要，最后村里（村委会）就统一给我们办好。

一提到征地这个事，我可是有冤屈呀。光这事我已经被打了三次了，上访到现在，但打人凶手照样逍遥法外（边说边流泪）。第一次被打是在2003年，当时全县还没有开始征地，当时县领导要卖我们村里的235亩地，这块地没有批文，连买主都没有找到，但他们就是想把这235亩地先占着。还记得2003年4月6日上午9时许，当时乡领导带领乡村干部三十余人，开着一辆宣传车进入我们村做卖地动员，同时将全村大街小巷的墙头、房屋和电线杆上都贴满了“严厉打击不肯出售土地的不法分子”字样，使整个庄陷入了恐慌状态。由于我不愿卖地，想给子孙留口饭吃，被大家推选为代表和乡里、村里去谈判，但是没有想到4月8日夜11点左右，王某某带领干警三名和乡干部十多人，翻墙而过，踹开房门，把我和妻子、儿子，还有村民刘某某强行拉到JX乡派出所院内，只听王某某喊一句：“打”。我就什么都不知道了，不知过了多久，我躺在派出所院内清醒过来后，王某某用他的脚踢了踢我的屁股。不一会儿，王某某令人把我抬进JX乡派出审讯室内，又对我多次毒打后，王某某说：“你的地卖不卖?”我说：“不卖，一切按法律办事。”这时王某某把审讯室的灯关掉后说：“我会让你在卖地合同上签字的。打!”又不知过了多久，我又一次醒过来只感到头晕目眩，右眼已不能睁开，胸部疼痛难忍，有气无力地抬起头，审讯室的灯亮了，有人在地上用布擦血迹，王某某手拿卖地合同，傲气地站在我面前问：“你的地卖不卖，要卖在合同上签字”，并强行拉着我的手往合同上去划。“我不卖”，我咬着牙，勉强挤出一点声音来。王某某伸出恶毒的手，在我脸上重重地打了一个耳光，他满手沾满我的鲜血吼道：“看我敢不敢打死你……”后经检查，我的肋骨被打断三根。我儿子也被打得皮开肉绽。已年过花甲的刘某某被恐吓得神魂颠倒，呕吐不止，到现在听到汽车响和旁人大声讲话，都会精神失常。

第二次打我是2006年，由于这几年我坚持要政府拿出征地的批文，对他们这种非法征地不满意，也想让打我的凶手得到应有的惩罚，我一直都在上访，所以乡里视我为眼中钉。2006年12月30日晚9点，我和我老婆刚睡下，还未睡着，突然听到门被跺得一声巨响，我老婆一句“这是干啥”还未说完，就听到她惨叫一声，后被拉到医院，头部缝了19针，伤口长十厘米之多。而我的头部、身上也是累累重伤，当时就昏死在血泊之中，当地村委大小干部集聚在现场一直找警方，可是直到第二天也就是

31 号下午 2 点才来现场勘察，走后不了了之。后来我们群众自发组织到乡里理论，群众拿出《中华人民共和国土地法》和《国务院关于深化改革严格土地管理的决定》，还有国务院的关于土地的三令五申的一些禁止土地征用的文件给新的乡委书记看，可他摆着手说：“我什么都不看，我也不管什么法不法的，我只听县上的。你拿的那些文件，我比你看得多……”

第三次也是最为严重的一次是2007 年5 月6 日。从2006 年11 月新一任县长张某上任后，我们县大规模的、全面的征地是开始了，张县长把我们县所有单位都从城里赶出来，包括县委、县政府，原址都很新，全部拆掉。把单位原址全部开发成商品房，然后再去我们农民的田地里占地，盖单位、盖家属楼、盖商品房。这就是他所谓的城镇开发。TX 那个开发区占地 500 多亩，只有一个服装厂现在还冒烟，其他根本没企业，还有城里城外这一个个小区根本就没人去买。所以这次这个张县长是铁了心要把我们维护了几年，我们村的这 350 亩地全部征了。我们这块地被重新圈作维多利亚花园开发（房地产开发）用地，我们没有看到过任何用地的国家批文，也没有看到过什么书面的公告，自从模模糊糊听说要开发我们的地后，我们村的人白天就轮流到地里看情况，一发现他们（开发商）动工，我们就斗争，之前大大小小共发生了六次冲突。到了 5 月 6 日那天早上，有六辆卡车共百余名十七八岁的小流氓从各地聚集到我们地里要用推土机推掉我们的麦子，当时再过十天左右我们的麦子就可以收割了，村民手拉手不让推土机通过，这时这些雇佣来的流氓们用砖头、用棍棒向撒雨点一样扔向村民，村民在现场无不痛哭流涕（边说边大哭起来）。我那次也是在前面站着，砖头全砸在我的头上、身上。令人更可恨的是，他们推掉我们的麦子，打了我们的人后，把我们的地圈在那里根本就没有动工，荒在那里，直到今年 4 月份才开始施工。

现在征地还没有涉及我家的宅基地，但是据说也保不太长啦。

(2) 征地前后保障情况

征地前，我们主要是靠土地保障，征地后，我们什么保障也没有了。养老的事情现在根本考虑不到，为什么？要先顾着嘴呀，现在都吃不上，哪还会考虑以后。医疗方面，我们以前就参加了农村合作医疗，每年交10元钱，500元以下不报，500元以上报60%，我们还没有使用过，具体怎样操作也不清楚。因为平时我们有点小病根本不去医院，就扛一扛，实在不行了才去小诊所包点药，打个针，根本不去大医院的。购买商业保险我以前倒是考虑过，但现在没有钱买呀。

村里、乡里、县里也从来未过问过我们的生活，更不要提帮我们找工作，培训了。

(3) 对于城市市民的看法

我以前从未羡慕过城里人，我觉得我们有地，再稍微做点生意都比城里人靠工资吃饭过得好。我现在是非农业户口了，但我还觉得自己是个农民，是个没有地的农民。现在要是有谁和我用地换非农户口，我宁愿换回去，永远当个农民。我们村的地被征后，邻里关系变差了。分成两派，愿意卖地的和不愿意卖地的。原来有地时，大家一起上地，地里成为大家聊天、互相帮助的场所，现在各人都在各家了，感觉比原来疏远了。和亲戚之间，也觉得有点远了，为啥？一穷三分赖，你穷连亲戚们都看不起你了。现在远不如以前幸福了。我现在空闲时，就到谁家聊天或到处溜达一下，我不太爱看电视，也没有钱打麻将。

未来太遥远了，现在只能走一步说一步，先糊着嘴再说。其实，说实话我们老百姓都不愿卖地，但是如果为了公共利益而征地，我们可以理解，可以双手把东西送出去，不要一分钱，但你也要安排好我的生活。我们村里人都很爱惜地，没有一个地方是把土地撂荒了。

2. 访谈调查3—30

时间：2008年7月24日上午9:30

地点：金某家中

对象：金某，男，55 岁

简介：金某曾经为征地事件上访，但胆小怕事，在本次调查中，开始担当我们一个小队的联系人，但因村干部干涉，把我们的调查问卷交给乡里，耽误了调查的顺利进行。

内容：

（1）村子及家庭征地情况

我叫金某，今年 55 岁了，家住 MX 乡 NX 村委 SX 村，是 HX 县拉丝模厂退休职工。我们整个 NX 村委共有土地 1100 亩，我们 SX 村有土地 700 亩，有 4 个生产组，是个大村，村中土地全部是上等的基本农田。在我们县第二任县长丁某某学大寨时期，我们村的地就被确定为样板田。我们村里共有 230 户人家，现在地全部被征掉了，征地主要是盖辣椒市场和宾馆。我家现在还有三口人，征地前有农田两亩，宅基地九分多。现在没有一寸土地了，还没有农转非，我觉得农转非并没有太大用处，所以也不积极去关心这个事。我也是在麦子被推掉之后，才知道自己的地被征用的。

关于征地，我受的委屈也大了。我以前是 HX 县拉丝模厂（其前身是 HX 县烟厂）职工，1978 年 5 月 28 日因公致残（右手和前肢一半被截）。按国家规定，我本应享受伤残抚恤金。但事情已过 30 年，伤残抚恤金我分文未得到。2006 年 10 月，我的宅基地和房子因公路扩宽而遭拆迁。按国家政策，居民房宅拆迁是必须按建筑面积的大小给予相应补偿的。补偿标准应按 2006 年 28 号文件规定执行。但拆迁方执行的却是 1989 年的文件规定标准。平房补偿 192 元/平方米，楼房补偿 216 元/平方米，现在物价都那么贵，光盖房子的手工钱就涨到 100 元/平方米，你说这点钱够什么用。而且按照我们 MX 乡政府的明文规定，凡因公拆迁的宅基地，满三分地就给一处方四丈的宅基地，满六分地另给两处新宅地，依次类推，我的老宅被拆迁的面积为九分二厘米（南北长22.3米，东西宽28米），按规定应给我分三处新宅地。但乡里、村里只给我一处新宅基地。而其他人家拆迁的老宅面积比我的小，补偿的新宅地却比我的多。由于补给我的一处宅基地面积小，我们和儿子已分家，新宅基地容纳不下两家居住。因此，儿子就在新宅基地上盖了几间房，到现在连门都装不起。我和妻子女儿至今仍住在猪圈里，我们不知道这种日子何时是个尽头。除了在划的宅基地上盖房外，也没有其他途径买房，像他们征我们的地盖的那些小区，一个平方米就卖3980元，我们怎么能够买得起。2007年，乡里、村里征我们的土地，全部是大搞房地产开发，就是对面的那个金沙花园还有新华书店，光那个新华书店就占地60亩，到现在还荒在那里，草长得比人还要高。这些征地根本就没有给我们看上级的批文，每次到乡里要求看批文，他们都说你们没有资格看批文，最后我们上访到省里，省里要求县国土资源局给我们看批文，结果是啥，他们拿出的是1998年盖养老院的过期批文。村民意见很大，阻拦征地，但乡里、村里早已把地卖给开发商了（我们没有签订任何合同）。

我们根本就不了解村里的财务状况，也不了解征地款的分配情况，只是听说开发商每亩地付给政府10多万元，但是到我们农民手中总共就是2.56万元/亩。我们只和村、乡干部接触，也找过开发商，但开发商对我们置之不理，说我们把钱已经付给乡里了，和你们没有什么话说。

（2）征地前后保障情况

我们现在也没有什么保障，养老、医疗问题根本还没有考虑，现在考虑的是眼下的生活，只要能糊着嘴就行。低保我家也没有享受。

征地前，我家有地，吃的不用买，我每个月还有700元左右，可以顾家花钱。年收入也有个1万元。现在地也没有了，以前剩下的麦子还有几袋，等这几袋麦子吃完，吃的都没有了，啥都得买。现在收入就是靠我那点退休金了，一个月700元，一年就8400元。我残疾又不能打工挣钱了，其他也没有收入，我还有个闺女没有出门，光买面、买煤、买油就花完了，哪还有什么余钱考虑闺女的事？

（3）对于城市市民的看法

我以前（征地前）当然羡慕城里人了，人家吃的、穿的都比我们强，生活水平比我们高。原来我上班时，我是合同工，人家城里人都是正式工，我每个月工资都比人家低几十块钱，什么待遇都不一样。现在我不是农民了，是非农业户口了，但我不认为自己是城里人，生活水平在那里放着，我们生活的连农民都不如，怎么能说是城里人，我们现在啥也不是了，农不农，工不工的。

征地以后，我们邻里之间的关系变差了，就拿前几天我们庄（村）两户人家打架来说，你知道因为啥？就为了装辣椒。一家先到辣椒市场的一个车前抢到装辣椒的活，装一麻袋辣椒2角钱，另一家也想装这一车辣椒，说前几天一直在装这车辣椒，刚才去了厕所，走开一会，还是应该归他装这车辣椒。就为这一天几元钱，两家打架。这在以前大家都有地时，根本都不会在意这几元钱的，大家都是邻居，整天有说有笑地上干活，相互帮忙，谁会为这几元钱撕破脸皮，但在现在，家家的生活都困难，有这几元钱，就可以维持今天的生活，没有的话，今天都不知道吃啥。现在没地种了，邻里之间也不怎么来往了，整天吃过饭，四处转转，闲白话（闲聊），也没有心思打牌、打麻将，又没有钱，怎么打。我们和原市民没有什么交往，也不需要和他们交往，人家比咱强，和人家来往啥？我有困难，也一般是靠自己解决，邻居、亲戚都很穷，找他们也没用，村里、乡里也不理你，那也只有靠自己了。

我整天发愁我们的生活咋办？感觉没有什么出路，现在出去打工都没人要，我年龄那么大，又残疾，只能过一天是一天。

（4）对于征地的看法

我们并不是反对征地，只要征地是按国家政策来办，国家有需要，有批文，能够解决我们的生活，这个生活并没有特别高的要求，只要解决眼下的吃饭问题就行，养老、医疗我们都没有什么要求。我们愿意自己的地被征用，为国家做贡献。我们村里只有极少数土地撂荒的，有的是在城里有工作，人家不靠地吃饭，觉得征地了还省事了，愿意征地；还有的是老人，有几个闺女，闺女出门后，地没有人种，也愿意被征，用现钱解决养老。其他人都不愿意被征地，一家哪怕只有九分地，也能保住一家五六口人的生活，饿不着。而且连子子孙孙都饿不着，再说现在国家对农民的政策这么好，税收也没有了，还有补贴，当农民高兴还来不及，谁愿意卖地？现在地没有了，就要饿着了，那两万元钱，有的不到一年就花光了，你说这以后咋办。

3. 访谈调查 3—31

时间： 2008 年 7 月 24 日下午 1∶30

地点： 金某家中

对象： 金某，男，56 岁

简介： 金某，文盲，曾为征地事件多次上访，在访谈前一个月，一直在北京上访，上访期间曾多次咨询律师了解征地有关政策、规定，故对征地事件有一定想法。

内容：

（1）村子及家庭征地情况

我们村是 2007 年征地的，村里 700 多亩地基本全部被征完。所征用土地全部为基本农田。征地主要用途就是建辣椒市场、盖中医院（从城里搬迁出来）和盖金沙花园（商品房），我们村里 200 多户人家的土地基本被征用完。我家共有五口人，原来有农田五亩，也在这次征地中全部被征完了。之前，我们根本不知道征地这件事，大队干部（村里干部）从来没有通知我们征地的事，直到我们家的地被圈起来（用石灰粉画了一个大圈），我们才知道我们的地要被用来造金沙花园了，这时，村干部才告诉我们，卖地钱在存折上，存折放在村委会，要我们去拿，不拿的话什么也没有。

关于征地的事，村里从来没有征求过大家的意见，我们村民不愿卖地，因为前面UX庄那里的人家1亩地就卖了10万元，为什么就隔了一条马路，我们这里1亩地只卖2.56万元。我们也跑到村里讨说法，村主任、支书对于卖地的政策也不懂，他们只是说那卖地的事都是上头说的算，我们也不当家（做不了主），你再说其他的，他们就是不吱声，就是你骂他们，他们也不还一句，就是不吱声。

我家的宅基地暂时还没有被征到，但也听到一些快要拆迁的风言风语了。现在很是担心宅子被拆掉。

（2）征地补偿情况

我们村里征地补偿费的分配我听说是不一样的。不好惹的，或者和村干部关系好的，虽然表面上看他们1亩地也是2.56万元，但实际上他们1亩地按1.2亩或1.5亩算，另外他们还可以得到调解费，村里1亩地还要提留2000元的管理费（原来1亩地要提取4000元，经过村民吵闹到乡里后，就降为2000元）。村里财务根本不公开的，我们也不知道征地款的来去。除了村干部、乡干部我们接触不到其他的人了。对于征地政策开始我不清楚的，但我会比较隔一条马路的UX庄，1亩地卖10万元，我们1亩地卖2万多元，我们想不通。后来我们想看一下国家关于我们土地使用的批文，向村里要，村里说在乡里；向乡里要，乡里说在县里；向县里要，县里说管批文的人出差了，要1个月才能回来，我们等1个月再去要，又说有其他事情，那个人还没有回来。后来，我就夹个包去北京了（上访），在那里住了1个月，我每天吃过饭就去附近的律师事务所，找一个爱说话的律师咨询，时间长了，我对补偿政策也有了些了解。

（3）征地前后保障情况

征地前，我们就靠地养老，靠地生活，现在我们可是什么保障都没有了。看病的话是参加了合作医疗，一年交 10 元钱，500 元以下不给报，500 元以上报 60%，这 60% 中还有很多药不能报。这个实际上报不了什么钱，基本上报的还是你自己的钱。比如今年 5 月，我老母亲住院，她们一间病房里，另一个病人和她得了一样的病，我们参加了合作医疗，可以报销些。人家没有参加合作医疗，不能报销。最后我们花了 4300 元，人家只花了 2400 元。我们报了 1900 多元，最后算下来，我只比人家少花了几十元钱，而且报销起来真是太麻烦了，我跑了很多趟才拿到钱。我也没有申请到低保，低保虽然一个月只有 40 元钱，但有了也比没有好啊，我们村干部本来说要给我的，后来可能因为我上访，就没有给我。我一直在跑上访的事，也懒得和他们计较这点钱了。

征地前，我家除了种地，我还养了 20 多头猪，因为我有 5 亩地，每年就可生产 5000 斤玉米喂猪，每年卖猪可以收入 1 万多元，原来生活不说富裕，也是吃穿不愁的，现在没有地了，猪也喂不成了，你买饲料喂猪不可能挣钱的，这个主要的收入也没有了。现在只能靠打个零工挣钱糊嘴了（年龄大了，打零工都没有人要了），啥都舍不得买了。我除了会种地、会喂猪外，其他什么也不会干。没有工作，县、乡、村都不会问你的（管你），整个县都是这样，从来没有听说过有哪里会帮你介绍工作或有就业培训。

(4) 对于城市市民的看法

我以前当然想当个城里人了，原来城里人买什么都有供应，能买低价粮、低价油，吃的、穿的、用的都比我们好，我常和我的小孩说，一定好好读书，当个城里人。现在我们算什么，我认为我们不算城里人，虽然没有地了，但我们的生活水平很差，没有达到城里人的标准。而且现在我对生活还很不习惯，比如烧煤做饭，我一点不习惯，原来烧锅（烧柴禾）10 分钟就做好饭了，现在烧煤，有时搞不好，要半个小时还吃不上饭。我十分怀念当农民的日子，现在很想有地种。地被征后，我们村邻里关系淡了很多，分化了，村民分成好几派，有卖地派；有坚决不卖地派（像我这样）；有开始不卖地，后来被村里游说，又同意卖地派……反正复杂得很，现在邻里之间再也不像以前那样说说笑笑，有啥说啥了，大家相互提防，相互不信任。和亲戚之间变化不大。

现在的生活和以前相比，幸福程度低了。

和市民们根本不认识，没有交往过，也没有必要交往。

我对自己家庭以后的生活很发愁，但实在想不出办法，只能啥也不想，闭着眼向前过，过一天少三晌了。我们一点也不反对征地，碰到公益事业征地，我们甚至愿意无偿奉献。但是征地要严格按照国家的政策来办，国家政策是好的，只要按国家政策来办，我认为老百姓不会吃亏。我认为国家的经济（政策）是好的，就是让一些“歪嘴和尚”念歪了。国家要深入到地方来看一看实际情况是什么。我们村的人都很爱惜土地，没有人愿意荒着土地出去打工，就是出去打工，他也会把土地委托给他人代为耕种。我很看不起把土地荒着的人，不管怎样，土地都是我们的根，你不种地，我不种地，粮食从哪来，都不种地，你有钱都难以买到粮食，那还怎样活。

4. 访谈调查3—32

时间：2008 年 7 月 25 日下午 3∶00

地点：杨某家中

对象：杨某，男，44 岁

简介：杨某口才较好，初中文化，访谈时能够侃侃而谈，而且自己曾购买一千多元法律书籍，现在研读《物权法》，是 HX 县三轮车协会会长，刚从民政局申请到一个养殖项目，但同样认为自己在征地中是弱势群体。

内容：

我叫杨某，是 HX 县 VX 乡 WX 村委会村民，我家有五口人，我和老婆，还有三个孩子，他们都在上学，一个正在上大学，一个上高中，一个上初中。我是我们县三轮车协会（民间组织）法定代表人，今年3月，协会刚从民政局领了一个养殖项目。我感觉自己的道德还是挺高尚的，在我们县城经常免费拉残疾人，汶川大地震我个人捐款600元，我经常做福利事业，大力宣扬国家大政方针。我相信全国人民代表大会立的法要高于每个部门规定，下位法不得和上位法相抵触，这是地方每一个党政领导人都知道的道理。

然而，我们VX乡在征地中动辄使用行政强制手段，造成政府和相关民众的直接冲突，直接影响了社会稳定。

（1）村子及家庭征地情况

我们村是今年开始征地的，我们村不大，总共有60多户人家，200亩左右地，都是基本农田，去掉公用土地，路、塘等，平均每人有八分地。我们家只有两个人的地，共1亩八分地，孩子们都没有地。村里的农田全部被征掉了，听说以后连我们的宅基地也保不住，现在很担心。我们现在还是农业户口，村里也通知让我们农转非，但每人要交50元，我们觉得转不转无所谓，现在又没有低价粮供应，就没有转。我们村的地征去干什么？这个说起来真是气人，我们村的地全部被征去，发展工业园区了，就是三高附近那个荒着的大园子（三高占的地不是我们村的，但它旁边那个圈起来的大园子是我们村的地）。

征地这件事乡里、村里根本不告诉你，我们村里的土地，本来说是今年元月就要征用，但那时地里有麦苗，又没有人提前通知我们，那次是村里老百姓手拉手阻止乡里征地，他们没有搞成。但是今年6月14日，VX乡专门给我打电话，让我到乡里谈事情，把我骗走（怕我阻碍他们施工），结果等到上午10:30我从乡里回来上地里一看，一块地的大豆、花生全部被推平。

我们村里征的土地全部是基本农田，每亩地补偿是2.56万元，我们也不清楚包括哪几项，反正什么都有了，就知道有土地补偿费、青苗费。

土地补偿费2.5万元/亩，青苗费600元/亩，其他的就没有听说了。在征地这件事上，我们基本不和村里打交道，村干部只负责发折子（存折），你问他事情，他们是一问三不知，总是说："这事我当不了家，你要去问乡里"，时间长了，我们村民也不去找村干部了，但听说村干部发折子也有小费的，叫调解费，每户收下存款折子，村干部就可以得到500元钱，算是调解成功，又听说村里对我们的地每亩都要提留2000元管理费，但这只是听说，谁也没有核实过。

村里的财务是不公开的，至于开发商每亩地给乡里多少钱，我们都不太清楚，听说每亩地要18万元。这笔钱在乡里还是村里我们不清楚，反正到我们农民这里就是每亩地2.56万元，多一分都没有。

对于国家的征地政策和补偿政策，我是了解一些的，你看这是我找的文件［拿出了《关于切实做好被征地农民社会保障工作有关问题的通知》劳社部发〔2007〕14号］，文件上说得很清楚，社会保障费不落实的不得批准征地，我们这里征地哪有什么社会保障费？还有补偿文件（拿出《全国工业用地出让最低价标准》），你看国家对于工业用地的补偿标准已提高了，但是文件上也没有具体到每亩地多少钱，什么样的地属于什么等级，我一直在找我们河南省的土地补偿标准，但一直找不到，这个估计被省里保密起来了，我就想搞清楚河南省（基本上都是基本农田）每亩地能够补偿多少钱。我了解这些政策一是通过自己学习，我光购买法律方面的书籍就已经花了一千多元了。此外，我还经常向一些干部咨询。

（2）征地前后保障情况

征地前，我除了土地保障外，没有其他保障，主要靠种地解决吃饭问题，靠拉三轮车解决零花钱和孩子上学问题，当时年收入也有万把块钱，没有什么余头，但能解决温饱问题。但现在，地没有了，以前产的麦子还有一些，暂时还不用买吃的，但这几袋麦子一吃光，光吃的费用就是一大笔，恐怕拉三轮车的钱根本不够用。而且没地了，以后也没有柴火烧了，烧煤很贵，一块煤就5角多，一天起码要4到5块煤，怎么能烧得起？再加上我一个孩子上大学，一开学就是几千块，这样我们以后一年开支起码要1.3万元，真是发愁。本来我们协会今年刚从民政局申请到一个养殖项目，我准备在地头上办个小的养殖基地的，但现在地都没有了，没有地方搞养殖了，也没有东西搞养殖了。

关于以后的养老问题、医疗问题，我们现在根本先不去考虑，主要考虑的是眼下怎么办，孩子上学上了一半，你不能让他们辍学吧，不辍学的话，又从哪里去找钱？我没有享受到低保，村干部给我们村民送存折时说："你们快点卖地吧，卖了地每家给你们一个低保，月月都有钱领的。"结果现在我们村很多困难户还没有低保，不知道低保都给哪些人了，这个是不公开的。像我们村有一户人家，男的死了，只有一个女的带着3个孩子，总是受人欺负，现在地也没有了，也没有低保。但话说回来，就是有低保，又能解决什么问题，低保就是一个月40元，你说这40元够什么用？

我除了会种地、会蹬三轮车外，没有其他什么技能。我们的地被征后，从来没有人过问过我们的生活，更别提会有什么培训、什么介绍工作。

(3) 对于城市市民的看法

我们以前当然羡慕城里人了，人家的生活水平多高，现在我们没有了土地，但不是城里人，因为我们的生活水平没有达到，我们现在农不农、工不工的，什么也不是。

我们村征地后，邻里关系也淡了很多，一方面是征地中有些人听了村里的话，领了卖地钱，而我们还有一部分人，到现在也没有去村里领卖地钱。现在邻里之间好像没有什么话交流，主要是怕说了什么，马上就有人去"告密"。另一方面是原来有地，在干农活时我们经常相互帮助，现在不干活了，各人待在各自家里，慢慢的感情也淡了。与亲戚之间的关系没有什么变化，为啥？我这个人不爱求人，再穷，再不能过日子，我都没有去求过亲戚邻居的。

我对自己的家庭有很多忧虑，就是怎样解决以后的生活问题？怎样去找钱？但是愁归愁，也没有什么具体的打算，做生意咱不会，只能希望以后能多拉几趟三轮车，每天多挣几个了。

我非常反对卖地，老百姓有地就有饭吃，至于花钱，则是有钱就花，没钱不花，但你每天的3顿饭不能少啊，有了地老百姓就有了保障。给多少钱我都不想卖地。再说了，你看我们的地，被卖了以后，现在还荒在那里，搞什么工业园区，那个工业园里，不就是一个服装厂还在冒烟么，其他的都是圈起来荒在那里。老百姓实在是看不下去呀，心疼呀（又哭）。对于那种把地撂荒，出去打工的人，我认为他们的目光太短浅了，现在年轻，打得动工，可以挣几个花几个，以后老了怎么办，还不是要回来靠地生活。

5. 访谈调查3—33

时间：2008年7月25日下午6:00

地点：时某的小卖铺里

对象：时某，男，42岁

简介：时某为YX乡ZX村失地农民，该村离县城有十几里路，并非像其他失地农民一样是县城附近的，但即使在离县城十几里外的纯农村里，也已经被征地风潮波及。而且相对于县城的征地，纯农村的征地存在更大的纠纷。

内容：

我叫时某，是YX乡ZX村的村民，原来是村组长，因为前年不同意乡里、村里私自卖地，被村里撤职。我原来还在乡地税所打工做饭，后来也因为征地事件，把我赶了出来。

（1）村子及家庭征地情况

2006年春，乡里以新农村建设为由，用以租代征的方式，强行征用我们的基本农田30亩，共11户人家，说是建文化广场和商贸城，但实际上现在在建的房地产都在商业小区。当时以11 500元/亩的承包费给我们，共承包了50年，我们算了算细账，每亩地1年只能得到230元的补偿金，够我们吃饭的吗？我们组里有好几户人家一寸土地也没有了，怎么生活呢？我们村民不同意，但他们已经卖了土地并弄好的存折，强行让我们接受。比如我家，我开始是三组的组长，我家有2.3亩地，这次全部被征掉了。

在征地这件事上，我们村从来没有开会讨论过，更没有给群众公布过任何征地方案或规划方案。我们想了解情况，找到村里、乡里，干部就说："地是国家的，不能用你个人的好恶决定地的用途，要由乡里统一决定。"比如，按照路到中心、河到底的规矩，我们组里还有四亩路面的四万多元现金，至今没有和我们兑现。我们在以前的老支书的带领下到村里查账，结果那个干部就教训我们："查什么查，你们根本没有资格查账！"

我对于征地政策和补偿政策也了解一些，主要是靠自学，因为这两年我一直在上访，要能够和他们说出个理由来，就自己学习了一些政策和法律知识。

我对目前的征地补偿政策当然是不满意的了，我们根本不想卖地，在乡下，又不是城边上，卖了地还可以做个小生意糊口，这里全是农民，我们卖地后去干什么呀？退一万步，就是卖地，你要保证我们的生活吧，现在物价那么贵，最起码我们三亩坑塘地，就应该补偿我们80万元，30亩耕地价钱就该更高些。

（2）征地前后保障情况

征地前，我们除了种地，还打工挣钱，我在乡地税所做饭，一般一年可以收入6000多元，够开支用。现在没有土地了，打工也打不成了，没有办法，为了糊口和供学生上学，只好开个小杂货店勉强度日。现在收入比原来少多了，具体没有算过，估计也就是一两千元吧，但开支是一点都没有减少，还增大了，因为现在吃的、用的都要买了。征地后我们没有享受任何保障，连低保也没有。

(3) 对于城市市民的看法

我以前羡慕当个城里人，觉得城里人吃的、穿的、用的都比我们强，所以我要我的孩子好好读书，以后能够有出息。但我们现在没有了土地，还是农民呀，只不过是没有土地的农民，我们还是住在乡下，还是那么穷，比原来还穷，怎么能说我们是市民?

征地后，和邻居的关系中，有一小部分像村干部的关系变差了，和其他大多数邻居关系没有什么变化，和亲戚关系也没什么变化，现在我们更穷了，我的亲戚也都是农民，他们没有征地，还会时不时地给我们送袋麦子，救济我们一下。

我有困难的时候，只能靠亲戚邻居帮忙了，找村里、乡里根本没有用。

我对自己家庭的未来很有忧虑，怎样能让我的孩子顺利读完书，这是我的心愿，我们老了，以后有吃的没吃的关系不大了，可是没有了地，孩子们怎么办呀，若再考不上大学，可以说连媳妇都找不到的。

我坚决不同意卖地，哪怕给我留下几分的地，也比给我1万多元钱好多了，我可以把地这个依靠传给我的孩子们，让他们不至于饿死（眼圈红了)。

有些人出去打工，把地撂荒，我们这里不多，那也太可惜了吧，我完全反对这种做法。

6. 访谈调查3—34

时间：2008年7月25日上午8:30

地点：金某家中

对象：金某，男，45岁

简介：金某因征地的事被拘留了七天，反对卖地，访谈中叙述较清晰，能够反映出征地事件的过程。

内容：

（1）村子及家庭征地情况

我叫金某，是NX村的，我家有五口人，本来有2.03亩地，两次被征完了。最早一次征地是在1995年，当时乡里把我们村的40亩地，我家占1亩，给烟草化工厂使用，让我们在里面干活，当时老百姓也不太懂，认为能在里面打工也挺好的。就同意把地让他们使用，当时一亩地是补给我们1.25万元。那次不算征地，只是租给对方，但没有任何手续。第二年也就是1996年，乡里还向我们要公粮。我们不同意了，说我们的地已经卖给化工厂了，怎么还向我们要公粮，当时乡里给我们的说法是，“任何人都没有卖你们耕地的权力，你们的地还在你们生产队的名下。虽然国家不要公粮了，但你们还是有义务向集体交纳公粮。”我们老百姓都不理他，也不交纳公粮。但到1997年，国家给每亩地都有了一定的补贴，我们向乡里要我们这40亩地的补贴时，乡里告诉我们没有。我们质问他们，为什么没有我们的补贴，以前我们都在交纳公粮，去年你们还说地还在我们生产队的名下。后来，我们为这事找到县财政局，财政局的人说，你们的地都有补贴的，我们统一发放到乡里了，你们去找乡里要吧。我、一个村民，还有村支书和我们小队长四人一起找乡长要补贴费，乡长仍然不给，说我们因去年没有交纳公粮，所以不能享受，并把我们轰出了他的办公室。我们没有办法又去了县国土资源局和信访办，他们都说：“地是属于我们的，不给我们补贴的话，我们可以通过法律的手段把地要回来，打官司可能要花个几万块钱。”这个就麻烦了，地又不是我们四个人的，是我们整个生产队的，每一家都有，打官司的钱也不能由我们几个人来出呀，由于大家都不愿出钱，最后这事就搁在那里，一直没有拿到国家的补贴。这个烟草化工厂是集体企业，开始的时候好像很红火的，我们也可以在里面装装货，打个零工。但是到2004年，不知道什么原因，突然倒闭了。倒闭后，乡里就把这块地倒卖给一个包工头了，这个包工头买去后，一直没有生产，荒在那里。后来县里为这事也去追查了两次，告诉包工头说，你买去两年不生产，我们要回收土地的。结果这个包工头就用一个车间去生产饮料。由于他们的饮料质量不合格，根本就卖不出去，在里面堆得到处都是。去年可能就生产了一个月的饮料，就是为了应付检查而已。现在那里草长得比人还高。我们看到真是心痛呀，老百姓没啥吃，又没地种，它那里荒着也不让种。前一阵子，我们去那里看，发现院墙上还打着标语："招商引资源，重点保护企业"，还有人专门把守着。

第二次征地是我家剩下的1.03亩地，是2007年1月队长口头通知了一声，当时我在地里撒化肥，队长从地头过，说："别上啥化肥了，地马上就要征了。"但他也没有具体说啥时候要征，我们就继续种着。到了3月，我因在外面做小生意，没有在家，接到家里打来的电话，说我们的麦子被推掉了。当我赶回家看时，整个地里的麦子全被推掉了，这次征地是要盖中医院，中医院的病房楼还没有盖到我们的地里，但我们的地也被圈起来了。我们村民不满他们乱推麦子，就找到乡里，乡里说："征地好呀，征了地，你们每月都有低保领，你们还可以被安排到中医院去上班，每个月就能挣千把块钱，比种地强多了，你们还吵，吵什么吵。"因为他们给了我们这么好的许诺，也就暂时平息下来了。后来我看我的地没有盖房，荒在那里，就在地里种上了白菜、萝卜等蔬菜。又过了两个多月，到6月初的时候，我正在家里，突然听到外面有人大喊，有来推地的，大家快去看看。我跑到地里一看，站着几十个便衣警察，都带着枪。有的村民看到他们带着枪说，别上前了，他们有枪，我说："他们有枪，总不敢开枪吧，我上前看看。"是乡里雇的土建方面的人来推地，人家警察都看不下去说："让人家把菜摘摘再推吧"，但是他们就是要强行推地，我挤上前去问："你们征地有批文吗？批文拿来看看。"这时乡领导说："征地当然有批文了，但批文在抽屉中锁着呢。”我说：“你说这话等于没有，比如我出门，人家要你拿身份证，你说身份证在家里锁着，这没有用。”接着乡领导又说：“你有啥资格看批文，批文不是给你看的。”我反问他：“你征的谁的地，你征我的地，我就有权看批文，我的地我当家，你不给我看批文，我就是不卖给你。”这时一个姓张的便衣警察跑过来，给我看过他的证件后，说：“走，咱们到公安局说说话，这里太吵闹了，不是说话的地方。”我这时害怕了（本来我这人就胆小）说：“为啥到公安局，你想拘留我?”张警察说：“胡扯，你又没有犯法，我们怎么能够拘留你呀？走吧走吧。”硬是把我拉走，先是到了JX乡的治安所，所长来后就逼着我签字，我问他签什么字，他说同意拘留的字，我大吃一惊说：“我犯了什么法，你们要拘留我，我不签。”所长说：“你今天阻挠征地，就是犯法，我这样对你的处理是最轻的，只拘留你七天。你看着办，早签字早出去，晚签字晚出去。”后来我没有办法，只好签了字，在拘留所待了七天。出来后，我怎样也想不通，我一没犯法，二没违纪，凭什么要拘留我，这段时间我干什么都没有心思，身体也到处都不舒服。后来，我去KX市进行行政复议，接待我的是个二十多岁的女同志，告诉我：“你把材料放在这里吧，等我们领导回来，会给你处理的。”过了一个星期，我又去KX市问这件事，那个女同声说：“这段时间太忙了，你过几天再来问吧。”我可不能总是去KX市呀，去一趟车费就要30元，我就要了他们的电话号码，回去打了几次电话，他们总是推脱。后来我一定要他们给我个处理的时间，他们说你过两个月再打电话吧。我就过了两个月打电话去问，他们仍然不说长短。但又过了一个星期，我突然接到我家三弟打来的电话，说：“你又去KX市复议啦？现在乡派出所又来抓你啦，你千万不要回家呀。”我气愤地问：“谁告诉你的，我不怕，我没有犯罪，只不过行使了我复议的权利，人家死人还能向上复议，我为啥不能，我现在就回去。”结果我到家，根本没有什么派出所的人，可能是派出所想吓唬我一下，故意这样干的。我决心一定要为自己讨个说法，所以今年7月我也去北京上访了。

我们现在仍然是农业户口，转非农业户口乡里还向你要钱，一个人100元，转了又没有什么用。在我们村，被征用的土地全部是基本农田，每亩就是2.56万元。而和我们隔一条马路的JX乡UX庄，人家一亩地就卖10万元左右。我们村民对这样的补偿当然不满，找村里，村里说他们不当家，一切都是乡里决定的，他们只是负责把卖地的钱发放给大家。找到乡里，乡里说："那人家是JX乡，你怎么不在JX乡呀？人家那里是UX庄村，你怎么不在UX庄村，非在SX庄村？"我回应他说："那你这样说，UX庄村的人买馍是一块钱四个，那我们SX庄村的人也不能一块钱买八个呀。"我家的房屋暂时还没有拆到。但我为儿子留的一块宅基地，在马路边上有些简易，给我拆掉了，却不补偿，说我的是后面盖的，不在补偿范围之内。后来有一个乡干部拍着我的肩膀说："不瞒你说，就是给你一处宅基地，你也没有什么用，因为重新划的宅基地都是租别的村的，给你了宅基地，我们要负担那个村农民每年1200斤麦子，而那里的地也是等着开发商随时开发用的，所以，就是给你一块地，你用不了几年也什么都没用。"

村干部的补偿也基本上和农民是一样的，在征地过程中，我除了和村委会、乡里打交道外，还和中医院的院长打过几次交道。上个月我还在路上截着他问："你的医院盖在谁的地里了？"他说你什么意思？我说："那你把允许你盖的文件或条子什么给我看一下，现在地的承包期还没有到，那我怎么办？你把允许你盖的条子拿出来看一下，我去找它。"这时院长不吭声了，后面你再说什么他都不再吭声。

（2）征地前后保障情况

征地前，我们就是靠地保障，从未参加过什么保险，现在，地没有了，只能依靠小孩在外面打零工，寄点钱回家维持生活，像我们这样的打工都没人要，年龄大了。乡里也不让我享受低保。就是有低保，一个月30元钱，买水喝都不够呀。

对于国家的征地政策和补偿政策，我知道一些，一般都是看电视、看报纸得来的。我们并不是完全反对征地，只要你能够把老百姓的生活安置好，按国家的政策来征地，老百姓是配合的。像现在物价那么贵，每个人一个月至少也要200元钱才能过生活吧。

（3）对于城市市民的看法

我除了种地，也不会什么手艺。以前我不羡慕城里人，因为我们本身就在城边上，进城的话非常方便。城里人什么都要买，一旦没有钱，一天日子都不好过。我们有地，就是没有钱，也不会饿着。现在我更想当农民了，现在国家对农民的政策那么好，不但没有农业税，还有补贴，我们正准备过好日子呢，结果把我的地征走了，我现在成了农不农、工不工的，什么都不算。

没有人帮我们介绍工作，我们村有几个人到中医院去当清洁工，一个月400元钱，你知道条件有多恶劣，每天早上6点去，打扫卫生，打扫干净也不得离开，跟在人后面捡烟头，发现一个烟头，罚款5元，有保洁公司的人监督你。一直干到晚上8点，每天工作14个小时。后果有两个人实在受不了，就不干了，马上被有关系的人补上了，他们工作就轻松多了，上午、下午各打扫一次，打扫完就走了。说白了，他们就是不用我们村的劳动力，想多安排自己人干活。

征地以后，邻里关系变得差得很，我们村有亲弟兄俩都在中医院门口摆摊卖水果，就因为一个人买了哥哥的，不买弟弟的，弟媳当街破口大骂。这没有办法，人穷三分赖，大家都想多卖个钱，有口饭吃。亲戚关系没有太大的变化，我们亲戚都很穷，谁也帮不了谁。我有困难的时候只能靠亲戚、朋友，决不去找法院。

我担心以后家里的日子怎样过，只能靠小孩在外面打工挣点钱维持生活了。前面我已经说了，我并不是绝对反对征地，而是只要把我们的生活安排好，比如给我们低保（替代土地保障），我们很期望有个低保之类的保障，顾着我们当下的生活。我们村里没有人把地撂荒，地多值钱，谁舍得荒着呀？就是有的家庭全部出去打工，不能种地，他们也会让他们的亲戚代种，绝不会荒着的。

7. 访谈调查3—35

时间：2008年7月26日上午9:00

地点：潘某家中

对象：潘某，男，50岁

简介：潘某为城关镇失地农民，从2004年10月地被征后，对征地的事不满，就开始上访，嘴巴能说会道，常把一些政府官员问得瞠目结舌，在访谈中也表现得条理较为清晰。

内容：

（1）村子及家庭征地情况

我叫潘某，家里四口人，我、老婆、儿子（现在自谋生路）、女儿（还在上学）。我家共有0.433亩地，在2004年10月24日全部被征完。

我们属于城关镇UX庄村委会，村里共有土地（全部都包括，基本农田、路、垄沟、自留地等）不到100亩，在1983年分地时，我们村共有20多户，153人，现在我们村的人口已达400多人了。这些地在2004年10月24日那天全部被征掉了，征地用于建商品房城城花园。

我们在此前根本没有听说过征地的事，直到推土机开进了我们的地里，开始动工了，我们才知道我们的地没有了。那个场景我一辈子都忘不了。

村委会从来没有找我们开会讨论过征地的事，村主任说他们也不知道征地这回事。你去问他们征地的政策，村干部们一问三不知。所以我们根本不去找村委会，找了不会解决任何问题。我们直接和镇里对话，镇里只说这是政府行为。我们又找县国土资源局，也没能解决问题。

我们村征的地补偿都是一样的，2.51万元/亩，这是我们多次斗争的结果。开始告诉我们是1.74万元/亩，而我们同一个村委会的UX庄的地被以租代征，就一亩地补偿了10万元左右，我们不同意，上访到省里，回来时镇里就每亩地给我们加到了2万元。后来又上访到国务院，回来后镇里给我们每亩地加到了2.51万元。

我们的宅基地离农田还有2公里左右的路程，所以我们的宅基地都没有拆迁。

我们根本不知道土地补偿费在镇、村、农民之间的分配比例，我们只是听说，镇里对我们补偿2.51万元/亩，但是他们转转手卖给开发商，每亩地可是要15万元。

我对于整个的征地政策和补偿政策了解一些，因为我们经常上访，不了解些政策，怎样上访。我了解的政策主要是通过看电视、看报纸和咨询别人获得的。关于土地补偿费上面，不存在多少钱满意的问题，老百姓不是没有觉悟的。只要征地是合乎法律、合乎政策的，为了国家需要的，就是一亩地补偿给我们一毛钱，我们都没什么意见。但是你看现在是什么？另外，你要征地的话，要保障好老百姓的生活，这样才能构建和谐社会。我们老百姓希望有个失地保障，实际上和最低生活保障差不多，一个月一个人起码要400元钱，我给你算一笔账，像我们家四口人，一天起码得五斤面，这都要五块钱，再加上菜、油、盐、水、电、煤等一天就要开支26—27元钱。这样一家一个月最起码就要600—700元钱。像我们家只有0.433亩地，只补了1.65万元，因为办宅基证他们又扣下了3550元，到手只有12 950元。这点钱最多只能用上一年零二三个月。所以要给我们个失地保障，比如一个人一个月400元钱，这400元钱，我还可以传给我的子孙后代，让他们都有饭吃。

（2）征地前后保障情况

征地前，我有土地保障，另外我原来在建筑公司上班，还交纳养老保险，虽然在1995年下岗了，但到55岁以后，还可以享受养老金。其他的保险我没有考虑买过，因为心有余而力不足呀，没有闲钱去买保险。低保我也没有申请到。

征地前，我家收入大概每年有6000—7000元，主要靠种地、做点小生意，开支也是这个数，基本没有余头。征地后，收入减少了，开支增大了，变成双重负担了，不但要买穿的，还要买吃的。

我会电工，但下岗后就做点小生意，也没有去找工作。政府从来没有给我们介绍什么工作，也从未听说过有什么失业保险。

（3）对于城市市民的看法

我以前也不羡慕当个城里人，虽然以前我有工作，我一直把自己看作农民。我想念以前当农民的日子，那时候生活比现在要好。像我们本身都是住在镇里的，周围很多邻居都是市民，和他们打交道的时候，只会我们看不起他们，他们从来不会看不起我们。因为我们农民都有自己的地，是原住户，有好几处宅子。他们市民就是单位里分的一套房，什么都要买，所以他们很羡慕我们。

自从征地后，我们村里的一些老邻居现在住的是四分五裂，三四个月见不到一面，关系自然疏远了。原来有地的时候，地是个劳动的场所，也是个交流感情的场所，像农忙时你帮我、我帮你，农具互相借用，交流多了，自然有了感情。和亲戚之间的关系变化不大。

我有困难时，谁也不求，靠自己。有句话叫“求人不如求己”。

我对于家庭的忧虑就是以后孩子们的生活着落。像我儿子，上到初中就不上学了，没有什么手艺，又没有地了，现在是靠我们吃吃喝喝，等我们不在了（去世了），他怎么办呢？

（4）对于征地的看法

如果我能对征地自己做选择，我当然不愿被征地。但是国家确实需要，或造福百姓的事业，要征我的地也可以，就是一定要按国家政策来，按法律来，不能像现在这样。我们村里以前从来没有撂荒土地的人，我们都是很惜土如金的。我看不起撂荒土地的行为。

8. 访谈调查3—36

时间：2008年7月26日上午10:00

地点：王某家中

对象：王某，男，56岁

简介：王某以前当过村委会主任，在征地过程中被撤职，以前在村里主要是种植蔬菜，生活较富裕。自从征地后，收入没有了来源，非常苦恼。他们村的这块地在1995年政府没有出示任何批文和公告的情况下，修了路，划拨给财政局，这已属非法征地。到了2006年财政局又擅自拍卖给了某酱菜集团，没有给村民任何通知，更没有任何补偿。

内容：

（1）村子及家庭征地情况

我叫王某，家里有八口人。我们村大概有100亩地，1983年分地时我们村有176人，一个人只划0.508亩地，1995年修南环路和1997年就一下子征去了90多亩，我们村的地全部都是菜地，所以我们村叫菜园子，是县里的一个菜篮子，那两次基本把田地征完，只剩下村庄（宅基地）暂时还没征到，但也听说快保不住了，也要开发了。我们村里52户人家的菜地全部被征去了。

征地前我家里有三个人的地，共1.1亩，全部种植蔬菜，年收入达到2万—3万元，生活较为富裕。我们在1997年征地时就已经农转非了，村委会也变成居委会了，我们是在1995年县里因为要修南环路时，说要将路的左右各200米都划为国有，就知道要征用我们的土地了。

但是我们的土地从征用后到施工项目的实施中间隔了 12 年。是这样的，1995 年修县南环城路时，告诉我们路左右各 200 米都划为国有，实际上它就是划给各个单位了，我们的地是划给了县财政局。当时令我们不满的是，被用于修路的地每亩只补了 1 万元，而路左右 200 米的地每亩就补了 1.74 万元。而我们的地被卖给财政局，也没有任何手续、任何合同，我当时当村委会主任，曾经问过镇里征地批文的事，也没有看到批文。当时镇里决定将我们的征地费存入银行，说我们老百姓不会做生意，这点征地费会很快用光的，就不发给大家，而是将每年的利息发给大家。我们老百姓也算了一笔账：当时的银行利息是 1 分 1 厘 532，这样一年 1 万元的利息就是 1000 多元，而当时小麦的价格是 0.5 元/斤。这样 1 年的利息就可以买到 2000 斤小麦，所以群众当时尽管不满意，但想着这样也不会饿着，就没有太多的抗议。其实，群众当时是很不满意的，因为我们村里都是种菜的。俗话说，一亩地十亩田，一亩地年收入 2 万—3 万元是没有问题的，而镇里补偿的 1.74 万元/亩最多就是半亩地的收入。一家就是只有半亩地，也能养活八九口人。但就是不满意又能怎么样？根本就没有说理的地方。当时我当着村委会主任，镇里下了任务说，征你们的地了，卖地的存款折子已经给你们办好，你通知村民来领。你要向村民做工作，做得通要做，做不通也要做，这是任务，还会有一个镇里的人监督着，和你一起做工作。我在村里先是找了村组长开会讨论，结果大家都反对征地，根本就开不成会，也没有人领折子。后来没有办法，为了不受镇里的批评，我只好硬着头皮挨家挨户地去送折子，但是困难很大。后来我就不去送折子了，把折子放在村委会里，等人来领。慢慢的有些村民没有地了，也没有钱用了，就来领了。

我们的地划给财政局后，财政局本来要盖营业大楼的，因为没有钱，就改为盖家属楼，让职工们掏一部分钱，局里补助一部分钱。但是因为我们那里很洼（地势低），职工们看后都不要了，所以我们的地先是荒在那里，后来老百姓觉得荒在那里可惜，就重新种蔬菜了。但是到了2006年，镇里通知我们，我们的地被卖给某酱菜集团了，让我们不要再种菜了。说过以后，也没什么动静，我们仍然种菜。但是到了今年5月30日那天，村里突然来了很多人，包括派出所的、城关镇的、县里的，他们开着推土机，直接到地里去推我们的蔬菜，我当时虽然仍是村委会主任，但对这个事一点也不知道，就带着村民到地里去看是怎么回事，但到了地里，发现推土机已经推掉了大片的蔬菜。我问他们这是干啥，他们说："干啥，政府行为，这块地已经卖给了酱菜集团了，这是县里重点保护的企业，必须马上把地推掉。"我说推我们的地，也不和我们说一声，是怎样补偿的?"他们说："这地早就是财政局的了，现在财政局把它们拍卖给了某酱菜集团。"说着，拿出一张晚报，上面刊登的是财政局对我们地的拍卖公告。我说你们什么都不补偿，以后让我们吃啥？他们说，你们想吃啥吃啥。我们村一些老人边哭边往前冲，一些老人就躺在推土机前面，司机怕出人命，暂时不敢向前开。最后搞到快到中午两点钟了，他们的人饿了，我们村的老人也支撑不住了，他们就撤了推土机。第一次护地暂时成功。

到了6月6日，他们又来推土动工，我们村有个妇女哭着求他们："等一下，等我把菜收一收，你们再推好吗?"但他们还是推掉了田里的蔬菜。随后老人们又想跑到推土机前面，打算像上次一样护地，结果他们几个人拦一个老人。我带了几个村民，跑到县里找了副县长，向他反映我们的冲突，他磨磨蹭蹭地打了几个电话，然后让我们等一个小时，并告诉我们等回了电话后就告诉我们，说应该没有什么事了。但当我们回去后，却发现这次护地失败了，地里到处都是被推倒的塑料大棚、树、杆、烂菜等。这件事以后，镇里认为我没有配合他们的工作，就把我给撤职了。到现在我们的冲突还没有完。

在征地中，村民和村干部的补偿都是一样的，在1995年补偿时本来镇里说每亩地村里可以提留2000元，镇里可以提留3000元，但最后都没有落实，因为他们修路的钱都不够，更不要讲提留了。村里的财务在我当村主任时是公开的，但当时根本就没有什么钱，后来改为居委会后，仍然是这样，原班人马，换了块牌子，没有什么收入，当然也不会组织什么活动。

我对于整个的征地政策和补偿政策不太清楚。

（2）征地前后保障情况

征地前我们全靠地保障生活，每年收入3万—4万元，开支大概每年就1万多元。现在是什么保障都没有了，没有任何收入来源。开支却一点没有减少，还增加了，现在蔬菜也要买着吃了，另外我们住在城里，什么都很贵，水、电、煤什么都不能少，动动都要钱呀。我们除了种菜也没有什么技能，像我今年56岁，打工没人要，小孩出去打工又不舍得，不知道以后该怎样过生活。

（3）对于农民转为市民的看法

以前我不羡慕城里人，因为我们种菜，收入要比城里人上班高，生活比他们富裕，又住在城边上，做什么都方便，所以并不羡慕城里人。现在我虽然是市民了（1997年农转非），但还是怀念有地的日子，要个市民的户口一点用都没有。

我们村里邻里关系没有太大的变化，因为我始终站在群众的立场上，群众并不排斥我，当然现在我也是个普通群众。亲戚关系也没有太大的变化。现在空闲的日子就是发愁，胡思乱想，没事可做，没有任何心情去打牌、去娱乐，幸福感一点没有。我们有了困难，也只能一次次去找镇里、找县里，虽然不解决任何问题，但我们确实没有其他的解决途径。

（4）对未来生活的打算

对自己家庭的将来生活，没有什么打算，只能是过一天算一天，实在不行，就只能让小孩去外面打工，养活住自己，我们老了，饿死算了（说着眼圈红了）。我代表我们村的群众说，我们都不愿卖地，哪怕一家有三四分地，就能解决全家的衣食住行问题。如果国家确实需要用我们的地，我们没有太高的要求，就是能够解决个吃饭问题就行了，有个最低生活保障，如每月200元就可以了（我们村里只有几个村干部在吃最低生活保障，每月70元）。我们根本不奢求什么养老保障、医疗保障，只要不把我们饿死，我们就绝不会找政府的麻烦。我们村没有撂荒土地的行为，我也看不起那样的行为。

9. 访谈调查3—37

时间： 2008年7月26日下午2:00

地点： 李某的自行车修理棚子下

对象： 李某，男，57岁

简介： 李某是我们访谈中唯一一个通过去北京上访的形式取得了自己利益的失地农民，也正是他上访的成功，让其他村的村民在没有别的利益表达途径的情况下，一批又一批地走上了上访之路。

内容：

（1）村子及家庭征地情况

我叫李某，家中五口人，我、老婆和三个儿子。我们村共有300亩地左右，有150户，1000多人。村里从2007年开始征地，地全部都是基本农田，村里所有人家的农田全部被征掉。征地前，我家有两亩地，现在一点也没有了。我们现在仍然是农业户口，转不转户口无所谓，转户口还要自己挣钱，何必去费事费钱。我们事先根本不知道征地这回事，直到11月12日，房地产商（也是我们县的人）在我们村地里垒起了墙头，我们才知道我们的地竟然没有了。那次垒墙头时，我家属（老婆）上前去问，垒墙头的人恶狠狠地对她大叫："看啥看，问啥问，有你的事吗？有你的地吗？"我家属（老婆）也不甘示弱说："有我的地，没有我的地我为啥看，你叫啥叫，有你的地吗，你是老几？"那人不再吭声了。我家属拿个抓钩三下五除二地把垒到我地里的墙头给扒了。

那天晚上，村干部才到我家说：“老李，我们的地被国家用了，一亩地补偿2.56万元，这是存折你收着。”我愤怒地瞪他一眼说：“你给我滚出去，现在来说啥了，把我的地都卖掉了，才来通知。有这样的做法吗?我坚决不卖地。”我没有收下存折，他就走了。

后来两天，我虽然气愤，但想着自己瞎点就瞎点吧（被人看不起），一个村里也都没有通知，不必再去计较那件事了，他们要是实在要占地，自己也抵挡不住了。但是那天晚上在门外闲聊的时候，无意听到邻居说起，这个房地产商不仅占了我们的田地，还要再占我们的宅基地，说老李你家的五处宅基地全部要被它们圈占了。我一听这个消息，脑袋轰的一声响。

11月15日，又有六七个乡干部到我家说：“老李，国家现在需要用你的地，你要配合。”这时我气愤地说：“啥国家?你不提国家我还不那么伤心，是国家要用我的地么?把国家的用地批文给我拿出来。”这一句话就把那几个人噎在那里半天才说：“你到底有啥要求?”我说：“我没有啥要求，我就是不卖地。”他们又走了。

我家被征用的土地主要是农田，一亩地补偿2.56万元，补偿费包括土地补偿费和青苗费。在征地中，村民和村民之间补偿不一样，据说与村干部搞好关系的人会高一些，但到底是多少我们不清楚，据说村干部们一亩地可以拿到补偿费15万元。我们都不了解村里的财务状况，更不清楚征地补偿费在乡、村、农民之间如何分配。在征地中，我们除了主要和乡里打交道外，也和开发商有过几次冲突。

我们都不太了解国家具体的征地政策和补偿政策。目前对我们土地的补偿我们不满意，我们南边一个庄的一户人家八分地就卖了17万元，征我们的地，起码得像人家那种标准。如果征我们的地去盖小区，搞房地产，其实给得再高一些我们也不愿意卖地，因为我的地可以传给祖孙，可以使他们不挨饿。但是卖地后就一点钱，早晚会花完的，或者经济一有变动，钱不值钱了，还是没饭吃。但是，话说回来，我们的地是国家给的，如果国家真的有需要，比如建学校、建工厂，为老百姓谋福利，建了厂后让我们去厂里打工，少一点补偿甚至不补偿，我们农民都愿意为国家作出牺牲。为啥河南省出去打工的人在全国数第一，还不是因为穷么，像我们县连一个企业也没有，像我们没有土地了，不出去打工就真得会饿死。若是县里有厂有企业，在家门口工作一个月拿1500元，人们也不愿意跑到外地去一个月拿3000元。出去一来一回光路费就是几百块上千块，有时还回不来。谁愿意长期离家一个人到外到去，都是没有办法呀。

（2）征地前后保障情况

征地前我们全靠土地保障，还靠房租收入，我有六处宅子，每处上都有几间房，基本上租给学生，一间房一个月60元。当时觉得日子很舒服，有粮食吃着，我们在自留地里还种上菜，那菜长得真是喜欢人呀，我们拉架子车去集上卖，一趟都挣100多块，再养个猪呀、鸡呀的，这些用来当零花钱、当荤菜，孩子们还不缺嘴，都很健康。当时我们一年收入就能够超过2.5万元，当然开支也差不多8000—9000元。现在可好啦，没有地了，粮食都要买着吃，哪还有菜？更不会买饲料养猪、养鸡了。现在大多数时候都是吃咸菜，逢年过节的才舍得买点菜吃。我们全家人都是庄稼人，不会啥手艺，家里两个儿子就偶尔打打零工，活很难找，我被逼的实在没有办法，就搭了个棚，修理自行车（其实也不会，只能边摸索边干），生意一点也不好。现在收入就靠点房租，一年就是1万多元，而且开支大了很多，一年起码要支出1万多元，没有任何节余，我这三个儿子的事（婚事）一个还没有办呢，以后需要钱的地方多着呢。低保我也申请了，但没有申请到。

（3）对于农民转为市民的看法

我们以前羡慕城里人，因为以前工资低，城里人什么都要买，感觉他们挣得不多，花钱挺多，还有他们都住在鸽子房（公寓房）里，那么小一点也不舒服，他们做饭用煤火又慢又费钱，感觉他们可怜。但现在我们地没有了，柴火也没有了，也要烧煤火了，真是不习惯。我很怀念有地的日子。现在邻里关系比以前淡了，因为没有什么事，大家很少聚集在一起了，亲戚之间关系暂时没有变化，我们家没吃的，亲戚们经常会给我们一袋麦子一袋玉米的，但长期下去也不能总是这样。我们和市民没有什么交往。

（4）对未来生活的打算

我以后最发愁的事，就是我儿子结婚后，我家的房租收入也没有了，我们靠啥生活？还有就是我很担心照这种开发的势头，说不定哪天又要征收我家的宅基地，我们该咋办？我现在是吃饭不香，睡觉不香，整天很是担心。刚才我说过，我并不是反对征地，而是希望征地能够按国家政策来，我认为国家的经济（政策）是好的，就是被“歪嘴和尚”给念歪了。我们村没有地被撂荒的现象，那是不应该的行为。

10. 访谈调查3—38

时间：2008年7月27日下午2:00

地点：杜某家里

对象：杜某，男，50岁

简介：杜某本来在村里还是个小干部（组长），但因为失地向乡里提了几条意见，就被撤去干部职务，其一个儿子是教师，也受到牵连。杜某想向上级诉求不满，但不知如何诉求，唯一的一次去北京上访，刚走到KX市就被堵截住。

内容：

（1）村子及家庭征地情况

我叫杜某，初中学历，家中六口人，共两亩多地，全部被征用完，现在是非农业户口，当时征地时非让我们转户口，告诉我们转了户口才能每月吃低保，否则没有资格吃的。结果家里六口人转为非农业户口后，只有一个人吃低保，每个月40元钱。

我们村有100多亩地，3个生产队，我们村征地从2006年开始，征地是建交通局和电子厂。我们村的地全部都是基本农田。现在我们村有80%—90%人家的田地已经全部被征完。我的地就是2006年被征的，用于建交通局，但圈起来后现在还荒在那里，野草长得很高，很让人心疼。2006年7月的一天，村干部在路上碰到我说，你的地量过了。我问量地干什么？他说卖了。我听了很吃惊，来不及问其他的，跑到地里一看，地里的玉米、树全部被推掉了，搞得是一塌糊涂，地里的祖宗坟也没有了。看到几个人在我们田地里打墙头圈地，问施工的人，你们把我们的玉米推掉了，咋样补偿？树咋样补偿？还有坟地咋样补偿？施工的人说，这些我们不知道，是你们乡里让我们来干活的，有事你问乡里、村里去。我找到了村委会那里，村支书说征地的事我也不知道，是乡里逼着我卖的，我也没有钱，你别找我啦，你去问问乡里吧。于是我代表群众去了乡政府，到了那里，我提了几点意见：第一，征地批文让我们群众看看，让我们知道我们的地是干啥用，真正国家需要，我们支持。第二，征地中各种庄稼，像玉米、豆子、树、坟是怎样补偿的，我们想知道。第三，征地以后，怎样解决我们群众的生活问题。乡党委书记汪某说，征地批文在县里，要看你们找县里要去，就是找了，你们也没有权力看。各种补偿总共是每亩地2.56万元，这两天就会发给你们存折。你们卖地后，生活应该比有地时好，你们可以做生意生活，可以卖瓜子、卖水果。当时就有其他村民代表质问她，都去卖水果谁去买？她却说，谁想去买谁去买，然后又说："我还有事，要去开会了。"我们代表回来，第二天村里通知我被乡里免去了干部（村组长）的职务。后来我们又找到县里，到县里也不知道找谁，也不认识人，就找到了县政府，想看批文。县里说："你们去问村里吧，村里应该清楚这事，批文没有放在我这里，乡里也没有告诉你们批文就在县政府，县里的单位多了，要不你们挨门问问。"我们气愤地回来，又去找村支书，这次在村支书家里白坐了三个小时，你问他啥他都不吭声，说不知道，真是一点办法都没有的。

后来我们又去找交通局，交通局说我没有买你的地，和你说不上话，我买的是你们公社（乡）里的地，我把钱都给乡里了，乡里怎样发给你们，我们可不管了。后来我们说你们单位占用了我们的地，干活应该用我们的人。交通局怕在施工时我们会捣乱，就和我们代表谈判，我们要求如果交通局施工不用我们村的人，就必须给每家补发500元钱。他们怕麻烦，就同意了。

我们村里征地从来没有开过会，什么会都没有开过，也没有选举过。更不要提卖地的事去开会了。去找村委会也是白找，他们什么也不知道，后来我们就是直接去找乡里。在征地中，村民和村民之间的补偿实际并不一样，和村干部关系好的，或者家里有人在乡里、县里当官的，那一亩地会按一亩半或两亩地的价格来补。村干部的补偿和我们应该也不一样，他们都巴不得快点把地卖完。自从卖地以后，村干部们天天去吃、去喝，天天如此呀。我们更不知道村里的财务状况，也不知道征地款在乡、村、村民之间的分配状况，我只知道我们一亩地什么都算进去就补偿2.56万元。

我们不太清楚国家的征地政策和补偿政策，前一阵子，我和另一个村民去县新华书店购买《物权法》，结果新华书店没有卖的。新华书店的售货员说，我们不会进这些法律书来卖的，不过，你实在想买《物权法》的话，就去隔壁的一条小胡同里，有个小书摊在偷偷地卖，15元一本，你们可以去看看。结果我们去那里找了几次，也没有发现有小书摊。现在我们是有满肚子的委屈没有地方去说，也想过要用法律的武器保护自己，但不知道找谁，怎样去找？上一次县检察院在我们村里做法律咨询，我去咨询他们土地补偿的问题，结果那个咨询员先小心地四处张望一下对我说，你要是有别的问题我可以帮你解决，但就是地的事情我们不管，是县里不让管，我们也不敢管。后来我又想到上访，和SX庄的一个人我俩去北京上访，结果刚走到KX市就被堵截回来，之后就发现我的一举一动都被人监视着。唉，真不知道该向谁喊冤。

（2）征地前后保障情况

征地前，我就是靠地保障，再加上卖个菜啦，喂个猪啦，日子过得还可以，年收入一万多元吧，不过我们开支也很大，四个孩子都在上学，每年没啥节余，但不会饿着。现在没有了地，心里整天发慌，整天思想负担很重，像以前今天卖菜没有挣钱，那明天再说，反正家里有饭，回家吃饭就行了。现在今天没有挣钱，今天就没有饭吃，做小生意成了只能赚不能赔，这怎么可能？一赔就更没心思，就赔得更多。我们有时没有麦子吃，就只能向麦子多的亲戚朋友借，等挣了钱再给他，其他的没有什么好办法。在我的多次申请下，乡里给了我们全家一个低保的名额，一个月只有40元钱，不够吃饭，也就是一天一瓶矿泉水。享受多长时间就不知道了。

我没有什么手艺，也没有人给我介绍工作或培训。

（3）对于农民转为市民的看法

我以前不太羡慕城里人，我总认为民以食为天，家中有粮，心中不慌。现在是市民了，没有粮食，还不是整天愁死，咋如当个农民呀，如果能给我地，让我一亩地掏一万元钱我都愿意。现在国家对农民的政策那么好，当个农民多幸福呀。现在空闲时间除了瞎转转外，就是胡思乱想，发愁。没有和原市民打过交道。

（4）对未来生活的打算

我有困难时，不会去找政府的。我对自己的家庭没有什么具体的打算，只能过一天是一天。我想要地，反对乱征地，但要是符合政策的征地，我是支持的。希望能够在征了我们的地以后，解决我们的生活问题，让我们每个人都有个最低生活保障，不是40元，起码要400元，其他的养老、医疗都不敢奢想。只求解决生活问题就行了。我们村没有土地撂荒的现象，地对我们很珍贵，我们在地边上都见缝插针地种上蔬菜。

二、对村委会管理人员进行失地农民市民化问题访谈调查

访谈调查3—39

时间：2008年8月1日上午10:00

地点：村委会办公室

对象：金某，男，45岁

简介：金某是村支书，他对访谈员很不放心，不让用录音笔，说话非常谨慎，问一句说一句，不愿扩充，若访谈员问多了，他则回答不知道或保持沉默，得到信息量较少。

内容：

（1）村子征地情况

我们这个村是个行政村，包括SX村、QX村和RX村，光SX村就有四个生产队，所以我们村面积有1350亩，人口达到1100人。我们村在1983年分地时，就是人多地少，平均一个人八九分地。现在大部分田地已经被征用，主要剩下一些沟地、宅基地没有征到，不能再按人均算土地了，大部分农民没有了土地。每一块地的用途都不一样，有时一块地上有两种用途，比如我们被征的土地，有的建县辣椒市场了，有的建中医院了，有了建交通局了，有了建军生产公司了，有的建高档小区了，等等。征地以来有一半人已农转非。

当然是乡里通知我们要征地了，我们怎么可能自己做主去卖地呢？我们哪里会有这么大的权力（说着，还愤怒地瞪访谈员一眼）？

征地，村集体不当家的，我们就是听乡里的，把乡里的征地政策、文件给群众开大会传达一下，把群众的意见再反馈给上级，不存在我们和谁主动打交道的问题。哪里有什么讨价还价的？又不是菜市场买菜，这是国家征用土地，我们必须无条件地接受并遵守。困难是群众的工作太难做，有些群众思想僵化，非要守着那二亩地，现在市场经济条件下，天地那么

广阔，他们不去闯一闯，用征地钱做做生意，使钱能生钱，非哭着闹着地要地，不和政府配合，影响村里、乡里、县里的发展。乡传达了征地任务后，我们会开群众会讨论，最后，可以说是县、乡、村民共同把征地方案定下来。

村里不负责征地，是乡里征地，村里配合工作，比如量地、发征地款。征地当然是依据《中华人民共和国土地管理法》，拆迁也是依据相关规定进行的。具体规定多了，我不能把他们一条条地背下来，就是你学法律的，也不可能把各种法律条文背下来，一般是用到了哪条，我们就去寻找哪条。在我们县，经过县领导对征地政策的认真解读，完全是按政策办事的，土地是每亩地补偿2.56万元，包括了土地补偿费、就业安置费和青苗费。我们县里还有低保，保障家庭困难者。没有地了，就应该早日农转非。不太了解其他地方的拆迁政策，应该和我们一样吧，国家就一个政策，大家都应该按政策办事。

村集体在征地上没有主动权，完全听上级的安排。县、乡政府及国土资源局都是村委会的上级，与村委会是上级与下级的关系。

征地前，村集体已经就征地事件与村民商量过，是开村民大会讨论的。村民开始不愿意卖地，后来村里、乡里干部都做群众的思想工作，摆事实、讲道理，以国家利益为重，使征地顺利进行。

征地以后，村里没有得到什么补偿，我们协助乡里量好地后，乡里登记好，然后每家多少钱造好表，交到银行里，银行直接打到村民的账上的，村里没有经手钱的事。补偿费包括土地补偿费、安置补助费、青苗费。这些补偿都是上级按政策来制定的，我没有意见。征地补偿费全部发给村民，村里没有提留，至于乡里怎样，我不知道，你要去问他们。村民的土地补偿费是按地多少来分配的，地多多分些，地少少分些，反正一亩地是2.56万元。这种分配方案不是村里讨论做主的，是乡里制定的，我们只是发发存折。补偿费分配中一视同仁，按地的多少来分。拆迁方面完全按政策来，没有特别的规定。

(2) 征地前后村民的变化

土地被征后，村里农民比以前富裕了，他们拿着征地款可以用来养老，可以用来看病，也可以去做生意，还可以让小孩上学，可以解决他们的困难。一个人一个想法，关于征地，说啥的都有，我又不能捂着人家的嘴，像有的认为老坟地不能征，有的认为没有地不习惯，等等，所以对这些牢骚没有统一。村民有意见一般是发牢骚，有些人会找村里、找乡里，还有极个别的人去北京上访。

以后征地肯定会有的，听说我们村里的宅基地在县下一步发展规划中，可能过不了多久也要开发啦，我怎样考虑无所谓，主要是听县里、乡里的安排，我们按上级的指示办事。征地对本地经济发展有好处，像我们县这种落后面貌很多年都没有改变了，这次通过征地，扩大了城市范围，增加了城市人口（农转非增多），又招商引资，这些有利于地方经济的发展。当然是利大于弊。以后我们村会变成城市，村委会也会变成居委会，这是和发达城市的接轨，促进了发展。村里的子孙后代都是城里人了，这对他们以后就业是有好处的，当然以后就业主要是靠自己的奋斗。

三、对城市市民进行失地农民市民化问题访谈调查

访谈调查3—40

时间：2008年8月4日上午10:00

地点：朱某家中

对象：朱某，男，44岁

简介：市民朱某，初中文化，住在本次调查的重点村NX村附近，是某电动三轮车的代理商，在县城有两处销售点，有雇工十多人。在县城购有住宅三套，刚又投资加盟永和豆浆，生活较为富裕。

内容：

(1) 对失地农民的印象

我和失地农民住得隔一条马路，认识很多人也算了解他们吧。他们给我的印象也没有什么特别的地方，以前就是庄稼人、老实人，现在很多人没地了，生活比以前差了。失地农民的生活水平现在应该连有地的农民都不如，更不要说和我们市民比了。来买电动三轮车的多是远村的农民，这个村的人没有几户买的。像他们村的绝大多数年轻人都不在家，他们去外地打工找口饭吃，在家的是一些小孩和中年人、老年人。

失地农民虽然农转非了，但我感觉和我们还不太一样，主要是他们还不能适应现代生活，像我们很少自己去蒸馍（馒头）了，都是买馍吃，但他们不习惯买馍，他们觉得太贵了，不划算，买的不好吃，仍然是自己在家蒸馍（一次买馍时，碰到失地农民聊了几句）。还有，现在我们都是烧电磁炉或液化气了，很少烧煤。但他们现在才用上煤火，因为没地了，没有柴火烧了，他们只能烧煤，这要比电或气便宜些。一次在广场上聊天时，他们都在报怨烧火太慢了，搞了半个小时还做不好饭。

我认为要想把失地农民早日变成真正的市民，政府应该首先保障人家的生活，很多人除了种地，什么也不会，现在地没有人，赔得那点钱吃完后，该怎么办？吃都解决不了，谁还有心思搞什么娱乐、精神生活呀。我认为钱最重要，经济发展了，钱多了，自然而然农民就变成市民了。

失地农民进城后对我们的就业也不会有什么影响，他们进城最多就是干一些力气活，像到建筑工地帮小工、到窑场拉砖头、装车御车等这样的力气活。稍微有点技术的就干不了，像我这里修车、装车都是技术活，想招几个村里的熟人，帮他们一把，他们还干不了。没有必要对失地农民的工作范围作限定，多给人家条活路吧。

我和失地农民打交道，不会觉得有失身份，我这个人从来不会看不起弱者的，我心窝软，看到别人困难还想帮一把。他们都很吃苦耐劳。

我招工的时候不考虑你是市民还是失地农民，只要你会这个技术，又踏实，我就招了。

农民失地对社会稳定构成威胁，他吃不饱、穿不暖，先向政府要，政府不给，他可能就会偷、抢。我们县大白天抢包的好多呀，我老婆刚买了一对金耳坠，现在也不敢戴了，因为前几天有一起骑摩托车抢金耳环的事，把那女的耳朵都拽破了。

失地农民没有土地了，实际上是市民了，应该和市民有一样的待遇，但问题是我是个市民我也没有任何待遇呀，我的养老要靠我自己积累，我的医疗全部是我自己掏腰包，政府没有给我们什么保障。我为自己的孩子买了教育保险，但那全部是我自己掏钱，是商业保险，和政府无关。

农民工应该是有地的吧，他们要比没有地的失地农民好，还有一道保障。

（2）对征地的看法

我对县里到处征地、到处拆迁看不惯，整个街道被拆得乱七八糟，全部建商品房，还要占农民的田地再建商品房，我们这样的一个小县城，又没有流入人口，都是流出人口，哪里有这么多购买力呀，建的一套套房子都空在那里，你看像你们考上大学后，都是不愿意回来吧。像我还算有钱，但我最多买三套吧，我不可能把钱全部购买你的房子吧。你看农民失地后，有的房子也被扒了，就在路边搭个棚，你看那两边都是（指给访谈员看）。别看现在县里向上级交得起税，但是县里的经济并没有发展，我认为征地是弊大于利。

第七节　对广西某地失地农民访谈调查

一、对失地农民进行市民化问题访谈调查

访谈调查3—41

时间： 2012年8月31日下午2:50

地点： 秦某家中

对象： 秦某，男，48岁

简介： 秦某居住在EY市AY区BY村，从2009年家里的养鸡场被推平后，一直赋闲在家。当初自家的宅基地是政府批的，有土地使用证，但没办房屋产权证，因征地需要，现在他家被当作违章建筑，已经通知其自行拆除，他很苦恼，从电视新闻中了解了一些国家的征地政策。总体来说，整个访谈过程，他表现得还比较平和。

内容：

(1) 征地、拆迁及补偿情况

我们BY村在EY市南，属于AY区，距离321国道不远，北邻CY村，南靠DY村。全村240多户、1300多人。在（20世纪）90年代末，政府号召发展养殖业，全村形成以养鸡场为主的宏大规模。但从2006年FY大学开始征用村里的土地进行新校区建设以来，曾经辉煌一时的养殖业就开始走下坡路了。

2006年至今，村里有100多户、1000多人都因FY大学新校区建设而先后被征用土地。征地总面积在政府文件中只显示2000亩，但是实际征地面积要超过这个数字，政府“少批多征”的做法在BY村是个公开的秘密。被征的土地包括水田、旱地、果园和养鸡场，其中养鸡场占到了征地

总面积的90%。

2006年开始第一期征地，当时由FY市AY区政府组成了一个征地的工作组，公开地对全体村民宣布征地事宜，并公布补偿标准：旱地按1.3万元/亩补偿，果园是按果树的数量来补偿，有补20元/棵，也有补10元/棵，具体是多少元，由当时的工作组说了算。

2009年开始第二期征地，虽然工作组一直都有，但是这次征地就不再召集全体村民了，只是把写有征地范围、补偿标准的公告在村里四处张贴，就算是通知到位了。我家被征地也是看到有工作人员来丈量土地才知道的。此外，要求村民在拆迁补偿协议上签字的方式也改变了，过了规定日期还没有签字同意的村民，就被叫到AY区政府的办公室，由工作人员跟村民谈话，在房间里，你可以坐沙发，也有水喝，也有工作人员陪，工作人员也说得很直白，就是你必须签字才能离开，如果你不签字，到时候全部推平了，就按违章建筑算，你一分钱都得不到。这一次的赔偿标准是水田4.9万元/亩，我家有六口人，两个儿子一个女儿，还有个70多岁的母亲。2009年，我家的土地开始被征用，包括1亩多水田、3000多平方米的养鸡场。这次养鸡场全部被拆了，并且彻底推平了，只是按照100元/平方米的价格来补偿，所以这次我家的征地补偿款共35万元，是一次性领到手了。

现在我家还有1亩水田，但是已经不能耕种，因为被FY大学排放的污水污染了水质。像我家这种情况，仍然是农业户口，我也去区政府问过农转非的事情，答复是我家还有1亩地，要低于3分地的才能办理非农户口，可是我那1亩水田已经是无法耕种的了。

征地过程中村委会从没召开过全村村民大会来讨论“征地方案”和“补偿安置方案”，村民也自发组织主动去找村委会了解过情况，但是村委会也没办法说清楚，去问区政府，也没有得到确切回复。村民的想法一是觉得补偿标准太低，再一个是被征地后农民该做什么，没有安排。有些村民不服气去上访，我们村有个开养猪场的（原来还是AY区人大代表，他家的猪场被强拆，100多头猪被强行拉走），他还去过北京上访，但也没有解决问题。

我家的宅基地是2000年批下来的（但是在其给访谈员出示的《关于拆迁补偿要求的回复》中显示，该宅基地是2005年1月25日经AY区人民政府批准的），当初不是为了搞养殖场吗，特事特办，我是村里第一个在这个地方养鸡的，所以当时AY区人民政府就给我批了宅基地。现在我家是四层砖混结构，共919.36平方米。我有土地使用证，但是没有房屋产权证，因为当时建好房没有及时办，等到想去办理的时候，别人知道这里要征地了，就不同意我办房产证了。所以今年我收到了盖了EY市规划局的章的《履行行政处罚决定催告书》，说我的房子是违章建筑，要我自行拆除。我不服去询问，得到的答复是，叫我不要管，那是他们履行工作职责。要拆我的房还叫我不要管，这不是很滑稽吗？

至于宅基地和房屋的补偿，没人通知我，当时FY大学也只是口头通知我要征用我的房子，但一直没人跟我谈这个事。我是希望FY大学就房屋问题给我三方面的补偿：一是帮我批块150平方米的宅基地，做到三通一平（通水通电通路及推平）；二是对我900平方米的房屋按市价赔偿；三是为我买养老保险和安排工作，保证不低于现有的生活水平。

本来我们村2011年也是要在预留地搞个新农村建设的，但是后来没搞成，村委把准备搞建设的钱按村民的人头数分了，1万元/人。

在征地过程中，村民之间都没什么纠纷，补偿标准都一样，村民和工作组之间会有纠纷，因为工作组先把地给推平了，村民没办法丈量原来土地面积。村民和村干部的补偿是不是一样，就不清楚了。

我认为村干部在征地事件中不是为村民着想的，侵犯了村民的利益。村干部不做什么工作，只是跟我们说要征地，什么时候你去哪签字领钱。我不了解村里的财务状况，不了解征地款的收支状况，更加不清楚征地补偿费在政府、村集体和农民之间的分配状况。在征地过程中，除了村干部，我们还和工作组、城管、FY大学接触过。我不了解整个征地过程，对于国家的征地政策和补偿政策也不是很清楚，我只记得电视里说征地要先安置后拆迁。对于现在的征地补偿标准，不满意，现在补4.9万元/亩，这点钱够做什么呀，应该每亩补15万元才比较合理。另外，应该给我们农民一个出路，没了土地就断了生活来源，应该安排我们做点什么工作。

（2）保障、就业情况

除了土地保障外，就是参加了新农合。从2009年被征地后，我家的主要经济来源就断了，之前养鸡场每年可以卖五六万只鸡，每只鸡的纯利润可以有2元，那我两公婆一年的纯收入就有10万—12万元。养鸡场被推平后，已经失去了生活来源，两个儿子去广东打工，女儿大学毕业参加西部志愿者活动。对于养老问题，还没有具体考虑，我大儿子从广东回来了，过两个月结婚，小儿子今年22岁了，还在广东打工。等到儿女都结婚了，我们该怎么过就怎么过吧。我希望征地部门能帮我们买养老保险，不是买新农保，那个钱太少了，帮我们买像现在退休工人那种，一个月可以领一千七八的那种，如果是他们肯帮买，我自己出一部分钱也可以。举例子，我愿意出1/3的钱去买每年交纳3000元的养老保险。

征地后，一般是去正规医院看病，因为有新农合，在AY医院看病不论是门诊还是住院，都可以报80%。比如，来租我房子的一个湖南妇女在AY医院生小孩，医院医生还打电话来问小孩的情况，还让村卫生室的医生过来看看，感觉国家对农村农民的医疗还是挺好的。新农保我家一直都买。但是征地后，我们村没有一个人能享受失业保险的，根本都没听说过。

征地前，我家的主要经济来源就是我两公婆搞的养鸡场，就像刚才说的，每年纯收入可以有十来万，三个子女自己能养活自己就可以了。征地后，没了养鸡场，现在没事做都已经三年了，天天看电视，看得都烦了，很无聊啊。之前有时还可以跟别人一起搞建筑，现在快50岁了，没人愿意请50岁的做工了，想做个门卫都不行。现在就是吃原来的积蓄，每年全家人的开支大概是三万元，由于之前有点老底，现在生活上还不是太困难，但是跟征地之前比，就差得太多了。一方面，经济上只有支出没有进项；另一方面，在家里闲着，太无聊。

申请低保的条件不够，我也问过了，好像是50岁了还没结婚的，或是家庭很困难，或是家里没有劳动力的才能申请低保，能享受低保的是每人每月100元。

(3) 征地后，与亲戚、邻居的关系

亲戚关系、邻里关系都和征地前没什么变化，现在整天只能在家看电视，太无聊了。如果生活有困难了，肯定不找村委会、不找政府，肯定找亲朋好友。对于小孩的教育，当然是能多读点书好，但是也不强求，像我女儿上大学，我小儿子初中没念完就去广东打工了。小孩能自己谋生就行了。

(4) 期望、建议

子女结婚是件大事，办完了我俩就没什么太多的忧虑了，现在吃积蓄，虽然生活水平比以前差得多，但是还能过。到时该怎么过就怎么过吧。我们村的征地事件，觉得不合理、补偿少，征地工作组人员的态度很不好，希望征地能提前做好宣传，让我们都了解征地政策、补偿标准，能够跟农民公开协商补偿款。征地是时代发展的大势所趋，国家的城镇化建设迟早都要征地的，对于国家建设、教育发展，我一贯是支持的。只是希望政府的补偿标准能跟市场价相匹配，更希望征了我们的土地后也给我们失地农民找条活路，能安排个工作，比如在FY大学食堂做工啊、送菜啊、做门卫啊，都可以。如果能在学校里面有个铺面，做点小生意，就更满意了。我们村里也有些农民外出打工，把地都撂荒了，有主动要求征地的，对这种现象，我是能理解，但不认同他们的做法。站在他们的角度，反正也不想回村里生活了，征地多少还能得点钱，这是能理解的原因。土地是农民的根本，没了土地，子孙怎么办？

2. 访谈调查3—42

时间：2012年9月4日下午2:30

地点：秦某家中

对象：秦某，男，44岁

简介：秦某居住在EY市AY区BY村，从2006年开始就因土地征用问题不断上访，他去北京上访过三次。秦某本人及他的两个儿子都因土地征用问题被拘留过。进行访谈前，他还在尽力阻止施工人员在他原来的土地上作业。此人对土地征用政策有一定的了解，很有维权意识。

内容：

（1）征地、拆迁及补偿情况

我们村全村有240多户、1300多人。我们村从2006年开始征地，看到的函上说要征1600亩，但实际上征了大概2000亩，这包括水田和旱地，主要是旱地，我们村水田是很少的，平均每人5分，旱地平均每人1亩，果园算在旱地内。我们村的征地都用来建设EY大学新校区。

从2006年开始第一期征地，好像是5月工作组进驻村里，先是召开村民代表会议，宣布要征地及补偿价格，当时是按旱地1.3万元/亩，果园3.6万元/亩，养鸡场170元/平方米来补偿的。虽然补偿的钱比较少，但是由于做到了公开，所以老百姓的意见还不是很大，还算能接受。我们BY村一共有八个队，每两个队集中到一个点，政府征地工作组派一位工作人员，村委来一个成员，之前参加会议的一个村民代表，由这三个人一起给两队的村民做宣传解释工作，所以，我对第一期征地，总体上来说是没有什么意见。

从2009年开始第二期征地，旱地补4.28万元/亩，果园补5.7万元/亩，水田是4.9万元/亩，这是第二期征地的补偿价格。但是在征养殖户的养殖棚时，工作组就不公示征地面积和补偿价格，只是跟养殖户说，先配合征地的养殖户可以得到双倍的补偿金，但具体是多少钱，由于没有公示，我们都不清楚。为什么我们不愿意拆养殖棚呢，是因为这次补偿价太低了，第一期征养鸡场就按170元/平方米来补，第二期跟我们说养猪场按100元/平方米来补，这个价格我是绝对接受不了的。第二期的补偿怎么比第一期的少那么多，现在什么东西不涨价，况且我养猪场的成本都要比养鸡场的成本高，而现在补得比养鸡场低，按这个价，我连成本都收不回来，让我怎么生活？

市容局说我的养猪场属于乱搭乱建，是违章建筑，要强拆。属于违章的话，我就一分钱补偿也得不到。我的养猪场什么时候就变成了违章建筑了呢？当时AY镇政府号召发展养殖业，让我们带头养殖，当时还得到了表彰。现在要征我的养猪场，先是叫我把养猪场搬走，我打了报告要求政府另外找块同等面积的地给我继续养猪，但是没有得到回应。如果我自己去买地要10万元/亩，而征地得的补偿才是4万元/亩，这个差价，我怎么活呀。所以，一定要求政府给我换块地，否则，我不同意。

我是在他们来量地的时候才知道被征地这回事。第一期征的土地基本都动工建设了，第二期批了813亩，实际征了924亩，大部分还没有动工建设，就是GY学院那里建设了。其实“征地方案”和“补偿安置方案”根本没有征求过村民的意见，第一期那样也只是宣传通知这回事而已。在第二期的时候，有个晚上叫我们养殖户去，说是要征用到我们的养殖棚了，补偿价格是50—100元/平方米，越早配合的养殖户就补偿越多。但是我们没有签字同意，价格不合理。我们去找村委会了解征地方案和补偿安置方案，都是没用的。我们不签字还不是被强行征掉了。我们要求政府能给我们划出明确的80亩预留地，给我们一个安置的地方，但是政府没有兑现。后来听说把原用于预留地的改为新村建设用地。我们村现在乱搭乱建很严重，就是因为征用了土地，没安置好我们村民。我们之前也提出过，希望能在新建的学校周围给我们留个铺面，也好让我们生活。

对于我们不签字同意征地的，政府工作人员就说要公证处来公证丈量的土地，强行征地。我们因为征地的事情，去上访过。2010 年 10 月我们共八人到北京的国家信访局，得到工作人员接待，国家信访局发了函回地方。后来 AY 镇政府的人把我们叫去，跟我们说不要再去上访了。让我们把公证的土地来确认好，把补偿款领回去完事。但是我们觉得经过公证丈量的土地面积小于实际征的面积。另外，我们觉得我们到北京上访的花费应该由政府来承担。

我家的宅基地现在还没有被征用。宅基地的补偿也是按征旱地的标准来补偿。要征地，我们老百姓也没办法呀。政府要征用宅基地就应该先给我们安排个地，我们要生活的啊，我们住哪？我认为，政府征到宅基地，应给农民换块同等面积的土地，并做到三通（通水通电通路），否则若是安排我们到大山里住，那有什么用呢。此外，政府该给我们补偿点资金，就按现在 AY 商品房的价格给予补偿。

在征地中，村民之间纠纷主要是地界不清晰，这就导致补偿费不清楚，同时没有做到公开，没有公示各户征地面积和补偿价格。我认为村干部在征地事件上并不为村民着想。村干部在征地中，没有做我们的工作。除了村干部还接触过工作组，他们只是要我们赶紧搬走，签字同意，否则到时候我们一分钱都没有。猪拉走了也不补，现在已经拉走八个多月了，现在我只有刚才说的那张处理通知书，也没说明补给我多少钱。

我不怎么理解整个征地过程，对于国家的征地政策和补偿政策我是清楚的，但知道有什么用啊，我让两个儿子买回与征地政策相关的书籍，我还送给征地的领导看，有什么用啊？还不是没有按照国家的征地政策“先安置后征地”的原则来办事。我对于目前村里的这种补偿方法和标准不满意。我的养猪场是村里第二期征地范围，给出的补偿价格比第一期的还低，现在物价上涨，我要求补偿价至少与第一期的价格持平。何况我养猪场的造价要比第一期征用的养鸡场的造价高得多。政府把我的猪拉走了，产生的损失政府要补偿。每头母猪每胎都不少于10个猪崽，每个猪崽满月后可卖至少500元，每年母猪按两胎算，直接经济损失至少1万元。我们当时按30元/斤的价格把猪种买回来，养大下猪崽可以收获效益的时候却被拉走，这个损失怎么能我们自己承担？

（2）征地前后保障及就业情况

征地前我除了土地保障外，参加了新农合。征地后，还是新农合，没有什么别的保障。至于新农保，我们村基本都没有买，其他村的很多买了。为什么？因为我们村征地后都还没有解决好征地补偿和安置问题，我们怎么买呢？（指着进来的两个邻居）像这个人是真正没有房子的，征地后，政府帮他租着房子，他原来是住在养殖棚的。老百姓难就难在，国家的政策是很好的，但是地方的官员没有做到位。如果政府的官员做到位，不论土地政府怎么使用，老百姓都会是满意的。因为第一，政府没给老百姓生活压力，给老百姓更好的发展；第二，国家的建设也好。而现在，像我们BY村被征了那么多土地，既没有新村规划又没有预留地，那老百姓吃什么，怎么生存？没有考虑到老百姓以后怎样生存。有些人到工地上累死累活地干苦力，现在建设学校还可有活干，以后学校建好了，连这种体力活也没有了，那怎么生活呢？我是希望政府可以安排我们在FY大学里面或是校门边开个小铺子，这样还可以考虑长远一点的生计。

考虑将来的养老问题？现在生活都难过了，还怎么考虑将来的养老？太不现实了。地被强行征了，猪也被强行拉走了，我的生活都成问题了。其实AY区和AY镇的这两级干部是很关键的，若这两级干部能帮老百姓解决问题，很多事情都是很好办的。像我们村在2000年，这两级干部是真正给老百姓解决问题，引进了HY等公司来搞养殖业。老百姓得到了很多实惠，生活水平得到明显改善，当然会配合政府。但是现在这个征地，补偿太低，像补养猪场的还不够成本价。

征地后，要看病的话，像得个头疼脑热的还能去哪看，就在村里的赤脚医生那里解决了。我们参加的新农合在 AY 区看门诊的话能报 50%，住院可以报 90%；在 EY 市门诊不可以报，住院的可以报 30%；在村里赤脚医生那里看是报 50%。对于这个报销的比例，没有什么满意不满意的，都是国家的政策而已。去年参加新农合每人交了 50 元/年。

征地后，申请低保，第一，是要人均低于 0.3 亩土地的；第二，是家里有伤残，没有劳动能力的。好像就是这两个条件，至于低保费每人每月多少钱，就不清楚了。

征地后，我周围的人没有享受失业保险的，失地农民生育小孩没有享受到生育保险。

征地前，我家的主要的经济来源是养猪场，每年的收入有时多、有时少，平均下来，每年可以收 10 万—20 万元，这是纯收入，像我那天卖猪，一天就经手二十多万元。每年的开支大概要到 5 万元，挣得多，花得也多。征地后，养猪场就被拆了，家里的经济来源就靠剩下的 2.5 亩果园，一年大概有 2 万元的收入吧，开支还是挺多的，如两个儿子抽烟、上网。像今年到现在就已经用了 5 万元了，因为现在跟政府就征地补偿问题还扯不清楚，到处去找政府部门的人，今天我买烟都花掉 50 多元了，去外面跑，车费就花得多，有时在外面吃饭也得花钱啊。

我从小到现在，都是靠种养为生，从来不去外面给别人打工。我的两个儿子之前也是在家里跟我养猪。我在村里种植和养殖都可以算得上前十名。我是村代表，后来被选为 AY 区政府的人大代表。当时我在北京上访的时候，还被人以为我的人大代表是花钱买来的，就来调查我，我是被推选出来的怎么会是买的呢？所以他们什么也没查到。村代表是一个小队有四个代表，村里开会就是共八个队，每个队四个代表都要去的。

政府给我的安置补助并不是一次发的，因为我的情况比较特殊。政府没有帮我们介绍工作，也没有组织过就业培训。像我这样的养殖专业户在整个AY镇可以说找不出五家，你说我失掉了养猪场，每年可以出栏一千头猪，这一千头猪可以给多少人带来生活的富足和幸福。政府若是能给我另一块同等面积的土地让我继续养猪就可以了，我愿意养猪。

(3) 征地后保障情况

我现在也很忙，忙着跟政府谈征地补偿。也没什么消遣，现在吃原来的积蓄，长久了也会坐吃山空啊，所以在果园里还要种点菜。现在还是要考虑两个儿子大了，再怎么样也得找个地方建房子，给他们讨老婆。我的朋友很多，但是他们都没办法帮我什么，我也有做律师的朋友，他也很明确地表示帮不上忙，一听说我想要跟政府打官司，他就表示不敢接手，说是一个小律师不敢跟这事沾边。我养猪发家而现在一下沦落到这个田地，世态炎凉我都尝尽了。朋友刘某有个女儿考上大学，是我借给他两万元教他发展养猪，才能送他的女儿上大学，现在女儿也已经毕业，但是还没有还我那两万块。除了还没能力还钱的朋友，有些人看我现在困难了，也不愿意帮我，其实谁都帮不了我。现在强行征我的养猪场，给出的补偿价还不到建设的成本价，我怎么生活。所以说，我现在的压力很大。

我没读什么书，养猪都是靠自己不断摸索。猪有病了，我就看药的说明书，自己不断地给猪试验配药，成功以后就记下来，后来强拆养猪场的时候，什么也没找出来，我老婆的首饰，还有我当时从银行取出给我老婆准备买饲料的钱，我们当时在养猪场生活用的家具等在强拆的时候都被毁了。这些都是损失啊。我的土地保护不了，我的财产也保护不了。补偿得太低，低得我拿这些补偿款都无法继续生活，我怎么能够签协议呢？不签字就强拆。我没地方申诉啊。

我的大儿子初中毕业后读了两年数控专业，到我朋友那里没做多长时间，就跑回家，宁愿在家里跟我一起养猪。小儿子初中毕业后考不上高中，我就送他去读技校，谁知他只读了两个月就跑回家不愿读书了。当年我和老婆都在忙生活，再加上我们也没什么文化，没能很好地管教小儿子。我是希望两个儿子能够读书的，只要他们能考得上，我就一直供他们读书。可惜两个儿子都不愿读书，我真没办法。现在大儿子开始后悔没有多读书了。

征地前后一比较，我家现在根本就没有幸福感可说。之前多风光，现在因为跟政府就征地补偿无法达成一致，还被拘留过，我的路在何方。

（4）期望、建议

我最希望政府能另外给我块土地，能让我继续养猪，如果政府又不肯另外批地扶持我养猪，补偿给我的钱又少，我怎么生存？如果政府不给我安置土地，若是能安排我在学校周围开个门面，我也可以生存。我从小就不愿意去外面给别人打工，去打工总要看人脸色。我靠自己的种养技术可以很好地生活，很自由。我做生意也是靠自己的头脑。

对于征地事件，我是支持国家搞建设的。但是国家给老百姓的补偿和安置一定要合理。国家发展了，我们老百姓的生活才会提高啊，老百姓也才会有安全感。但是现在FY大学排出的生活废水已经污染了地下水，我们原来都是喝自家的井水，但是现在都要买桶装水喝。

如果让我自由选择征地或不征地，在国家可以给我合理安置与补偿的前提下我当然选择征地；在不能得到合理补偿的情况下，我当然不愿意被征地了。

有些地方的农民出去打工，把地全都撂荒了，甚至主动要求征地，这些人在外面待惯了，当然希望征地，他可以得到点补偿款，这对他来说是有好处的啊。我觉得在村里务农的人还是更愿意不被征地，你会务农的，其实现在生活也很好过的。像种菜，这两年种茄子和苦瓜，收入都是很不错的，每亩都可收1.3万元，这个行情我是知道的。农民没了土地还怎么叫作农民呢？

3. 访谈调查3—43

时间：2012年9月5日下午1:30

地点： 刘某的水果摊旁

对象： 刘某，男，32岁

简介： 失地农民刘某居住的IY村在JY大学AY校区的南面，他在土地被征用后就与老婆在国道旁搭个水果摊谋生。

内容：

（1）村子及家庭征地情况

我们IY村全村120多户、500多人。我们村从2006年开始征地，全村所有村民家的土地都被征了，只是各家的征地数量有所不同。被征地包括300多亩果园、50多亩鱼塘，以及旱地和荒地，总共面积是1000亩。另外，我们的祖坟也要求迁走，很无奈啊。具体旱地和荒地各有多少，我就不是很了解了。我们村被征的土地大部分就是被JY大学AY校区用来搞建设的，小部分是被用于EY市卫校AY校区建设，但是给卫校的那部分，现在还没建好。

我们家按照农村习惯分家后，我的小家庭现在有七口人，包括我公婆，两个小孩，还有老爸。我是1980年生的，今年31岁（访谈员观察觉得他的长相年龄要大于他的真实年龄，皮肤黝黑，额头及眼角的皱纹清晰可见，人中及下巴的胡须显然是有时间没修剪了）。在征地之前，我这个小家庭共有八亩土地。土地都是原来家庭联产承包责任制的时候分到我家的。我老婆嫁过来的时候也没有增加土地，我两个小孩就更没有土地了。在我和我哥分家以后，我就分得了这八亩土地。这八亩地都是种果树，如柑橘、板栗。

2006年开始征地，我家被征了三亩地，其中一亩补偿了1.3万元，剩下两亩各补偿1.8万元。得征地补偿款5万元。我家现在还有近5亩的土地，依然是农业户口。

我们村的征地是强行的，没有提前通知。我们感觉很无奈，老百姓怎么敢对抗那些人员？

在征地过程中，村委会从来就没有就“征地方案”和“补偿安置方案”召开全村村民大会，也没有征求过村民的意见。征地补偿的价格，刚开始的时候是说没有补偿的，后来就说是8000元/亩，第二年是1.3万元/亩，第三年是1.8万元/亩。这么低的价格，现在租门面做生意，一年的租金都不止这个价啊。

我家原来有2300平方米的养鸡棚，被征地的时候只按照30元/平方米的价格赔偿，共得7万元补偿。这个价还抵不上我建鸡棚花的钱呢。我家的鸡场是在自家承包的土地范围内，有土地承包证，但没有鸡棚的房屋产权证，整个EY市的养殖棚都没有产权证。本来我是不愿意被征用鸡棚的，负责动工的那个人说要拆我鸡棚的围墙，给我200元，我不同意，但最终他们还是拆了鸡棚。

征地过程中，村民和村民之间在征地补偿费分配上是没有什么区别的，只是有些因为时间太久相邻两块地的边界有说不清楚的时候，就有一些小纠纷，很快就可以解决了。至于村民和村干部在征地补偿分配上是没有区别的，果园是果园，荒地是荒地。

对于村里的财务状况，以前每年村里的财务都要公开一次，但现在都不算账了。对于征地款的收支状况，老百姓是不知道的。我也不清楚征地补偿费在镇政府、村集体和农民之间是怎样分配的。

征地政策和补偿政策我都不清楚，只知道现在的补偿太低。

（2）征地前后保障及就业情况

征地前后我们都是自己买新农合，好像是每人每年要交70元。新农保没人买，现在自己挣钱自己安排才好呢。毕竟现在年轻，将来的养老问题，我现在才不考虑呢。

（刘某由于忙生意，由他老婆来接着接受访问）不管是征地前还是征地后，要是有点不舒服，我们家的人不会去诊所看的，只会去正规的医院。AY区人民医院我很少去，我主要去EY市人民医院。在AY区人民医院门诊好像是报销80%，大病不清楚，我们家现在还没有人得大病，市里的门诊是报40%。其他就不清楚了。

我觉得我的生活还不是太困难，我不会考虑向政府申请低保。享受低保好像是要有残疾的才能申请。征地后，我们周围的人没有享受失业保险的，也没有享受生育保险的，只有一个400元给生育妇女的。

征地前我家的主要经济来源是种果树、种西瓜。我两公婆都是在征地后才回到村里的，原来在外地打工。回来以后主要在国道边摆个水果摊，每年大概收入有2万—3万元，就是够吃饭，维持基本的生活。一年到头算一算都是没有剩余的。

该村住宅基本都没有拆迁，村民家里多少还有一点土地，像我们只是在离村不远的国道边摆个水果摊来维持生活，依然是农业户口，村里大部分人都还是原来的生活轨迹，对自己身份的认识、征地前后亲戚关系、邻里的关系都没什么变化。

（3）期望、建议

我对自己和家庭的未来没什么忧虑的，就是走一步算一步，我们在路边摆摊讨生活，没有什么别的想法。对于征地也不存在什么看法，不管我同不同意，地还是要征的。至于要求就是想补偿款多一些。如果能让我自由选择征地或不征地的话，我肯定选不愿征地，就是因为现在补偿费给的太少了。有些地方的农民出去打工，把地全都撂荒了，甚至主动要求征地，认为可以减轻负担，我们这里没有这种现象，这简直是不可想象的，怎么会不要土地呢？

4. 访谈调查3—44

时间：2012年9月11日下午5:20

地点：学生公寓小卖部露天桌

对象：莫某，男，45岁

简介：失地农民莫某，曾经历两次征地。2005年仅有的2—3亩果园被征了，2012年宅基地被征收。对于土地征用，他的态度是农民主要靠土地吃饭，土地没了生活就遇到了更多的困难。他们主要希望征地能够得到更多利益，最好能给他们买养老保险。访谈中他说到，村子里的农民对于征地虽是比较配合的，没有村民闹事，但大家都只希望能够多拿到些补偿款。

内容：

（1）村子及家庭征地情况

我们村共有30多户农民，还有10多户是居民（非农户口）。村子靠近JY大学AY校区。JY大学建设需要征用我们村的地。现在我们村的土地都被征掉了，目前我们的房子已经承包给建设队，房子建好了我们就搬过去，我们的原宅基地才会拆掉。2005年，镇政府就开始派人来测量土地，按土地证进行立户，那个时候我们才知道我们的果园会被征收。我们村子总共征地大约200多亩，用于建设学校2期公寓，2006年10月开始动工，一直到2008年才陆陆续续建好。我们被征的土地大部分为果园，还有旱地、荒地。刚开始征地，补偿费是1万元/亩，当时村里的人都不同意签字。村里召开过会议，我也在会议上发言，提出了两点主要意见，一个是征地的补偿费需要提高，农民靠土地吃饭，土地没有了也不知道去干什么，所以必须提高补偿费才会同意签字，还一个是大学里面的商业店面希望可以以优惠价格租给农民做些小生意，保障我们的就业。会议上村干部都是说会跟他们协商，都可以商量。但是结果是补偿只提到了1.3万元/亩，也没有安排就业，就是说你们出去找工作，人家给你600元/月，给别人也是600元/月，那你们可以优先得到这份工作的机会，但是愿不愿意做由我们自己决定，没有任何工作安排和就业培训。政府直接把补偿款打到集体账户，告诉村民自己能够分到多少钱，这个钱还是到今年才完全给到我们手上。

我们家有四口人，家里有两个小孩，一个读完高中早出来打工了，另外一个目前在读高中。我爱人没有工作，现在主要开支是家里的生活开销和抚养小孩上学。我们的果园是按1.3万元/亩补偿，宅基地是瓦房，有140多平方米，按670元/平方米补偿，宅基地如果是楼房按1000多元/平方米补偿。然后，我们房屋征地有几个鼓励政策，一个是积极配合签字拆房，就可以有基数上浮30%的补偿，也就是按871元/平方米补偿；另一个是积极配合搬迁，还可以得到1000元/月的拆房补助，可以领18个月。征地后还补偿了一块100平方米的土地，用于建新房，政府只是口头承诺可以批三层房子的房产证，但从来没有正式的书面文件。

村干部虽然在整个征地中都是说我们会按照你们已有的土地证上的土地多少来进行补偿，补偿费都可以商量，大家积极配合就可以了。但是我们的土地被推平后，实际补偿费还是没有商量的余地。我觉得村干部跟我们农民的补偿费肯定是不同的，可能明面上大家分到钱都是按那个标准走，但是实际上可能多拿了很多回扣。听说学校出5万元/亩的费用给到政府，而政府却只出1.3万元/亩给我们补偿。我们都不喜欢跟政府谈，都希望直接跟学校来谈条件，但是政府不同意，毕竟政府说土地是国家的，他们必须进行管理。如果没有政府在其中，我们的土地也卖不了，学校也拿不到我们的土地。

村子里面不是所有人都不同意征地，有某几个人因为长期在外打工，知道老家要征地都回来要钱，他们有些是没有土地证，有土地证的就只希望快点卖掉土地，可以拿到钱最重要。

（2）征地前后保障和就业情况

我家参加了新农村医疗合作保险，家里一般看病就到AY镇卫生院，大病到市区的指定医院可以报销部分医药费。对于新农合，我是基本满意的。征地后我们没有得到过失业保险和生育保险，我没什么文化，也不知道有这些保障，村里面也没有提到过。

征地前，我们家的年收入大概是5000—6000元。征地后，我找到在学校做保安的工作，1200元/月，小孩一个月生活费大概在600元左右，家里还有其他生活开支，所以我感觉生活压力很大。学校也是口头承诺会给买养老保险，答应给我们交纳40%的保险费，但是我们觉得也太低了，自己没有能力负担，所以目前还在争取，希望提高到60%。

（3）市民化情况

虽然我们的宅基地和土地都被征用了，但是我们目前还住在自己家的原宅基地上，要等到新房建好了才会搬走。所以目前还是农业户口，没有离开过村子，市民化现象不突出。邻里关系、亲戚关系和征地前没什么变化。

（4）期望、建议

总的来说，征地对我们家的经济情况暂时有了改观，我觉得征地后比征地前幸福，因为一次性的补偿给家里带来了一笔不小的钱财，不过我还是希望当时的补贴费能够达到2万元/亩，虽然现在说什么都于事无补了。现在我最迫切关注的就是土地房产证和养老保险。因为这两件事政府都只是口头承诺，从没有给到我们书面文件，所以我们很担心。我很想买养老保险，但是目前学校也没有落实这个事情，也没有开始给我们买，我也希望学校能够为我们多缴纳，最好是达到60%。现在我家里最花钱的就是一个小孩，读书很花钱，但是我们又必须支持他读完大学，所以我觉得压力挺大。

5. 访谈调查3—45

时间：2012年9月12日下午7:50

地点：刘某工作的草地旁

对象：刘某，男，32岁

简介：刘某居住在EY市AY区IY村，2006年年底家里征地，他当时在EY市区工作，但是家里征地的事情他基本是了解的。对于征地，他认为补偿费低了，但他个人表示支持国家征地，觉得征地是有利的。在整个采访中，他对于政府征地没有太多怨言，很配合地完成了访谈。

内容：

（1）村子及家庭征地情况

IY 村属于 AY 区，土地使用主要包括果园、农田、荒地、鸡棚等。2006 年年底我们村开始征地，几乎家家户户的地都被征到。我了解的征给 JY 大学的地有 700 亩，征收的地达到 130 户人家，其中有 2/3 是荒地，其他是果园、鸡棚。农田没有征用，因为国家保护耕种地。我们村的地主要给 JY 大学 AY 校区、FY 大学和 EY 卫校三所学校建设校区。我家的地是被 JY 大学和 EY 卫校两所学校征用。我们家是三代同堂，有一个哥哥，育有一个小孩，我目前有两个小孩，现在家里九口人住在一起。征地前家里共有 15 亩左右的地，有几亩果园，还有桂花树地以及荒地。我们家征收的大部分是荒地，还有部分桂花树地，没有涉及宅基地，现在家里大概还剩 5—6 亩。那个时候征地，我们都没有量地的，都是在一起种，没有划分那么仔细。我们之前也是听说过会征地，到真开始征地的时候，政府派人过来量地就正式通知村里了。荒地补偿费是 1.8 万元/亩，果园是 3.6 万元/亩，如果不是果园，种了其他的，像我们家种的是桂花树苗，就按树苗大小打折补钱，鸡棚是按 50—60 元/平方米补偿。

2006 年，我在 EY 市第四劳教所里面的一个纸箱车间工作。由于住的有点远，所以要求申请住宿，但是大部分都是回家住，所以那时家里征地的情况我还是比较清楚的。我们家当时就觉得补偿费太少了，我当时在瓦窑上班时，听人家说附近的 KY 村的征地补偿费都达到 11 万元/亩，所以我们就觉得我们村的补偿费太低。那个时候，每天政府的人都会去荒地岭上量挨家挨户的地，政府就通知到村干部，然后由村干部通知到各家各户。当时量地我也去看了，因为自己家的地，自己量了心里才放心。当时村里大部分人都是不同意征地的，村里也开过关于“征地方案”的会议，因为人多、意见多，村里就只派村干部去跟政府沟通，具体商量怎么样我们也不清楚，反正就还是这个价格问题。村干部自己就主动量地，还叫上自己家的亲戚也积极配合量地，这样村里就开始量地准备征收了。最后各个家立了户头，就把钱打到我们账户上了。补偿费隔了几个月，大概2007年年初就到我们账上了。

我们家拿着这笔补偿款给我哥哥结了婚，并且建了一套新房子。建完房基本上钱就用完了，我们的房子是建在自己家的自留地上，没有产权，我们的宅基地也是没有产权的。我们跟政府说建房，反正政府也不反对，说我们村建房子可以随便建，但是不会有产权。

村里面因为征地发生过纠纷，我听说有村民家的鸡棚，因为给的补贴太少，就不愿意卖。然后政府强行把他们家的鸡棚拆了，于是就有发生吵架纠纷。因为听说别的村鸡棚补贴是100多元/平方米，我们村就只有五六十元/平方米，所以觉得补偿太少了。

我觉得村干部在征地过程中都是为自己着想，没有为村民利益着想。村干部也没怎么给我们做工作，就是告诉我们政府在量地，叫我们自己也一起去量地。村里面的财务我们都不清楚的。村里面有一块公有地，大概有几百亩，量地的时候就几个村干部去量，我们也不清楚多少亩，就告诉我们每个人分多少亩，分多少钱就完了。

对于国家的征地政策我是不清楚的，觉得国家的征地补偿应该会高一些。

（2）征地前后保障及就业情况

征地前后，除土地保障外，就没有享受过什么保险。我之前在纸箱厂工作买过保险。但是我做了两年多就辞职了，以后自己补缴就可以了，我还是愿意交的，以后老了也不能只指望后辈。对于养老保险的享受待遇和标准是不清楚的。家里参加了新农村合作医疗保险，就用这个去看病。看病在AY镇医院，好一点是LY医院。好像只有住院才能报销40%的费用，没住院就没有报销。

征地前后我觉得生活没有太多变化，还是一样的过。2006年我在纸箱厂做流水线工作，因为是劳教所自己的厂，也算是国企。厂里面上半年是没有活做，做事都是下半年，没有活做时，每个月工资就按EY市低保领取，那个时候大概是820元/月，扣掉保险就只剩500多元了。下半年工作一般能拿到1500元到1600元的工资，每个月我都交了保险，当时厂里面是缴纳五险的，应该这些保险我都有缴纳。但是我2008年辞工的时候，他们说我不能领取失业保险，理由是在合同期之前辞工就可以领取，合同期之后辞工就没有。必须辞职前一个月提出才能领取。我们是两年半的合同，我当时就是在合同期边缘辞职，我也不懂，反正什么都没有领到。连养老保险，我还没有转回来，当时厂里买保险是买到MY市，现在我出来半年了，还要我自己去MY市转回来。生育保险我也不太清楚，就政府补助，医院给到我们，第一个小孩补助200元，相隔四年，第二个小孩补助400元（厂里的生育保险也没有领到，第一个小孩出生，当时不在厂里，第二个小孩出生正好辞掉了工作）。

家里的水田就是我和我哥哥来种，偶尔做做临时工，像现在就是给学校种树，也不清楚每年有多少收入，反正就这么平淡的过。我家里目前就我一个做事，爱人带两个小孩。

征地后政府没有给我们介绍工作，也没有组织过就业培训。我就会种地，也没有什么技能。

(3) 市民化方面

由于家里的地没有完全征收，留有水田和果园地，目前也还是农业户口，市民化方面不突出。

(4) 期望、建议

我觉得征地前后幸福感没有多大变化，只要一家人平安健康就是最幸福的。当时家里的补偿款建新房后都用完了，日子还是跟之前一样的过，没有太大区别。

现在我对自己和家庭的未来也没有什么忧虑，孩子还小，自己也没有考虑那么远，自己没什么技能，对未来也没有太多的打算。对于征地，我觉得其实是件好事，因为像我们村有块地都是荒地，也很少顾及。征地了就给学校盖房子，挺好的，给到我们一些补偿费用让我们建新房也挺好。国家征地也可以带动地方经济发展，所以我觉得都挺好的。要是征地补偿费能够高一些的话那就更好了。

6. 访谈调查3—46

时间：2012年9月12日下午7:50

地点：莫某的水果摊旁

对象：莫某，男，46岁

简介：莫某住在EY市AY区NY村，2006年家里征地的时候，他在MY市工作，对家里征地的事情不是特别了解。对于征地，主要是征地后的就业安置问题他表示非常不满意。在整个采访中，他对于强征有很多怨言，情绪有些激动，但是最后还是很配合地完成了此次访谈。

内容：

（1）村子及家庭征地情况

NY村位于AY区AY镇，靠近DY学院。村子的土地有果园、林地、农田。2006年，我们村共征地260亩，涉及136户村民的地，主要是果园地、林地，用于JY大学校区。我们家七口人，征地前共有七亩地，当时全部都征完了。但是我奶奶家目前还留有2—3亩地。现在政府还想征，我们是不愿意的。

我们家是农村户口，当时村里人知道征地的事是在2006年，就是政府过来征地的时候。我当时在MY市工作，村里的人打电话给我，我才知道，家里就只有老父母，他们世世代代以土地为生，对于征地，他们什么也不知道，人家说卖，老父母也没办法，就签字卖了。卖了地那个钱很快就到账了。当时的补偿费不分土地类型，全部按林地补偿，就是9800元/亩。其实，JY大学买我们的地出价是6.5万元/亩。村里面的人都不愿意卖，觉得补偿费太低，那个时候也没有人懂，完全不了解国家的征地补偿政策，政府就是要强征去。村里面征地把地都量了，但是还有半条公有河，没有量给村民，这半条河有好几千米，是我们村和PY农场各半的一条自然河。当时村里面的人都忘记了，我从MY市回来后就在村民会议上提出为什么不把这条公有河量给我们村民，这也是很大一笔公有钱，但至今这个事情一直搁浅。

当时征地过程中，村委会就征地开过很多次会，但开会也没有用，村民的意见还是得不到采纳，不征地也要征，地就是非卖不可。当时我也没有听到说达成怎样的协议才能卖地，反正征地问题上跟政府没有太多商量的余地。主要是村民根本就不懂，也不知道如何跟政府提出合理的要求。

当时征地没有涉及我们家的宅基地，我觉得村干部在征地事件上都是为自己着想，没有维护村民的利益。

对于村里的财务状况，村里每年都会有财务收支表公布，村民可以通过黑板看到所有村里面的财务状况，精确到一角一分，这个我们还是比较清楚的。但可能还有一些我们不清楚的账，那我们就不知道了。

对于整个征地，我表示不满意。虽然国家征地是为了建设，像我们的地是建学校，不说做商业开发，我们也没什么说的。但是我们征地了没有工作，自发出来做些小生意卖点水果。这些水果很多都是我们自产自销的农产品，一个是我们为了生存，再一个是为同学们提供方便，学校里面不准我们租，里面的水果摊少，又卖得贵，我们在校门外摆水果摊也是为了方便学生生活。就连这个，政府都不让。当时征地，政府口头承诺说为我们建门店或者是提供学校的门店租赁，让我们做生意，但是征地后就不管不问了，什么承诺都没有兑现。现在我们做点小生意，还有城管过来掀摊拆棚，说我们影响市容市貌，影响他们办公。

（2）征地前后保障及就业情况

征地前，除了土地保障外，我们没有享受过任何保障或保险。征地后也一样。我个人的养老问题也想过，还是准备自己去缴纳。政府不管也不给交，只能是我自己去想办法交了。

我们看病有新农村合作医疗保障。一般小病去AY镇医院，住院了就去LY医院。好像门诊拿药的钱、检查费、复检费都是不能报销的，只有住院才能报销40%，我住过一次院，当时共花费7000元，报销了40%。

对于新农合，我觉得不太完善。因为老百姓看病还是不敢看，政府补助就那么点，补助的钱像门诊、检查、复查的费用基本上扯平了，相当于没有多少钱。所以，我觉得新农合还是需要不断完善，让老百姓感受到实惠。

对于失业保险和生育保险我们什么都不懂，也根本没有享受过这些。征地前我们家的经济来源就是果园。大概一年就1万多块钱，开支就是家里的两个小孩读书、两个老人的抚养以及整个家庭生活的开支。基本上没有什么剩余。征地后，拿的钱也不多，现在的经济来源就是摆水果摊，收入也没有多少，跟之前差不多。主要总是有城管过来要我们拆棚，不准我们摆摊，让我们的工作总是受到干扰。我目前的工作也就是卖水果，之前在MY市工作是做装修，也算是一门技能吧。政府根本没有为我们介绍工作，也不关心我们的生活，也不理解我们为什么在这里做小生意。

（3）市民化方面

征地没有涉及宅基地，我们多少还是留有几亩几分，所以市民化方面不明显。虽然征地前后我们的经济收入都差不多，生活也没有多大的变化，但是我们觉得更不幸福，就是政府不关心我们的生存，承诺不兑现，我们做些小生意还不准。我们是土生土长的人，也不想出去打工，现就做些生意也三番五次地来拆棚，说我们违反城市规划，影响市容。

（4）期望、建议

我担心政府的这种强征还会继续，因为我们目前还多少留有些土地。对于自己和家庭没有什么打算，只能是该怎么过就怎么过。对于征地，我觉得也是有一点好处的，可以带动当地经济的发展。但是事实上，我们的征地根本就没有带动当地经济，简直是让我们无法生活，连做点小生意养家糊口都不准许。如果政府能够兑现他们说的，为我们留一块地来做生意，我们哪怕是自己掏钱建个门店都可以。

如果要我自由选择征地或不征地，我肯定是不愿意征地的。这些地都是祖上留下来的，世世代代耕作。如果我有地，那我肯定会继续耕作，那我们的生活肯定会比现在好一些，一亩地现在种的东西收入也会翻一倍，也就是说收入会达到1万—2万元。并且，我还会留给我子子孙孙继续耕作。我们村没有把地荒废并主动要求征地的。对于那些在外打工，家里有荒地并主动要求征地的人，我觉得他们是只图眼前利益，他们不懂得，每一寸土地都是非常珍贵的，地每一年都耕作，那么这个地就会更好、更肥沃，我们对土地是非常珍惜的，我们愿意世世代代的传下去。

二、对居委会管理人员进行失地农民市民化问题访谈调查

访谈调查3—47

时间： 2012年9月11日下午3:30

地点： 居委会办公室

对象： 王某，女，48岁

简介： 王某是平山西社区居民委员会主任，平时工作较忙，社区内的大事小情都要由她经手，对社区工作较为熟悉和了解。

内容：

我所管辖的小区内有较多外来流动人口，其中也包括失地农民。我认为，失地农民集中居住的社区与其他市民社区基本上没有什么差别，如小孩读书待遇是一样的。我在工作中发现，社区管理中，流动人口包括失地农民的社区工作较为难做，但目前政府还未对此开展针对性的措施和活动，一般和常住人口同样管理。值得一提的是，社区对妇女群体展开了较多的工作，如计生方面，动员育龄妇女学习相关知识、向她们宣传政策法规、开展定期体检等活动。我认为农民和市民是没有差别的，无论其是否转为市民。农民有土地，而市民没有，农民没有工作还有土地可以种，而

市民没有工作，就失去了基本的生活来源，无法生活了。农民进入城市生活，是为了城市优良的生活条件，为让子女接受更好的教育。失地农民是城市化进程的必然产物，解决好失地农民的基本生活问题，为其提供相应的保障，是失地农民市民化的关键。同时，我认为对待农民要一视同仁，这样既有利于开展社区工作，又有利于促进社会和谐。

三、对城市市民进行失地农民市民化问题访谈调查

1. 访谈调查3—48

时间：2012 年 9 月 11 日上午 11 : 20

地点：小区门口

对象：李某，男，60 岁

简介：李某居住在 EY 市 QY 区 RY 小区，退休公务员，退休前在 EY 市国土资源局负责土地征收工作，对失地农民问题较为了解，认为这是政府行为，具有一定的合理性。

内容：

（1）对失地农民的印象

我是退休公务员，我家有三口人。我们一家 2006 年入住 RY 小区，房屋产权及使用权均归自己所有。这个小区为新建小区，小区内居住了较多外来人口，也包括失地农民。

在搬进现居住小区之前，我因工作调动更换了多处住所，退休后因政府集资购房搬到现居处。我们现在的居住条件越来越好了，面积越来越大了，花的钱也越来越多了。但邻里关系却大不如前，邻居住个十年二十年的可能都不认识，认识的也只是见个面打打招呼，寒暄两句，需要帮忙的时候帮帮忙；不认识的基本上不来往，谈不上什么社区文化。

我认为户口在农村还是城市已经不重要了，农民进入城市生活是为了更好的生活条件，只要经济收入达到一定水平，都可以做到。而且我感觉

农民和城市人基本上没有什么区别了，反而是城市人在某些方面的生活还不及农民，农民有地可以盖房，养鸡养鸭，城市人的房子买的多大就是多大，局限太多。

国家近几年出台的政策，对农民来说是有好处的，有利于农民生产和生活的开展，如政府给种植户、养殖户提供相应补助，免除农业税，在农村建立了新型养老保障制度等。

农民进入城市，就已经是真正意义上的市民了，除了曾经的农民身份，在其他方面和市民的差距是很小的。从就业方面来说，农民大量涌入城市，因为受到受教育水平、经济水平的限制，作为老板的，会倾向于优先雇用城市人，在这点上有一些不同。同时，我认为失地农民在社会保障上应与城市居民享有同样的待遇，包括养老、医疗、失业等各方面，失地农民的基本生活有保障了，对社会稳定性的威胁就消除了大半，对于构建和谐社会是很重要的。

在我看来，失地农民和农民工还是有区别的，失地农民大都是因为政府征地或是城市化被迫征收了土地，就他们本身来说，更愿意做农民。农民工较为主动参与城市化进程，他们背井离乡，外出务工，是为了改善原有的经济条件，生活得更好。

（2）对于征地的看法

征地现象是城市化的必然产物，是国家发展的需要。但征地中补偿款较低，使农民误以为钱被政府占用，给征地工作造成一定困难。2006 年、2007 年 EY 市一亩土地的补偿款大约是三四万元，随时间跨度呈现阶段性增长，土地一般根据等级不同价钱不同，主要由政府划分范围。

2. 访谈调查 3—49

时间：2012 年 9 月 14 日上午 10：10

地点：梁某家中

对象：梁某，男，43 岁

简介：梁某，事业单位工作人员，梁某现在所住的小区里居住了较多失地农民，对于失地农民问题，梁某有一些自己的见解。

内容：

我是事业单位工作人员，三口之家。我们一家于1997年入住该小区，房屋产权及使用权均归自己所有。搬进现居住小区之前，我们一家是住单位宿舍的。现在的住房是自己购置的，小区内居住了较多外来人口，其中包括失地农民。这些人素质较差，如乱丢垃圾，晚上晚归大声喧哗，影响别人休息。我平时所交往的多是同事和朋友，较少和陌生人打交道。我认为政府应为失地农民提供更多适合他们的培训项目或就业岗位；学校应为失地农民子女提供相应的教育，提高他们的文化素质；政府部门应提供相应的社会保障措施，并鼓励市民行为举止文明，起好模范带头作用，消除城乡偏见。城里的老板一般比较喜欢雇用失地农民，因为他们没有市民那么多的想法，具有一定的稳定性，为了生活，他们离职率没有那么高，而且吃苦耐劳，即使抱怨也不会怎样。他们大多从事的是技术工人或饭店酒店等服务行业，还有一部分从商的人员，多属于社会底层。我认为，失地农民会对社会稳定构成一定的威胁，一些原来有地的农民在没有地可种的情况下游手好闲，靠那点补偿款过活，结果坐吃山空，没有钱去偷盗、搞歪门邪道。

参考文献

［1］E. H. 萨瑟兰．白领犯罪［M］．赵宝成，徐静磊，胡旭，于国旦，译．北京：中国大百科全书出版社，2008：10.

［2］小路易斯·R. 米泽尔．智能犯罪:遍及全球的白领犯罪与自我防范措施［M］．肃草，新馨，马季方，译．北京：中国物资出版社，1998：1.

［3］李松奎．白领犯罪及其内部防控机制研究［OL］．［2019－06－10］．http：//article. chinalawinfo. com/ArticleHtml/Article_ 53599. shtml.

［4］金强．白领犯罪及防治策略研究［J］．上海公安高等专科学校学报，2009（4）．

［5］全国查办商业贿赂案 1. 48 万件，涉案金额 42. 8 亿元［N/OL］．人民日报，2012－01－02.［2018－01－19］．http：//www. sohu. com.

［6］张蔚然．中国一年查处上万件商业贿赂案涉 3000 余公务员［OL］．中国新闻网，2010－01－08［2019－06－10］．http：//www. chinanews. com/gn/news/2010/01－08/2060531. shtml.

［7］王珑娟．徐翔案细节披露：139 个账户 5 年非法获利 93 亿，入市 24 年从“私募一哥”到阶下囚［OL］．投资界，2017－06－08［2018－01－19］．http：//pe. pedaily. cn/201706/20170608414934. shtml.

［8］高潮．“白领”研究：从“白领”阶层的成长看当代西方社会变迁［D］．天津师范大学硕士学位论文，2003.

［9］莱特·米尔斯．白领：美国的中产阶级［M］．周晓虹，译．南

京：南京大学出版社，1986.

［10］潘允康．“白领”与现代社会结构［J］．社会科学战线，1999（3）．

［11］聂庆．白领犯罪的若干问题研究［J］．河南公安高等专科学校学报，2003（4）．

［12］崔开华．白领犯罪浅析［J］．山东工业大学学报：社会科学版，2000（5）．

［13］张文军．论白领犯罪［J］．上饶师范学院学报，2005（10）．

［14］中国大百科全书：精华本［M］．北京：中国大百科全书出版社，2002：132.

［15］Sutherlan，E. H. White Collar Crime may be Defined Approximately as a Crime Committed by a Person of Respectability and High Social Status in the Course of his Occupation. White Collar Crime ［M］. New York：Holt，Rinehart & Winston，2005：9.

［16］Newman，Donald. White – Collar Crime，Law and Contemporary Problems，23：735 – 753. //曾莘．白领犯罪概念、成因及对策研究［D］．四川大学硕士学位论文，2007.

［17］Edelhertz，Herbert. The Nature，Impactand Prosecution of White Collar Crime［M］. Washington，D. C.：USGPO，1970：3.

［18］Reiss，Albert J. & Albert Biderman. Data Sources on White – Collar Law – Breaking. Washington，D. C.：U. S. Department of Justice，1980.

［19］魏平雄，张智辉，等．预防犯罪概论及白领犯罪剖析与对策［M］．北京：人民法院出版社，1997.

［20］菊田幸一．犯罪学［M］．海沫，等，译．北京：群众出版社，1989：151.

［21］梓宇．遏制经济犯罪，维护经济秩序［N］．法制日报，1996 –

03－04.

［22］魏平雄，张智辉，等．预防犯罪概论及白领犯罪剖析与对策［M］．北京：人民法院出版社，1997：180.

［23］李锡海．文化与犯罪研究［M］．北京：中国人民公安大学出版社，2006：136.

［24］樊凤林，宋涛．职务犯罪的法律对策及治理［M］．北京：中国人民公安大学出版社，1994：107.

［25］金波．白领犯罪的特征及其防治［N］．江苏经济报，2007－04－18.

［26］唐永军，邹志臣．白领犯罪若干理论问题研究［J］．社会科学战线，2004（5）.

［27］冯霜．白领女性犯罪初探［J］．山西省政法管理干部学院学报，2004（6）.

［28］叶继红，张彦．论白领犯罪的形成及其社会控制［J］．社会科学战线，2000（4）.

［29］贾春旺．最高人民检察院工作报告［R/OL］．中华人民共和国最高人民检察院网站，2008－03－10［2019－06－10］，http：//www.spp.gov.cn/site2006/2008－06－05/0001818747.html.

［30］曹建明．最高人民检察院工作报告［R/OL］．中华人民共和国最高人民检察院网站，2017－03－12［2019－06－10］，http：//www.spp.gov.cn/gzbg/201703/t20170320_185861.shtml.

［31］于滨．经济犯罪呈现十个新动向［N/OL］［2019－06－10］．瞭望，2003－10－27，http：//www.zaobao.com/special/newspapers/2003/10/others271003v.html.

［32］杨兴培，李翔．经济犯罪和经济刑法研究［M］．北京：北京大学出版社，2009：23.

［33］海剑．中国高智能犯罪调查［M］．北京：中国检察出版社，2008：298.

［34］东莞贪官8成以上包养情人 高智商犯罪日增［OL］［2019－06－10］．2008－06－24，http：//news. sohu. com/20080624/n257702940. shtml.

［35］福建一交通局长在任6年数十次“权钱交易”判6年［OL］［2019－06－10］．中国法院网，2009－02－04. http：//www. chinanews. com. cn/sh/news/2009/02－04/1549579. shtml.

［36］钱开胜．盖公章交钱，权钱交易的最佳案例［OL］［2019－06－10］．人民网强国论坛，2008－07－04. http：//www. glmj. gov. cn/news/pinglun/2008/07/0402. htm.

［37］安宣．去年经济犯罪案激增知识产权案件同比上升51.9%［OL］［2019－06－10］．中国网，2006－01－19，http：//www. china. com. cn/chinese/kuaixun/1098382. htm.

［38］中国法律年鉴：2008［M］．北京：中国法律年鉴社，2008：1110.

［39］湖南娄底市原副市长赵更效特大职务犯罪案［N/OL］［2019－06－10］．上海监察，2005－09－16，http：//shwomen. eastday. com/node2/2005jcw/node29/userobject1ai1984. html.

［40］范跃红，顾晓慧．浙江嘉兴特大职务犯罪46人窝案涉及金额超亿［N/OL］［2019－06－10］．正义网—检察日报，2009－12－14，腾讯新闻，http：//news. qq. com/a/20091214/001035. htm.

［41］严励．刑法案例教程［M］．北京：法律出版社，2006：473.

［42］汪明亮．刑法学［M］．上海：格致出版社，2009：459.

［43］于涛．我国十大行业职务犯罪防控理论与实践［M］．北京：中国检察出版社，2008：48.

［44］金波，梅传强．公务员职务犯罪研究［M］．北京：中国检察出

版社，2008：94.

［45］李立众．刑法一本通［M］．北京：法律出版社，2010：405.

［46］齐文远．刑法学［M］．北京：北京大学出版社，2007：673.

［47］曲新久．刑法学原理［M］．北京：高等教育出版社，2009：415.

［48］最高人民检察院、公安部关于公安机关管辖的刑事案件立案追诉标准的规定（一）（二）［M］．北京：中国法制出版社，2010：90.

［49］张明楷．刑法学：第二版［M］．北京：法律出版社，2003：787.

［50］劳动部农民工和被征地农民社会保障综合调研组．被征地农民社会保障综合调研报告［M］．北京：劳动和社会保障部农村社会保险司编印资料，2006.

［51］杨涛，施国庆．我国失地农民问题研究综述［J］．南京社会科学，2006（7）．

［52］中国失地农民4000万，有60%生活困难［N/OL］［2019－06－10］．新京报，2011－03－10．腾讯评论，http：//view. news. qq. com/a/20121128/000010. htm.

［53］中国4000万头地农民流荡城市［N］．青年参考，2004－04－14.

［54］苏东海．西部民族地区城市化进程中失地农民问题研究［M］．北京：人民出版社，2012：103.

［55］于建嵘．土地问题已成为农民维权抗争的焦点［J］．调研世界，2005（3）．

［56］土地征占引发农民上访比重高，中央提3方面措施［OL］［2019－06－10］．2007－01－30，http：//www. sina. com. cn.

［57］上海统计年鉴2012年［OL］［2019－06－10］．http：//www. stats－sh. gov. cn/tjnj/tjnj2012. htm.

［58］河南省统计年鉴2012年［OL］［2019－06－10］．http：//

www. ha. stats. gov. cn/hntj/lib/tjnj/2012/indexch. htm.

[59] 广西省统计年鉴 2012 年 [OL] [2019 - 06 - 10]. http://www. gxtj. gov. cn/tjsj/tjnj/2012/indexch. htm.

[60] 雷寰. 北京市郊区城市化进程中失地农民利益问题研究 [D]. 中国农业大学博士学位论文，2005.

[61] 陈锡文. 试析新阶段的农业、农村和农民问题 [J]. 宏观经济研究，2001 (11).

[62] 柏骏. 失地农民问题：成因、风险、政策、含义 [M]. 南京：南京大学出版社，2012：2.

[63] 沈关宝. 城市化进程中的失地农民问题. 上海市社会科学界联合会 2005 年学术年会发言.

[64] 李萍. 论“公民”概念的本质及其历史 [J]. 吉首大学学报：社会科学版，2002 (3).

[65] 郑杭生. 农民市民化：当代中国社会学的重要研究主题 [J]. 甘肃社会科学，2005 (4).

[66] 陈映芳. 征地农民的市民化：上海市的调查 [J]. 华东师范大学学报：哲学社会科学版，2003 (3).

[67] 俞忠英. 用农民市民化扩张内需 [J]. 探索与争鸣，2009 (11).

[68] 葛正鹏. “市民”概念的重构与我国农民市民化道路研究 [J]. 农业经济问题，2006 (9).

[69] 陈映芳. 征地农民的市民化：上海市的调查 [J]. 华东师范大学学报：哲学社会科学版，2003 (3).

[70] 郑杭生. 农民市民化：当代中国社会学的重要研究主题 [J]. 甘肃社会科学，2005 (4).

[71] 文军. 农民的“终结”与新市民群体的角色“再造” [J]. 上

海市社会科学界第五届学术年会文集（2007 年度）政治·法律·社会学科卷，2007：263.

［72］牛文元. 2012 中国新型城市化报告［M］. 北京：科学出版社，2012：135.

［73］邓永胜. 河南省本月内将成为全国首个人口过亿省份［OL］. 大河网，2010－07－12，中国新闻网，2011－01－01，http：//www. chinanews. com/gn/2010/07－12/2394955. shtml.

［74］广西土地资源概况［OL］［2019－06－10］. 广西壮族自治区人民政府门户网站，www. gxzf. gov. cn.

［75］广西土地资源概况［OL］［2019－06－10］. 广西农业信息网，http：//www. gxny. gov. cn/web/2008－11/228935. htm.

［76］唐正芳. 自治区统计局发布 2010 年第六次全国人口普查主要数据，广西总人口 5159. 46 万人［N/OL］［2019－06－10］. 南国早报，http：//ngzb. gxnews. com. cn/html/2011－07/01/content_ 559606. htm.

［77］2008 年广西各县（市）人口城市化水平［OL］［2019－06－10］. 百度文库，http：//wenku. baidu. com/view/f7494ddd6f1aff00bed51e64. html.

［78］曾艳华，刘光柱，黄昳昕. 广西城市化水平与速度数量分析及预测［J］. 广西社会科学，2012（5）.

后　记

访谈调查是指访谈调查员通过有计划地与被调查对象进行口头交谈，以了解有关社会实际情况的一种方法。访谈调查是一种最古老、最真实的收集资料、了解问题背后原因的方法。当今社会，越来越多的法律问题、社会问题不断凸显，如白领犯罪问题、城市化问题。人们困惑着，从不同的角度思索着这些问题背后的原因。

白领犯罪不但造成了巨大的经济损失，更破坏了社会诚信。而以往的研究，主要是从刑法的角度进行，重点关注白领犯罪的形式、立案标准和量刑标准，鲜有对白领犯罪社会原因的讨论，并且白领犯罪并不是个别现象，很多白领犯罪具有类似的共性，寻找白领犯罪的社会原因很有必要。2011 年暑假，我同吴鹏森教授费尽周折，最终进入上海提篮桥监狱进行了一个月的白领犯罪社会原因的访谈调研。在每天调研时，只能带几张纸和一支笔做记录，虽然调研很艰辛，但收获很大，为我们从社会学的角度来看待白领犯罪问题提供了第一手的资料。同样，随着城市化进程的加快，失地农民的数量不断增多，这一群体虽然已经农转非，但却缺乏在城市生活的社会基础，缺乏对城市的认可度，甚至还不能适应城市的生活习惯，还不是真正意义上的“市民”。失地农民问题既是社会问题，也是经济问题，更是制度问题。对这一问题的研究，我采取了访谈调查法，经过对 61 位失地农民、居委会管理人员、城市市民的访谈，获得了第一手资料，帮助我们寻找到这一问题背后的最真实、最深刻、最鲜活的原因。本著作正是将这些访谈调查呈现出来，以飨读者。

本著作的顺利完成，与领导、朋友、亲人的支持是分不开的。在此，我首先要感谢张可创教授，张教授不但为著作的出版提供了宝贵的机会，并且其豁达的胸怀、广博的学识、大家的风范、严谨的治学态度、一丝不苟的工作精神都激励我不断前进。其次，我要感谢吴鹏森教授，没有吴教授的帮助，我不可能进入监狱进行访谈调查，获得珍贵的调查资料。再次，我要感谢各位调查点的负责人，各位负责人对我的访谈调查起到了重要的“开关”作用，没有你们的配合，我便无法“入场”，更无法顺利完成调查。最后，我要感谢我的亲人，感谢我先生和女儿的理解和支持，让我拿出时间和精力去认真地进行访谈调查和研究！此外，本书在撰写过程中，还参考了近年来有关白领犯罪问题、失地农民问题的书籍、硕博士论文和文章，吸收了很多学者的研究成果，在此谨致谢意！

王慧博

2018 年 1 月 23 日